金融投资经典

沃伦·巴菲特
从投资家到企业家

WARREN BUFFETT
INVESTOR AND ENTREPRENEUR

［美］
托德·A.芬克尔
（TODD A. FINKLE）

———

著

王冠亚

———

译

机械工业出版社
CHINA MACHINE PRESS

图书在版编目(CIP)数据

沃伦·巴菲特:从投资家到企业家 /(美)托德·A. 芬克尔(Todd A. Finkle)著;王冠亚译 . -- 北京:机械工业出版社,2025.5. --(金融投资经典).

ISBN 978-7-111-78278-0

Ⅰ. F837.125;K837.125.34

中国国家版本馆 CIP 数据核字第 2025U4K732 号

机械工业出版社(北京市百万庄大街 22 号 邮政编码 100037)

策划编辑:王 颖	责任编辑:王 颖 周思思
责任校对:孙明慧 李可意 景 飞	责任印制:单爱军

保定市中画美凯印刷有限公司印刷

2025 年 6 月第 1 版第 1 次印刷

147mm×210mm · 11.5 印张 · 3 插页 · 204 千字

标准书号:ISBN 978-7-111-78278-0

定价:99.00 元

电话服务	网络服务
客服电话:010-88361066	机 工 官 网:www.cmpbook.com
010-88379833	机 工 官 博:weibo.com/cmp1952
010-68326294	金 书 网:www.golden-book.com
封底无防伪标均为盗版	机工教育服务网:www.cmpedu.com

本书作者是巴菲特小儿子的高中同学，长大后成为在大学讲授创业课程的教授。出于研究方向的需要，作者长期聚焦于巴菲特的投资理念、投资实例，以及其中与创业和商业相关的内容，还多次带领学生与巴菲特进行闭门深入交流。因此，这本书堪称快速且全面了解巴菲特投资理念与经历的入门佳作。

此外，译者王冠亚是一位中英文俱佳，对巴菲特投资思想有深刻理解且活跃于投资实战一线的私募基金经理。他的翻译堪称二次创作，让阅读感受异常丝滑、毫无滞碍，进一步巩固了这本书作为优质入门读物的地位。

——唐朝　财经作家、知名投资人

巴菲特有很多名言，读来平淡无奇，背后却蕴涵了丰富的智慧，比如"因为我是好的投资人，所以我能成为好的企业家；因为我是好的企业家，所以我能成为好的投资人"。真正的投资人和经营者其实本来就没有区别，因为买股票的本质是买公司，而理解一个公司的价值才是买入的前提。这本书能够帮助读者加深对巴菲特思想的领悟。

——吴思　武汉大学经济与管理学院教授

从小报童到大富翁，从投资家到企业家，从奥马哈走向全世界，是什么力量让巴菲特不忘初心，基业长青？这背后的道究竟是什么？我想，从这本书中我学到了五点：（1）惟精惟一，允执厥中；（2）逆势破局，人弃我取；（3）知止不殆，退身全道；（4）察微知著，观天授时；（5）格物穷理，直指枢机。希望读者能将巴菲特的价值观融入自己的生活，坚定而平和，谦逊又执着，谨慎但无畏。

——杜鹏　中南财经政法大学
工商管理学院教授、副院长

在全球资本市场急剧动荡的大背景下，再读"巴菲特"让人有一种找到定海神针的感觉，这本书可以让读者对巴菲特多年来如何紧盯企业基本面有更加深刻的认识。冠亚作为投资界的青年才俊和价值投资界的行者，翻译的文字给人一种清新的通透感。希望更多的人能读到这本佳作，走上价值投资的大道。

——曲秉春　东北师范大学经济与
管理学院教授、副院长

说巴菲特是"股神"的人，其实不懂他不仅仅是一位伟大的投资家，还是一位卓越的企业家。实际上，如果我们确信并奉行"买股票就是买公司"的投资信条，那么就意味着必须二者兼备——不仅要成为价值投资者，还要成为"企业经营者"。前者演绎了"买股票"，后者演绎了"买公司"。这也是这本书的主题。

——姚斌　财经作家

本书出版前夕，正值美股暴跌之时。众所周知的是，巴菲特已经在暴跌之前完成了大幅减仓。实际上，2000 年之后的巴菲特一直都在调整自己的投资策略，但国内读者并未透彻了解。本书以独特的视角剖析了巴菲特如何成长为一个将投资智慧与企业家精神完美融合的"混血股神"，通过大量真实案例和翔实资料，将巴菲特的投资策略、决策过程以及企业管理理念清晰地展现在读者面前，时间线更是拉至"股神"大幅进化之后的 2020 年。"股神"在进化，我们要学习！

——丁宁　市赚率发明人、雪球博主

企投家巴菲特

熟悉巴菲特的投资者大抵都知道，巴菲特的投资生涯大致可以分为三个阶段：1957～1969年，经营巴菲特合伙公司；1965～2000年前后，以伯克希尔为平台，主要在股市进行投资；2000年以后，伯克希尔逐渐成长为一个拥有各类业务、各类公司的大型商业帝国。

巴菲特在每个阶段，取得的成绩都堪称卓越：

1957～1969年，巴菲特以合伙公司为平台，连续13年跑赢道琼斯指数，连续13年实现正收益，实现了相对盈利和绝对盈利的双重胜利。1957～1969年，道琼斯指数累计收益率为152.6%，年复合回报率为7.4%；巴菲特合伙公司累计收益率为 2794.9%，年复合回报率为 29.5%；其有限合伙人累计收益率为 1502.7%，年复合回报率为 23.8%，业绩惊人。巴菲特不但取得了很好的投资业绩，而且通过公平的分配机制，将绝大部分收益都返还给了有限合伙人，可谓有才有德、德才兼备。

1965 ～ 2000 年前后，巴菲特以伯克希尔为平台，以投资股票为重心，铸就了投资史上很多经典案例：1973 年，巴菲特以内在价值大约五分之一的价格，斥资 1063 万美元买入了华盛顿邮报公司约 9.7% 的股份，最终实现了超过 160 倍的投资回报；1988 年，巴菲特开始投资可口可乐，截至 1994 年累计投资 13 亿美元，而可口可乐仅 2017 年和 2018 年给巴菲特的分红，就超过 12 亿美元，巴菲特早就收回了投资成本，还源源不断地收获新增分红和市值增长……

2000 年以后，巴菲特以伯克希尔为平台，以并购企业为重心，将很多优秀的公司、业务和经理人招致麾下，打造出了一家常年位居"世界 500 强企业"前五的大型控股企业。巴菲特买下的企业包罗万象：2002 年收购了服装公司鲜果布衣，2010 年收购了伯灵顿北方圣达菲铁路公司，2012 年收购了玩具零售商东方贸易公司……虽然旗下的这些子公司形形色色，但伯克希尔凭借着独特的企业文化，以共同的价值观将它们聚在一起。巴菲特的凝聚力和向心力可见一斑。

当然，上述时间节点的划分，仅是相对的侧重，并非绝对的分野。事实上，巴菲特在 2000 年以前也收购了很多优质企业，比如 1967 年买下国民赔偿保险公司，1983 年买下内布拉斯加家具城。2000 年以后巴菲特也投资了很多优质股票，比如 2016 年斥巨资投资苹果公司，创造了单只股票盈利上千亿美元的投资"神话"。不过总体而言，越到中后期，巴菲特的侧重点就越偏向于企业并购，这与伯克希尔庞大的资金体量密不可分。

在大多数投资者眼里，巴菲特以"股神"之称闻名于世，这凸显了他作为"投资家"的一面；如前所述，巴菲特的官方身份，其实是市值万亿美元的伯克希尔－哈撒韦公司董事长，这展现了他作为"企业家"的一面。在我看来，如果要下一个相对全面的定义，可以概括为六个字——企投家巴菲特。

巴菲特创业的种子是如何萌芽的？在开办自己的公司之后，他是如何实现从优秀到卓越的进阶之路的？他的家人、老师、朋友对他产生过哪些重大影响呢？他的成功之道对普通人有哪些借鉴意义呢？他的投资之道对普通投资者提升投资能力、改善财务状况有何实践价值呢？完成《沃伦·巴菲特：从投资家到企业家》的译稿后，我不禁掩卷长思。依我管见，巴菲特的进阶之路可以归纳为五点：

一、专心致志，从不改弦更张

巴菲特出生于 1930 年的美国，当时华尔街刚刚经历了 1929 年的股市大崩溃，随之而来的是经济社会的大萧条。童年时代的巴菲特，家境并不富裕，仅可勉强度日。巴菲特幼小的心灵埋下了强烈渴望财富的种子：我一定要富有！

巴菲特对追求财富极其专注。从少年时代开始，巴菲特就尝试各种各样的赚钱方式：他会去高尔夫球场捡废弃的球，然后积攒出售；会去批发一整箱的可口可乐，然后一罐一罐零售出去；会去理发店安装投币机，然后和理发师分成；会去做一名小报童，挨家挨户投递报纸；会去图书馆翻《赚 1000 美元的 1000 种方法》，然后幻想着拥有一台体重秤，每天源源不断地赚钱……

巴菲特专注投资、苦心孤诣的表现，本书随处可见：

为了领悟"价值投资"的真谛，在哥伦比亚大学求学期间，巴菲特发奋苦读，对《证券分析》烂熟于心，总是第一个举手发言，得到了格雷厄姆教学生涯中给出的唯一一个 A+。

为了弄清楚保险公司的商业模式，巴菲特搭乘火车前往华盛顿，与盖可保险总裁助理详谈了 5 个小时。为了扩大自己的能力圈，巴菲特花了很多时间泡在图书馆，研究保险运营的机制和逻辑。

为了找到合适的投资对象，巴菲特找来《穆迪手册》和

《标准普尔手册》。对于这些动辄上万页的"大部头",巴菲特一页一页地翻,一家公司一家公司地看,认真挖掘上市公司的信息。

为了涉足报纸行业,巴菲特潜心研究报业的经济特点和运营细节。从入主奥马哈太阳报的首战失利,到买进布法罗新闻报的小试牛刀,再到投资华盛顿邮报的大赚特赚,靠的就是长期聚焦的专注力。

本书还收录了巴菲特不少投资"失败"的案例,比如对辛克莱加油站的投资,由于不具备竞争对手德士古加油站的品牌优势,最终损失 2000 美元出局;再比如对瓦姆贝克纺织公司的投资,巴菲特原本希望这笔投资能与伯克希尔现有纺织业务发生协同效应,没想到入手没多久,瓦姆贝克纺织公司就被迫关闭了……

不难看出,"股神"并不是天生的,更多是来源于后天长期专注所形成的认知优势。终其一生,巴菲特几乎心无旁骛,只对金融投资和商业活动感兴趣,较少关注文学、建筑、音乐、美术等其他领域。

因为专注,所以专业,巴菲特的财富之路越走越宽,雪球也越滚越大:11 岁时拥有 120 美元的积蓄;15 岁时就能拿出 1200 美元;19 岁时积累的财富达到 9800 美元;21 岁时自有资金超过 2 万美元;26 岁时个人资产达到 17.4 万美元；48 岁时身家超过 1 亿美元；59 岁时赚到 10 亿美元；如今，伯克希尔市值超过万亿美元，95 岁的巴菲特还在创造着新的纪录。

二、独立思考，从不迷信权威

巴菲特的父亲霍华德和恩师格雷厄姆，对巴菲特独立思考的人生观和投资观产生过重要影响。霍华德告诉儿子，要有自己的"内部记分卡"，遵从自己的内心，不为外界的纷繁复杂所扰；格雷厄姆则教导巴菲特，你既不会因为别人同意你而正确，也不会因为别人反对你而错误。

巴菲特独立思考、独立判断的案例，本书比比皆是：

1951 年，巴菲特关注到盖可保险。当时盖可保险的市场份额只有 1%，经纪人分销队伍薄弱，被认为缺乏竞争力。巴菲特与业内的保险专家交流过，这些专家认为盖可保险的估值过高。但是巴菲特与管理层交谈之后，经过自己的缜密分析，发现了盖可保险的两大经营优势：直销所带来的低成本优势，以及精准定位客群所带来的低承保风险。年轻的巴菲特正是因为不盲从，敢于重仓入局，从而在一年之后获得了 50% 的高回报。

1965 年，迪士尼的税前利润大约为 2100 万美元，总市值在 8000 万～9000 万美元。当时的华尔街人士认为，迪士尼缺乏增长后劲，成长前景有限，股价有可能下滑。但巴菲特持相反意见。他认为，迪士尼拥有很好的商业模式。电影制作成本收回后还可以一场一场地放，有源源不断的资金流入。而且，米老鼠等经典 IP 也不像电影明星一样会分走片酬。基于独立思考和对商业逻辑的深刻理解，巴菲特对迪士尼 400 万美元的投资，在一年之后就升值到了 620 万美元。

当然，对盖可保险和迪士尼的投资不无缺憾。1952 年，巴菲特以 1.5 万美元卖出盖可保险，到 20 世纪 60 年代末，这些股票的价格达到 130 万美元；1967 年，巴菲特以 620 万美元卖出迪士尼，1995 年，迪士尼的股价又上涨了 138 倍。所以巴菲特后来感慨道："不要轻易卖出一家好公司的股票。"

巴菲特的独立思考还体现在美国运通、华盛顿邮报等经典投资案例上。巴菲特逆向投资，趁着目标公司利空频出、股价低迷之际，大举买入，这也是对"别人恐惧我贪婪，别人贪婪我恐惧"的生动诠释。

尽管精彩的案例很多，但我认为巴菲特早年对洛克伍德公司的投资，将他独立思考的品质展现得最为淋漓尽致。如果按照格雷厄姆的套利交易思路，买入股票换成可可豆，然后再卖掉可可豆，巴菲特在这笔投资上大约可以赚到 2 美元/股。但是经过推理，巴菲特选择持有股票直到高位抛出，获利 1.3 万美元，大约是套利所得收益的 30 倍。

三、持续进化，从不故步自封

曾经有人问芒格，巴菲特为什么能如此成功？芒格回答说，大多数人到了 72 岁就停滞不前了，但巴菲特依然在持续进步。尽管从大约 20 年前开始，由于生理机能的衰退，巴菲特的体力就大不如前，但直到 90 岁以后，他仍然坚持每天 6 个小时的阅读。进化速度之快，令人叹为观止。

巴菲特持续进化、永不止步的精神，本书不胜枚举：

1941 年，巴菲特购买了人生第一只股票——城市服务公司的优先股。这只股票的价格先是下跌，巴菲特在成本价附近保本卖出，随后股价大涨。巴菲特并没有懊恼，而是虚心总结经验教训：一是不要过分在乎蝇头小利；二是不要执着于自己的持仓成本；三是拿别人的钱投资要谨慎。

1966 年，巴菲特花费 1200 万美元收购了霍克希尔德 – 科恩公司全部股权。1968 年，由于公司的营业额出现大幅下滑，巴菲特找到了一家名为通用超市的买家，以 1100 万美元的价格出售了霍克希尔德 – 科恩公司，略有亏损。巴菲特后来反思说："三年之后，我很幸运能以原价将其脱手。"这笔交易本身平淡无奇，但是对巴菲特投资思想的转变有很大影响。巴菲特原先更看重"量"，后来转变为更看重"质"。他认识到，以合理的价格买进一家好公司，远胜过以低廉的价格买进一家一般的公司。

1971 年，巴菲特经历了投资生涯中的里程碑事件。当时喜诗糖果的有形净资产仅有 800 万美元，税后利润仅为 200 万美元，要价 3000 万美元。巴菲特对是否购买喜诗糖果非常犹豫，他给出的价格是不超过 2500 万美元，最终，喜诗糖果当时的老板哈里同意了。

购买喜诗糖果，完全突破了格雷厄姆原有的投资原则，但巴菲特却勇于革新，持续进化。这笔投资后来被证实极为成功：1971 ～ 1991 年，喜诗糖果的利润增长了 10 倍，税前利润达到 4240 万美元，税后利润超过 2000 万美元。20 年间，喜诗糖果的有形净资产仅仅追加了 1700 万美元，从当初的 800 万美元增加到 2500 万美元，但给股东的分红却达到了令人惊叹的 4.1 亿美元。

2016 年，巴菲特再次拓展了自己的能力圈，斥资 311 亿美元重仓科技巨头苹果公司。如果到了某个年龄就停止进步，是很容易被社会淘汰的。巴菲特和芒格一直在进化，巴菲特 86 岁才首次买入苹果，并获得了巨大的成功，可以说是终身学习的典范。

四、直面困难，从不怨天尤人

如前所述，巴菲特领导下的伯克希尔，总市值超过 1 万亿美元。但是在 20 世纪 60 年代，却是另外一番景象。当时的伯克希尔 – 哈撒韦主要从事纺织业务，由于多年经营不善，股价持续低于其净流动资产价值，巴菲特合伙公司购入了其 7% 的股份。

1964 年，伯克希尔 - 哈撒韦当时的管理者斯坦顿决定回购股票，他给巴菲特开出的价格是 11.5 美元 / 股，巴菲特欣然应允。但是正式收购的时候，斯坦顿给出的价格却是 11.375 美元 / 股，相当于每股少了 0.125 美元。巴菲特非常愤怒，他不但没有卖出股票，反而继续大笔买入，最终控制了这家日薄西山的纺织企业。

苦苦支撑 20 年之后，伯克希尔最终关闭了纺织业务，但巴菲特通过强大的资本配置与投资能力，把一家本来没有希望的公司，打造成了一个庞大的商业帝国，这正是巴菲特的过人之处。我觉得用一句话评价恰如其分："世界上本来没有正确的选择，我们只不过是在努力让当年的选择看起来正确。"

是啊，巴菲特虽然偶尔也会失控，但大多数时候都保持着极度的理性和冷静。哪怕手里是一手坏牌，巴菲特也没有怨天尤人，而是通过自己不懈的努力，把坏牌打成了好牌。

五、看透本质，从不流于表面

巴菲特对很多商业现象的看法直击本质。

比如说，很多上市公司的高管一味追求扩大管理版图，巴菲特却一针见血地指出:"在评估换股并购时,如果并购方的股票市值低于其内在价值,那么并购方就不可能达成合理的并购交易。因为如果拿自家低估的股票,去换取别人完全体现价值的股票,不损害自家股东的权益是不可能的。"

再比如说,很多上市公司的高管以自家公司交投活跃为荣,巴菲特对此却嗤之以鼻:"我们的目标是吸引长期投资者,他们在买入时不会设定卖出的价格和时间,而是打算永远与我们在一起。我们不太理解那些希望交投活跃的CEO,因为只有当他的股东不断退出时,才能实现这一点。在其他组织,比如说学校、俱乐部等,当成员离开时,领导会欢呼吗?"

最重要的一点是,巴菲特是从企业家的视角来看待投资的,这也是本书最大的特色之一。正如彼得·德鲁克《创新与企业家精神》援引法国经济学家萨伊所述的那样:"企业家的作用在于,将资源从生产率较低的领域转移到较高的领域。"我们看巴菲特,无论他是做股票投资,还是做企业并购,其关注的核心都是资本配置效率的最大化。

作为企投家的巴菲特,向来是一手抓企业并购,一手抓股票投资。用我的话来说,这叫"双轮驱动"。巴菲特的证券投资和企业管理经验相互促进,交叉验证,最终形成"飞轮效应",迸发出巨大的能量。正如巴菲特所言:"因为我是好的投资人,所以我能成为好的企业家;因为我是好的企业家，所以我能成为好的投资人。"

整体而言，巴菲特更喜欢买整家公司而不是部分股票，原因有二：一是巴菲特对子公司能施加影响力，做得不好可以换人；二是控股公司有节税效应。子公司向伯克希尔分红无须缴税，但买卖股票则要缴纳高昂的资本利得税。

当然，买卖股票也有它的优势，那就是能占市场先生的便宜。股市经常会让巴菲特有机会以非常荒谬的价格购买非控股公司的非凡业务，这一价格通常远远低于转让控制权的谈判交易价格。股权投资则很少出现错误定价，因为购买方的交易对手是原股东，此时购买方通常处于信息不对称的劣势一方。

买整家公司还是买部分股票，其实各有利弊。前者的优势刚好是后者的劣势，反之亦然。对于我们普通投资者而言，目前买卖股票不用缴纳个人所得税，这是 A 股的一大福利。另外，我们的资金规模还没有大到足以收购一家上市公司。所以，当下我们就安安心心地做好股票投资就好啦！

巴菲特从投资家到企业家的进阶之路，给我的职业生涯也提供了绝佳的范本：一是从证券投资起步，等到资金规模大到一定程度的时候，再逐步延伸至股权投资；二是从私募基金起步，将来在条件允许的情况下，也可以考虑以控股公司的模式来开展投资业务；三是从身边朋友起步，不断积累

"信任→不负信任→更加信任"的正向人际关系，让越来越多的志同道合者成为我们坚定不移的伙伴。

专心致志、独立思考、持续进化、直面困难、看透本质，这些都是非常鲜明的企业家精神，也是巴菲特很早就具备的人格特质。俗话说，靡不有初，鲜克有终。巴菲特早已积累了巨额财富，早就实现了财务自由，然而难能可贵的是，巴菲特并没有停止前进的步伐，一直到今年95岁的高龄，仍然活跃在投资的第一线。

刚刚落幕的2025年伯克希尔股东大会，我所坐的位置离主席台不到30米，我在现场又一次亲耳聆听了巴菲特的智慧箴言。股东大会临近尾声时，巴菲特宣布，将提议由阿贝尔担任伯克希尔CEO，自己作为顾问仍会提供必要的支持。大家自发全体起立，现场响起了经久不息的掌声，向巴菲特致以最崇高的敬意。

从小报童到大富翁，从投资家到企业家，从奥马哈走向全世界，是什么力量让巴菲特能够保持如此强大的动力，能够不忘初心、持之以恒、奋斗不息呢？我想，是出于对投资事业真正的热爱。

最后，我想感谢吴思、杜鹏、曲秉春、姚斌、丁宁等老师为本书撰写了精彩的推荐语。尤其要感谢的是唐朝老师，他不仅认真审阅了全部书稿，还提出了很多真知灼见。多年以来，无论是投资还是做人，我都从唐朝老师那里受益甚多。唐朝老师对投资细节的明察秋毫，我非常叹服，为我树立了良好的榜样。

我还想用一段话来评价巴菲特，与读到本序的读者朋友们共勉：

世界上有两种理想，一种是为了远离，远离贫穷，远离平庸，远离卑微；另一种是为了追求，追求价值，追求理想，追求卓越。以"远离"为导向的理想，在目标达到之后往往裹足不前；而以"追求"为导向的理想，却像滚雪球一样，永不止步，永无止境。

王冠亚

2025 年 5 月 10 日于武汉

当我第一次见到沃伦·巴菲特时，现场有人问他："如果不做伯克希尔 – 哈撒韦的董事长兼 CEO，你想做什么？"巴菲特很快做出了回应，他想做一名老师。当被问及原因时，巴菲特说：

"在我的人生中，有太多的老师对我影响重大，意义非凡。"

我已经当了三十多年的大学教授。巴菲特是有史以来最成功的企业家和投资家之一，我想和世界上的每一个人分享我对他的认知和理解。我从小在内布拉斯加州的奥马哈长大，和巴菲特的孩子们、他的第一任妻子苏珊以及他的父亲霍华德上的都是同一所高中——奥马哈中心高中。我和巴菲特的儿子彼得是在同一时期上的高中，他比我大两岁。我和彼得有很多共同的朋友，我们经常一起吃午饭。我很幸运能够和沃伦·巴菲特建立起私人关系，这一点我会在书中讲到。可以说，巴菲特是继 J. P. 摩根⊖之后世界上最聪明的商人。2008 年，在大萧条以来最严重的金融危机期间，我决定潜心学习和研究巴菲特。

本书旨在探讨沃伦·巴菲特为何会大获成功。我将按照时间顺序，讲述巴菲特是如何一步步登上人生巅峰的。为了深入挖掘主题，我将自己掌握的所有知识都纳入思考范围，包括我对巴菲特、查理·芒格以及其他有影响力的人物、奥马哈、金融、投资、企业家精神和其他因素的理解。我会向你介绍各种各样的主题，特别是企业家精神是如何改变巴菲特的人生的，这些主题将有助于你打造属于自己的财富人生。

本书汇集了有关巴菲特生平和投资哲学的大量信息，其中既有一手资料，也有二手资料。这些资料包括对各界人士的采访、个人陈述、致股东的信、相关书籍，以及我自己的解读。

我和我的学生们曾多次拜访巴菲特。回到校园后，我问

⊖ J. P. 摩根，全名为约翰·皮尔庞特·摩根，是美国近代史上著名的金融大亨，他的成就包括 1861 年创立摩根商行，1892 年参与组建通用电气，1901 年组建美国钢铁公司。——译者注

他们，从巴菲特身上学到的最重要的一课是什么？出乎我的意料，他们强调的通常并不是巴菲特的成就或投资，而是他的价值观。

巴菲特出生于大萧条时期，后来成为世界上最有钱的富豪之一。在很多人眼里，巴菲特是史上收益最丰硕的投资家。本书将探讨他是如何做到的，以及你要怎么做，才能将巴菲特的成功秘诀应用到自己的人生中去。

本书从巴菲特的童年起笔，讲述了他如何受到家庭和两位重要导师——本杰明·格雷厄姆和菲利普·费雪的影响。本书会带你回顾巴菲特从小学到高中的创业历程，此外，还包括巴菲特的大学生活和创业经历，以及创建自己的投资合伙公司。

第三章专门讲述了巴菲特的商业伙伴查理·芒格，他的才华和智慧并不亚于被誉为"奥马哈先知"的巴菲特。芒格以他出众的才智以及对投资的独特视角，促使巴菲特改变了伯克希尔的经营理念。接下来的第四章～第六章，主要阐述巴菲特的投资方法论，包括估值、安全边际、影响投资的核心因素，以及对投资者的建议，等等。

接下来是第七章，讲述了投资者的投资偏误。巴菲特认为，投资偏误对任何投资者的成败都至关重要。这一章定义了若干种常见的投资偏误，给出了一些案例，然后告诉你应当如何克服它们。

本书接下来的两章，也就是第八章和第九章，回顾了伯克希尔－哈撒韦的发展历程。接下来的第十章，讲到了巴菲特的投资失误。第十一章主要讲述巴菲特的成功之道、价值观、幸福观以及慈善事业。然后是第十二章，重点探讨巴菲特的为人。和巴菲特同处一室是什么感觉？这一章主要基于我带学生参访奥马哈的经历写就，它会带你体验与巴菲特的问答时间。

最后，第十三章为大家更新了当今投资领域的动态，重点介绍了金融科技、加密货币、比特币和其他数字货币，这些可能会在未来占据伯克希尔－哈撒韦的一席之地。

我花了很多年的时间写这本书。当我回顾时，我意识到，大多数写巴菲特的作者，都很少写巴菲特如何一步步地评估投资价值的案例，以及他如何遵循投资策略。我的目标是，让非专业人士也能像巴菲特一样给公司估值。这样，他们在做自己的投资决策时，就可以应用巴菲特的投资思路了。

此外，关于巴菲特的书，极少会讨论投资者的投资偏误。在这本书里，我研究了投资偏误是什么，以及它们是如何影响巴菲特做出某些投资决策的。值得一提的是，我研究了巴菲特的投资失误，并讨论了投资偏误对他的决策影响。

从这些失误中，我们也可以学到很多。

我的终极目标是，让读者了解巴菲特的人生，以及他为取得成功所做的各种努力。我希望这本书能寓教于乐，既有趣又有用。

（**免责声明**：我直接持有伯克希尔－哈撒韦的股票，也通过我的多只指数基金间接持有一些。本书的内容绝不代表我的投资观点，也不代表对读者任何直接的投资建议。）

| 致　谢 |

　　我经常劝我的朋友们不要写书，这需要付出大量的劳动，远远比你想象的要多。然而，我喜欢关于沃伦·巴菲特的主题。写这本书改变了我的人生。如果没有一群人的支持和指导，这本书是不可能完成的。首先，也是最重要的，我要感谢沃伦·巴菲特给了我认识他、研究他的机会。巴菲特真的是我的精神偶像。我还要感谢巴菲特的女儿苏茜·巴菲特给了我采访她的机会，让我得以深入了解巴菲特家族的动态。同时，我还要感谢布鲁克斯体育公司的 CEO 吉姆·韦伯，以及印第安纳大学教授唐纳德·库拉特科，很荣幸你们愿意接受本书的采访。

　　如果不是我来自奥马哈的表兄史蒂夫·诺格，我永远不会有机会见到巴菲特。2007 年，史蒂夫告诉我，巴菲特邀请他和一群大学生一起去奥马哈玩一天。我立即提出申请，虽然当时惨遭拒绝，但我依然没有放弃，最终与巴菲特建立了私人关系。写这本书让我有机会与史蒂夫建立更紧密的联系，对此我深表感激。

我要感谢马克·皮高特和他的家人，他们在贡萨加大学资助了一个创业教席。没有马克的支持，就没有本书的诞生。我还要感谢我的院长肯尼斯·安德森博士给了我研究沃伦·巴菲特的机会。

感谢哥伦比亚大学出版社的布莱恩·史密斯和迈尔斯·汤普森给予我在出版方面的指导。因为他们，我很幸运地找到了两位优秀的编辑，克莱德－希尔出版社的克劳迪娅·罗和格雷格·肖，他们对创作一本高质量的书起到了至关重要的作用。他们都是经验丰富的文字工作者，给了我莫大的支持和帮助。

在我创作和修改这本书的过程中，得到了一些朋友的协助。尤其要感谢的是特许金融分析师（CFA）马特·考夫勒和查尔斯·菲什金。马特和查尔斯自愿协助我，陪我走完了这本书漫长而艰巨的出版之旅。马特还建议我增加一章关于投资者投资偏误的内容，这最终促使我出炉了关于巴菲特的投资失误的那一章。他们都不断地推动我去深入研究。查尔斯是我从哈里森小学三年级起的朋友，也是我在奥马哈中心高中的同学，多年来一直在默默支持着我。查尔斯把整篇初稿审阅了两遍，并指导我完成了相关编辑工作。

在我写作和审稿的不同阶段，有几位专家学者也给我提供了很多帮助。感谢凯瑟琳·艾伦、莱因霍尔德·兰姆、里克·祖伯、汤姆·奥布莱恩、肯特·希克曼、马克·施雷德、保罗·布勒和巴德·巴恩斯。我还要感谢安德鲁·托马斯教授，他曾出版过多本图书，给了我持续的积极反馈和指导。

我还要感谢金融行业的几位朋友。创始人资本管理公司的帕特·特利恩，多年来一直指导我写关于巴菲特的文章和这本书。米德资本的亚当·米德对这本书进行了点评，并给出了有价值的见解。美林证券公司的乔恩·谢恩给我寄来了关于巴菲特的实时材料。最后，我还要特别感谢湖畔公司的约翰·海明森，他自愿自费带着三拨学生，参加了伯克希尔－哈撒韦的年度会议。在我创作本书的过程中，感谢大家抽出时间来帮助我。

在本书的出版过程中，其他帮助过我的人还有埃文·康拉德、肯·沃尔特斯、布拉德·彼得森和马克·布鲁门撒尔。感谢我以前的研究生助理希尤·德兰、约翰·洛佩斯、格雷格·辛克莱、亨特·普瑞拜耳－休格利特，他们在整理本书内容和研究方面，做了很多有价值的工作。亨特现在在读博士，在修订本书的时候出力甚多。感谢大家所做的一切。

我还要感谢我的哥哥大卫·芬克尔博士和高中时代的朋友理查德·库切雷克，他们和我一起参加过无数次伯克希尔股东大会。理查德通过与巴菲特家族的互动，给我带来了一些关于巴菲特的洞见。大卫、理查德和我会彻夜不眠，一边排队，一边和来自世界各地的"巴菲特迷"聊天，然后争分夺秒地挤到会场靠前的位置，紧挨着巴菲特和芒格的"舞台"。

我要感谢所有相信我并对我的生活产生积极影响的人。无数的教授、老师、教练、队友、老板、朋友、以前的学生和同事成就了今天的我。

最重要的是，我要感谢我的家人，感谢他们在我创作本书的过程中对我的包容。尤其是我的妻子帕蒂，我90岁的母亲芭芭拉，还有已故的父亲梅纳德，是他教会了我努力工作的价值；还要感谢的是我的三个兄弟和他们的妻儿：斯科特和凯伦、大卫和朱迪、特里和苏；我的继子乔·里佐和他的妻子艾米丽，以及我的继孙本杰明和以利亚；最后是我的姐夫基思和嫂子南希·利文斯通。

我的妻子经常看到我一连好几天都躲在办公室里，然后问我："你什么时候才能干完？"在过去的14年里，这种场景时有发生。好了，现在我终于大功告成了。

|目 录|

⊖　注释详细内容请访问机工新阅读网站（www.cmpreading.com），搜索本书书名。

第一部分

不同寻常的成长与创业

第一章

家族遗传的创业基因

建立良好的声誉需要 20 年，而毁掉它只需 5 分钟。

如果你能意识到这一点，你的行事风格就会有所不同。[1]

——沃伦·巴菲特

我在大学教授创业课，在上课的第一天，我总是会在白板上画一个开着门的冰箱然后问学生们："这是什么？"通常，没有一个人能回答正确，我把这归咎于我绘画水平的拙劣。我告诉他们是冰箱，然后问他们注意到了什么。通常也没有人能答出来。

我指出："冰箱是空的。"

创业家们求知若渴，他们的冰箱是空的。我不能教学生们如何保持求知欲；他们要么天生拥有这种品质，要么没

有。但在第一堂课之后，总会有一些学生来找我。他们通常
充满激情，有一堆想要分享的想法。有些学生已经开始创业
了。我无须做任何事情来激励他们。不过，"求知若渴"与
"获得成功"并不能画上等号。

到了学期末，又会有一些学生下定决心，想要创业。不
过，最令我感到惊讶和振奋的，是那些我从未想到会成为企
业家的学生。我只有在他们毕业 5 年或 10 年后再来找我时，
才知道他们的进步。他们通常会告诉我，我说的一些话激励
了他们，他们着重强调了老师的影响力。沃伦·巴菲特也喜
欢教书，这并非巧合。巴菲特经常说，如果他没有进入金融
和投资领域，他很可能会成为一名教师。

此话出自一位超级富豪之口，也许让人难以置信。但沃
伦·巴菲特经常会超出人们的预期，打破人们对他的刻板印
象。巴菲特巨大的商业成功，加上他谦逊的个人风格，让他
风靡全球数十年。作为伯克希尔-哈撒韦的董事长和 CEO，
巴菲特被誉为 20 世纪末和 21 世纪初的摩根，等到巴菲特百
年之后，他向慈善机构的捐赠额会超过 1000 亿美元。巴菲
特的魅力部分源于，如此富有和聪明的同时，他也能做到如
此谦逊、温和和慷慨。

在历次全球危机中，巴菲特一次又一次地展现出了他
的勇气、智慧和冷静。当全球遭受大衰退的重创时，巴菲
特以冷静、理性和正直行于世间。在此之前，巴菲特曾在

1987 年美股崩盘、海湾战争、2000 年美国科技股泡沫破裂和"9·11"恐怖袭击等其他重大灾难中发出理性的声音。

我之所以认识巴菲特，是因为我听说这位心怀教育的金融家，每年会邀请大学生和他们的教授到奥马哈参加一天的活动。巴菲特会告诉学生们如何更好地投资和生活。我立即提出申请，但很快就惨遭拒绝。但我坚持不懈，最终和巴菲特建立了联系。我对巴菲特的兴趣，部分源于我的个人经历。我在内布拉斯加州的奥马哈长大，上的是奥马哈中心高中，这所学校也是巴菲特的孩子们、第一任妻子苏珊和他父亲的母校。巴菲特的儿子彼得经常和我一起在学校食堂吃午饭。那时我还不知道彼得的父亲很富有。

如果不是 2008 年爆发的全球金融危机，这些往事可能也只是我过去经历的有趣的注脚之一。在 20 世纪 30 年代大萧条以来最严重的金融危机期间，我决定尽可能多地了解巴菲特。在我看来，他是继摩根之后最聪明的商人。就在那时，我突然意识到，我做创业学教授的热情，以及我被巴菲特家族所吸引，这两者是有联系的。不管人们对巴菲特的印象如何，他本质上是一位杰出的创业家。

创业家的标准定义是，那些为了获取利润而创建自有企业的人。不过，要理解巴菲特的人格特质和商业路径，需要搞清其中许多细微之处。作为一位典型的创业家，巴菲特以创办一家投资合伙企业起步，并通过发挥他的企业管理才能，将其事业发展成为全球最受尊敬的公司之一。巴菲特的投资生涯，以及他对伯克希尔－哈撒韦的领导，充分展现了他的创业精神，这些都是他从小就萌发创业思想并躬身实践的产物。

巴菲特很早就树立了"为自己工作"的理想，这是他人生中的趣事之一。从 6 岁开始，巴菲特就通过各种各样的生意为自己赚钱。26 岁时，巴菲特已是百万富翁（以今天的美元购买力计算）。1964 年，巴菲特收购伯克希尔－哈撒韦时，他已经相当成功，尽管当时他在商界之外并不广为人知。当年很多公司的创始人，早已"风流总被雨打风吹去"。相比之下，巴菲特的公司每股市值增长了 3 641 613%，而标普500 指数（含股息）的涨幅为 30 209%。[2] 1964 ～ 2021 年，伯克希尔－哈撒韦的业绩比标普 500 指数平均每年高出 10.4个百分点。

尽管巴菲特的投资成就有目共睹，他的哲学和风格也被许多人模仿，但本书主要是从巴菲特的创业之路出发，探讨他的成长背景，以及他的导师是如何帮助他塑造出非凡的人生轨迹的。

从早期的一则故事，我们可以看出巴菲特不同寻常的谦逊与坚韧。1951 年，巴菲特在哥伦比亚大学攻读硕士学位时，得知他的导师本杰明·格雷厄姆购买了盖可保险（GEICO）50% 的股份，并担任了这家公司的董事长。为了进一步了解盖可保险，1951 年 1 月的一个周六，巴菲特从纽约乘坐火车前往华盛顿特区。巴菲特敲着公司总部的大门，直到门卫让他进去。在公司六楼，巴菲特找到了一位名叫洛里默·戴维·戴维森的高管，他当时是总裁助理。放在今天，很难想象一位高管不会立即叫保安，将巴菲特扫地出门。但我想，由于巴菲特介绍说自己是格雷厄姆的学生，而格雷厄姆在公司持有 50% 的股份，实际上是戴维森的老板，所以戴维森向站在他面前的这位雄心勃勃的年轻人解答了许多问题，也就不足为奇了。无论如何，这则故事都堪称巴菲特富有主动性和进取心的经典案例。巴菲特和戴维森足足聊了五个小时。

戴维森解释说，保险业有两种赚钱方式。首先是通过保单收取保费；其次是通过保费产生投资回报（这一概念被称为"浮存金"，我将在第六章中详述）。戴维森还分享了盖可保险采用直销的方式，比采用代销的竞争对手多出10% ～ 25% 的成本优势。在保险公司的业务中，代销的方式根深蒂固，他们不可能放弃它。与戴维森的谈话，让巴菲特对盖可保险的兴趣超过了任何一只股票。[3]巴菲特后来说，在戴维森（后来成为盖可保险的 CEO）那里，他在 5 个小时里学到的知识，比他整个大学生涯学到的还要多。

我之所以重述这则故事，是为了证明巴菲特对创业的渴望。它也许有点儿老生常谈，就像探寻一名商人的成功之道，往往会追溯到他摆的第一家茶水摊一样。但就巴菲特而言，这就是事实，甚至在 6 岁的时候，巴菲特就表现出了创业家所拥有的努力、热情以及独立自主的特质。当然，这也离不开当时的社会环境。巴菲特出生于大萧条时期，当时经常能看到孩子们挨家挨户地推销他们能卖的一切商品，而巴菲特推销的是口香糖：

> 我有一个绿色的小托盘，里面有五个分格。我很确定，这是我姑姑伊迪送给我的。托盘里放着五种不同品牌的口香糖，有黄箭、白箭、绿箭，等等。我会从祖父那里买上几包口香糖，然后在附近挨家挨户地推销。我以前主要是在晚上卖货。我记得有个女人说："我要一片黄箭。"我回答说："我们不会将一包口香糖拆开零卖。"我的意思是，我有我的原则。[4]

巴菲特回忆说，他每包口香糖能赚 2 美分。虽然卖一片口香糖很诱人，但还不够有吸引力，因为小巴菲特认为，如果他将其中的一片口香糖卖给那个女人，他还得卖剩下的四片，也许根本没人买，他没必要冒这个风险。[5]

很少有 6 岁的孩子会考虑到这一层，但巴菲特做到了。在尝试贩卖口香糖之后，巴菲特开始了他的下一个创业项目——贩卖可口可乐。这一想法是基于他在加油站收集瓶盖的分析。在巴菲特收集的 8000 个瓶盖中，绝大多数是可口可乐。于是，巴菲特开启了他的创业之旅：以 25 美分的价格从他祖父的店里买下 6 瓶可口可乐，然后以 5 美分 / 瓶的价格挨家挨户地叫卖，最后赚到了 20% 的利润。[6] 巴菲特还为两份互为竞争对手的报纸送报，在三条送报路线上来回奔波。巴菲特曾说："我喜欢独自工作，这样我可以花时间思考我想要考虑的事情……我可以坐在房间里思考，也可以一边骑车放空自己一边思考。"[7]

家族历史与早期创业

沃伦·巴菲特的家庭背景和童年经历，为他的世界观、价值观和人生观奠定了基础。企业家精神是他继承的遗产之一[⊖]。巴菲特家族在美国的历史，可以追溯到 17 世纪的七世祖，当时巴菲特的先祖从法国搬到纽约长岛，作为农民定居下来。200 年后，巴菲特的曾祖父西德尼·霍曼·巴菲特对务劳的艰辛和微薄的收入心生倦怠，他渴求更好的生活，于是一路向西，搬到了内布拉斯加州，最终在奥马哈市中心开了一家杂货店。早在 19 世纪 60 年代，巴菲特家族就在总结商业智慧。西德尼的父亲在给他的信里提出忠告："无论做什么生意，都要尽量守时。你会发现有些人很难相处，尽量少和这种人打交道……守护你的信用，因为它比金钱更重要……如果你想要生意长长久久，要满足于适度的收益。不

⊖ 企业家精神指创新与创业精神。——译者注

要妄图一夜暴富……我希望你活得有价值。"[8]

1870 年，西德尼与伊芙琳·凯彻姆喜结连理，他们养育了 6 个孩子。他们的儿子欧内斯特和弗兰克帮忙打理杂货店。欧内斯特生于 1877 年，1898 年与亨丽埃塔·杜瓦尔喜结连理。这对夫妇有四个儿子和一个女儿：克拉伦斯、乔治、弗雷德、霍华德和爱丽丝。欧内斯特，也就是未来世界首富的祖父，以工作勤勉而闻名，他对自己的员工要求很高。他还经常滔滔不绝地告诫他的孙子巴菲特："量入为出"和"不要负债"。[9]这些理财金律后来往往被传是未来的"奥马哈先知"所说的。

巴菲特一家都很节俭，他们笃信教育的价值。对欧内斯特来说尤其如此，他经历过 1893 年的"大恐慌"，这次发生在美国的经济危机从 1893 年一直持续到 1897 年。欧内斯特在八年级时被迫辍学，来到杂货店工作。[10]

欧内斯特坚定地认为，他所有的孩子，包括他的女儿爱丽丝，都必须读完大学。他们做到了，这在当时是一项罕见的成就，对于女孩来说尤其如此。

欧内斯特对他的家人和对其他员工一样严厉。巴菲特给他打工，从卡车上卸货，再为货架上货，并管理战时物资。在内布拉斯加州的寒冬时节，巴菲特还要清理杂货店门前人行道上的积雪。欧内斯特每天付给巴菲特 2 美元，让他工作

12 个小时（大约每小时 17 美分，按今天的美元购买力计算，是每小时 2.65 美元）。正是在那些艰苦岁月里，年轻的巴菲特确信，他想过上一种无须靠体力劳动的生活，无论他最终从事什么工作，他都要做自己的老板。[11]

正如查理·芒格所说："在那个年代，周六没有最低工资标准。"[12] 当然，也没有限制童工的法律。社保是个新概念，这让欧内斯特心生厌恶，他认为这样不利于自力更生。即便如此，在将巴菲特和他的朋友约翰·佩斯卡尔以及巴菲特以后的得力助手查理·芒格累得半死不活后，欧内斯特还是要求他们每人从 2 美元的工资中拿出 2 美分，以充社保之用。

直到今天，巴菲特还会忆起那些青葱岁月，以及祖父教给他的重要一课：

> 最糟糕的工作是他雇我和我的朋友约翰·佩斯卡尔铲雪。我们遭遇了一场巨大的暴风雪，湿雪积了足足有一英尺厚。我们必须铲掉积雪，包括顾客停车的地方、商店后面的小巷、装货区，还有我们停放六辆卡车的车库。我们干了大约五个小时，不停地铲雪，铲雪，铲雪。最后，我们连手指都冻僵了。然后我们去找我祖父。他说："好吧，我该付你们多少钱？ 10 美分太少了，一美元太多了！"约翰和我面面相觑，我永远都不会忘记当时的场景。[13]

欧内斯特说，这份薪水是给他俩平分的。他们的心猛然一沉。巴菲特记得，在这一刻他学会了一句重要的格言："永远要提前知道，交易的是什么。"[14]

20世纪初，奥马哈有一些名流世家，巴菲特家族显然不在其列。欧内斯特的儿子霍华德上的是公立学校，穿的是破旧衣衫，他强烈地感受到自己只是个局外人。一有机会，霍华德就迅速摆脱原来的生活环境，他考到内布拉斯加大学林肯分校，主修新闻学。作为校报《每日内布拉斯加》的编辑，霍华德聘了一位名叫莱拉·斯塔尔的聪明女生，两人在1925年喜结连理。两年后，这对夫妇搬回了奥马哈，在那里他们生了三个孩子：多丽丝（1928年出生）、沃伦（1930年出生）和罗伯塔（又名"伯蒂"，1934年出生）。起初，霍华德以卖保险为生。在1929年股市崩盘的前两年，他决定成为联邦国家银行（Union State Bank）的股票经纪人。霍华德年仅60岁就英年早逝，他在生前积极投身政治，以共和党人的身份担任了四届国会议员，巴菲特家族的地位也随之上升。

在大萧条中成长

对沃伦·巴菲特的人生影响最大的早期事件之一是大萧条。1929年9月3日，道琼斯工业平均指数达到381.17点的峰值。当年11月，股市暴跌至220.39点，跌幅高达42%，但跌势还远未结束。尽管在1930年初股市有所回暖，当年 4 月 17 日回升至 294.07 点，但最终在 1932 年 7 月 8 日跌至 41.22 点。股市暴跌 89%，数百万人陷入贫困，引发了一场震惊世界的经济萧条，在历史上留下了挥之不去的阴影。沃伦·巴菲特生于 1930 年 8 月 30 日，恰好处于这场金融风暴之中。

1931 年，在巴菲特一岁生日的两天后，他的父亲被解雇了。霍华德失去了股票经纪人的工作，也失去了家里所有的积蓄。（市场崩盘后的一段时间里，有 4000 多家银行倒闭。）霍华德问父亲，他能去杂货店工作吗？欧内斯特没钱雇他，不过，他赊账给儿孙们提供了食物。

百折不挠的霍华德开了自己的股票经纪公司，出售市政债券、公用事业股和其他一些他认为安全的证券。生意还不错，渐渐地，公司开始赚钱了。但这并不意味着一切都很顺利。巴菲特夫妇面临的经济压力，开始在巴菲特的母亲莱拉身上显现出来，她有时候会骂自己的三个孩子。（巴菲特的姐姐多丽丝后来开始相信，母亲患有未确诊的躁郁症。）[15] 与此同时，霍华德被诊断出患有严重的心脏病。巴菲特和他的姐妹们后来说，他们可以通过莱拉早上说话的语气，来判断这将是怎样的一天。[16] 莱拉的祖母和母亲都有精神病史。[17] 她的母亲斯特拉精神崩溃，陷入抑郁，不得不让孩子们照看家务。她的姐姐后来自杀身亡，她的祖母在精神病院去世。[18]

巴菲特早年的艰难生活，带来的结果不会让人感到意外：他决心不再忍受贫穷，他要自力更生，做自己的老板。巴菲特发誓，30岁要成为百万富翁。事实上，他提前四年就达成了目标。

后来，巴菲特深情地谈起他的父母。他们都是聪明人，喜欢谈论有趣的事情，把他送到好学校。但他也认识到运气的作用。巴菲特说："我出生在正确的时间和地点。我中了'卵巢彩票'。"[19] 他接着说："你知道，在这个世界上，我运气很好。1930年我出生在美国的概率是50：1。我从子宫里出来的那一天就中了彩票，因为我生在美国，而不是其他国家，在别处我的机会可能大不相同。"[20]

小巴菲特的创业经历

巴菲特10岁生日时，父亲带他去了纽约。巴菲特对美国的金融中心感兴趣，有三项具体原因：他想参观斯科特邮票和硬币公司、莱昂内尔火车公司和纽约证券交易所。证券交易所餐厅的场景，以及巴菲特所看到的财富力量，深深印在了他的脑海里。数十年后，巴菲特回忆道：

> 我们在交易所和一个叫阿特·莫尔的荷兰人共进午餐，他是证券交易所的一名员工，相貌英俊。午饭后，一名侍者拿着托盘走过来，上面放着各种各样的烟叶。莫

尔先生挑出了自己想要的烟叶，侍者给他做了一支雪茄。我想，就是这样，没有比这更好的了……我想要独立，做自己想做的事情。我最想做的，就是为自己工作。[21]

作为一名狂热的读者，巴菲特对任何书名中含有"投资"或"金融"字样的书都很感兴趣。《赚1000美元的1000种方法》是他最喜欢的书之一。[22]巴菲特10岁的时候，就已经在想尽一切办法赚钱了。在现在的内布拉斯加大学奥马哈分校，巴菲特会在橄榄球比赛期间卖花生和爆米花，开心地展现出他对数字的熟稔。他会叫卖："花生，爆米花，5美分，只要5美分！花生爆米花，全部带回家！"[23]

比卖爆米花更赚钱的是巴菲特的高尔夫球生意。他在附近的球场巡视，把掉在灌木丛中的高尔夫球捡起来，然后把它们清理干净，以一打6美元的价格转手。最后，警察也变精明了，将他赶出了球场。不过，当警察与巴菲特的父母交谈时，霍华德和莱拉并不担心。他们觉得，这不过是儿子心智早熟和志向远大的迹象。巴菲特的姐妹们对此略有不同的看法：她们的兄弟似乎做什么都会得到赞许，故而他不会因为越界而受罚。[24]

捡高尔夫球受挫，根本无法阻挡小巴菲特的热情。这位未来的"奥马哈先知"经常去当地的阿克萨本⊖赛马场和竞

⊖ 英文"Aksarben"是"Nebraska"的反写。——译者注

技场，寻找可能值钱的废弃门票。巴菲特后来愉快地回忆起
这段经历：

> 他们称之为"捡漏"。在赌马赛季开始时，你会发
> 现很多只在电影里见过赛马的人，他们会认为，如果
> 你的马获得第二或第三，你就无法得到奖金，因为大
> 家关注的是获胜者，所以他们会扔掉马票。有争议的
> 比赛，有时也能让你大赚一笔……那时，人们已经把
> 票扔掉了。这时候，我们就能捡漏了。[25]

在那个时候，巴菲特就懂得利用自己的知识（或利用别
人缺乏的知识）来赚钱。巴菲特还结合他对数学技能的精通
和对收集信息的热爱，编制出一份关于赛马的内参。以 25 美
分的价格兜售《马童精选》，卖得比官方蓝皮书便宜一些。[26]

每一场比赛都要求具有临场的速算能力。直到今天，巴菲
特还会说，他在计算利润和损失时，可以不用电脑或计算器。

首次投资股票和地产

1942 年，11 岁的巴菲特以 38.25 美元 / 股的价格，购
买了他人生中的第一只股票——城市服务公司（总共购买了
3 股，总投资额为 114.75 美元，估计是通过他的赛马生意
赚来的）。股价在 27 美元触底，然后升至 40 美元。于是巴
菲特卖掉了它，结果却眼睁睁地看着股价飙升至 200 美元 /

股。[27] 这个早期案例，显示了投资时耐心的重要性。未来 77 年巴菲特的股市表现，充分体现了他对投资美国的积极态度。今天，小巴菲特当年这笔投资的价值超过 60 万美元。[28]

霍华德·巴菲特一向钟情于政治和公共事务，他在巴菲特 12 岁时当选为国会议员，举家搬到了华盛顿特区。尽管巴菲特想念他在奥马哈的朋友们，但这位未来的金融家在华盛顿特区茁壮成长，继续着他的创业奋斗。1944 年，巴菲特向美国联邦税务局（IRS）提交了自己的第一份纳税申报表，其中扣除的项目包括一辆 35 美元的自行车。[29] 巴菲特 15 岁时，[30] 以 1200 美元的价格购买了内布拉斯加州一处 40 英亩[⊖]的农田，[31] 并将其租了出去。到巴菲特上九年级的时候，他已攒下了 14 275 美元的积蓄。

16 岁开办自己的公司

沃伦·巴菲特从赚钱中获得的愉悦感，仅次于他在早年尝试创业时所汲取的正能量。每一次成功，都让巴菲特对下一次创业更加踌躇满志。当巴菲特还是华盛顿伍德罗·威尔逊高中的一名学生时，他和朋友唐·戴利就以 25 美元的价格购买了一台二手投币机（原价为 300 美元），并将它安装在一家理发店里。[32] 每当有人玩一次投币机，他们就收取 5 美分，并与理发店老板对半分成。他们的威尔逊投币机公

⊖　1 英亩 = 4046.856 平方米。

司，很快就发展到有七台投币机，分布在不同的商店，每周能赚 50 美元。1947 年，他们以 1200 美元的价格把这家公司卖给了一位老兵。[33] 戴利和巴菲特还有一台 1928 年产的劳斯莱斯，这是戴利花了 350 美元从废品场买来的，然后自己动手修理，并以 35 美元 / 天的价格提供租车服务。[34]

16 岁时，巴菲特高中毕业。在 350 名毕业生中，[35] 巴菲特排名第 16，当时他通过各种创业活动已经赚到了 6000 美元（相当于 2022 年的 76 366 美元）。在巴菲特高中毕业纪念册的照片上，写着一行字："喜欢数学：未来的股票经纪人"。[36] 纪念册的编辑们说的大方向没错。但他们几乎不可能想到，巴菲特的成就会远远超出他们的预测。截至 2022 年 3 月，巴菲特的个人净资产为 1260 亿美元。（伯克希尔 - 哈撒韦 2016 ～ 2021 年的财务报表见附录 A ～ C，截至 2022 年 3 月其拥有的伯克希尔旗下子公司见表 1-1。）

表 1-1　伯克希尔旗下子公司（2022 年 3 月）

序号	公司	序号	公司
1	Acme Bricl Company	6	Berkshire Hathaway Energy Company
2	Ben Bridge Jeweler	7	Berkshire Hachaway GUARD Insurance Co.
3	Benjamin Moore & Co.	8	Berkshire Hathaway Homestate Companies
4	Berkshire Hathaway Automotive	9	Berkshire Hathaway Specialty Insurance
5	Berkshire Hathaway Direct Insurance Company (THREE)	10	biBERK Business Insurance

（续）

序号	公司	序号	公司
11	BNSF Railway	37	Justin Brands
12	BoatUS	38	Kraft Heinz
13	Borsheims Fine Jewelry	39	Larson-Juhl
14	Brooks	40	LiquidPower Specialty Products Ine. (LSPI)
15	Business Wire	41	Louis-Motorcycle & Leisure
16	Central States Indemnity Company	42	Lubrizol Corporation
17	Charter Brokerage	43	Marmon Holdings, Inc.
18	Clayton Homes	44	McLane Company
19	CORT Business Services	45	MedPro Group
20	CTB Inc.	46	MiTek Inc.
21	Duracell	47	MLMIC Insurance Company
22	Fechheimer Brothers Company	48	National Indemnity Company
23	FlightSafety	49	Nebraska Furniture Mart
24	Forest River	50	NetJets
25	Fruit of the Loom Companies	51	Oriental Trading Company
26	Garan Incorporatcd	52	Pampered Chef
27	Gateway Underwriters Ageney	53	Precision Castparts Corp.
28	GEICO Auto Insurance	54	RC Willey Home Furnishings
29	General Re	55	Richline Group
30	Helzberg Diamonds	56	Scott Fetzer Companies
31	H. H. Brown Shoe Group	57	See's Candies
32	HomeServices of America	58	Shaw Industries
33	IMC International Metalworking Companies	59	Star Furniture
34	International Dairy Queen, Inc.	60	TTI, Inc.
35	Johns Manville	61	United States Liability Insurance Group (USLI)
36	Jordan's Furniture	62	XTRA Corporation

资料来源：Berkshire Hathaway, Inc.

故土之根奥马哈

我讲述沃伦·巴菲特早年的生活亮点，是因为在塑造一个人的人生轨迹方面，环境和家庭的影响至关重要。我这样做，也是为了分享我对巴菲特的个人看法。正如我之前提到的，我也在奥马哈长大，就读于奥马哈中心高中。这是巴菲特很多家人的母校，包括他的父亲霍华德，他的第一任妻子苏珊·汤普森·巴菲特，还有他的三个孩子——苏茜、霍华德⊖和彼得。巴菲特传奇的得力助手和商业伙伴查理·芒格也是奥马哈中心高中的校友，他毕业于1941年。（在本书第三章，我们将进一步讲述芒格以及他对巴菲特的影响。）

作为内布拉斯加州最大的城市，奥马哈的文化和价值观具有显著的中西部色彩。130万奥马哈居民都崇尚勤勉和谦逊。奥马哈中心高中现有大约2500名学生。20世纪70年代末，当我在此上学时，这所学校向城里的所有人开放。

我在奥马哈中心高中读书时，校园坐落在一栋老建筑里，地板经常吱吱作响。通往院子的大门总是关不紧，冬天，草原上寒冷的风会呼啸而过。教学楼有四层，女生和男生分别走不同的楼梯。卫生间很小，几乎没有隐私，且经常有人在里面抽烟，搞得烟雾缭绕。

⊖ 巴菲特的父亲全名是霍华德·霍曼·巴菲特，巴菲特的长子全名是霍华德·格雷厄姆·巴菲特。——译者注

　　在我刚上高中时，巴菲特的小儿子彼得·巴菲特正在读高三。我们经常一起吃午饭，我们有个松散的朋友圈，这些朋友后来都成了奥马哈最杰出的知识分子。一些人加入了奥马哈中心高中的数学队，这是一支常年排在全美前三的强队；一些人进入了哈佛大学、麻省理工学院或芝加哥大学。其中有一个人，后来在硅谷经营着两家上市公司。

　　超强的数学实力，是奥马哈中心高中的重要特色。但在当时，我对彼得的背景和他父亲的财富一无所知。我们周围的人也不知道。沃伦·巴菲特在社区和金融界都非常低调，就连他的子女也不知道他在投资上的非凡成就。巴菲特每天晚上下班回家，和家人们共进晚餐。对孩子们来说，巴菲特只是父亲。

　　今天，彼得是一名作家、音乐家、慈善家、作曲家，他还是艾美奖[⊖]得主。彼得是《纽约时报》畅销书——《父亲巴菲特教我的事》的作者，他经常被问及自己的成长经历。作为世界首富的儿子，在奥马哈长大，这对他有什么影响？在2011年的一次采访中，彼得对他的成长环境是这样评价的：

　　　　它没有噪声，不会给我造成太多的干扰，这对我
　　很有用。不会有很多人来告诉你，你必须这样才酷，

　　⊖　艾美奖是美国电视界的最高奖项，与奥斯卡金像奖（电影类奖项）、格莱美奖（音乐类奖项）、托尼奖（戏剧类奖项）并称为美国演艺界四大奖。——译者注

或者那样才酷。我在节目中谈到了这一点，我成长中的简单和正直，与我父亲是否有钱无关。当我们还是孩子的时候，我们并不知道他有钱。我祖父母住得离我家很近，我和我母亲上的是同一所高中，连英语老师都是同一位。正是这一切，给我创造了稳定的生活环境。

我想说的是，很多人认为音乐家和艺术家必须经历挣扎和痛苦。我不认为是这样的，尽管它确实可能给写歌或者创作带来一些灵感。我认为是没有干扰的环境，让你能够安于艺术创作，这就是我父亲留在奥马哈的原因，在这里他可以专注于他的投资艺术。尽管有些人可能会说，"天哪，这一点都不刺激"，但我真心觉得，环境可以成为伟大创意的孵化器。[37]

1955～1971 年，奥马哈一直拥有全球最大的畜牧饲养场。1884 年，畜牧饲养场开业，当时有 7000 头牛；20 世纪 40 年代末，规模已经扩大到 770 万头牛；1999 年，畜牧饲养场关闭，不过畜牧交易老楼仍然还在。今天，奥马哈是孤儿乐园（Boys Town）和美国大学棒球冠军赛的大本营。除了伯克希尔-哈撒韦，奥马哈还有一些"财富 500 强"和"财富 1000 强"企业，包括美国家庭人寿保险公司（保险和金融业）、联合太平洋公司（美国最大的铁路公司）、彼得·基威特子弟公司（建筑业）、奥马哈互助保险公司（保险和金融业）、美国交易公司（金融业）、绿色平原可再生能源公司、沃纳企业公司（运输和物流业）和维蒙特工业公司（制造业）。

从我的角度来看，我们家乡特别引人注目的一点是，奥马哈的医疗保健产业及其与慈善事业的关系。2009 年、2011 年和 2018 年⊖，我带着三组学生和四位教授到奥马哈去见巴菲特。我带他们参观了奥马哈中心高中、巴菲特的家和伯克希尔－哈撒韦总部。不过，最令他们眼花缭乱的是位于中城的医疗保健建筑群。克莱顿大学和内布拉斯加大学医学中心，都各有一所医学院和一所药学院。2018 年，克莱顿大学还开设了一所新的牙科学院。此外，奥马哈还有 6 所护理学校。总之，拥有这些机构，让奥马哈成为全美顶级医疗保健社区之一。

在这些建筑之间，我们千万不要错过一座新的巨型建筑——弗雷德和帕梅拉·巴菲特癌症中心。沃伦的表弟弗雷德·巴菲特是伯克希尔－哈撒韦最早的投资者之一，25 年前死于肾癌。弗雷德去世后，他的遗孀发起了一场募捐活动，为新的癌症中心筹集了 3.7 亿美元。

迪克·霍兰德是奥马哈的一位著名商人，他是巴菲特的早期投资者，现在也成了亿万富翁。他表示，至少有 10 亿美元与伯克希尔相关的资金，被捐赠或承诺用于改善奥马

⊖ 原书为 2017 年，疑有误。——编者注

哈。霍兰德本人就耗资9000万美元，捐建了当地的霍兰德表演艺术中心。

还有很多伯克希尔的早期投资者，都纷纷将自己的投资收益回馈至内布拉斯加州各大机构，这些人包括：卡尔和乔伊斯·马梅尔、比尔和露丝·斯科特、李和威拉·西曼、丹·莫宁、约翰和珍妮丝·克利里、利兰和多萝西·奥尔森、斯坦利和多萝西·特鲁尔森，以及唐纳德和米尔德里德·托普·奥斯默。他们捐建的项目包括：位于林肯市的一所商学院和一栋教学楼，位于奥马哈的医学研究和教学设施，以及奥马哈中心高中的足球场。[38]

成为企业家巴菲特

截至目前，我已经讲述了沃伦·巴菲特的个人和社会背景，这是他能成为有史以来最成功的企业家之一的重要基石。巴菲特的性格和价值观，无疑是由巴菲特家族的创业传统塑造的，包括他的外祖父母经营的印刷厂和他的祖父欧内斯特·巴菲特创办的杂货店。对于公众来说，巴菲特的谦逊和节俭可能淡化了他有魄力的一面。但别搞错了，沃伦·巴菲特对自己的人生有非常清晰的愿景，并能坚持不懈，孜孜以求。巴菲特还拥有所有企业家共有的许多特质。

企业家有实现目标的超强动力，他们愿意坦承自己的错误，而不是指责别人。他们是敢于冒险的人，对不确定性的容忍度较高，但对一项事业成功的可能性有着敏锐的实用主义意识。换句话说，他们并不鲁莽。大多数企业家都很独立，拥有坚如磐石的自信和无可救药的乐观。即使是面对早期的失败，他们依然会坚持不懈，并以创造性地解决问题为导向。他们总是精力充沛，对自己的足智多谋引以为傲。他们几乎都是团队的缔造者。

最重要的是，企业家不是跟风者。他们无惧与大众相向而行。这就是他们的创意来源。这也是巴菲特和他的合伙人查理·芒格一直强调的原则：企业家要想获得成功，必须独立思考，而不是被动地遵循别人指引的方向或提供的线索。

在我的学术生涯中，我花了相当多的时间研究沃伦·巴菲特。无论是教授创业相关课程，还是在奥马哈与巴菲特的孩子们一起长大，都让我受益匪浅。除了我在这里列出的企业家特质以外，我在所有企业家身上都能看到的一大特点就是野心。简而言之，企业家都充满渴望！他们对金钱的渴望，对成功的渴望，对独立的渴望，他们追求目标的野心，不管如何掩饰，都会显露出来。许多企业家来自那些有创业传统的家庭。就巴菲特而言，他在杂货店为祖父欧内斯特工作的艰辛经历，让他坚信，自己想要过的是一种没有体力劳动的理想生活。再加上欧内斯特为他树立了自力更生、独立自主的榜样，两者共同激发了他的商业灵感之火花。

巴菲特的长期合作伙伴查理·芒格，也在很年轻时就创办过几家企业。这些渴望强烈的、极度上进的人，不管他们取得了多大的成就，他们总是对新的点子充满兴趣，总是对新的探险充满渴望。如果我们用一个专门的术语来描述的话，他们是"连续创业者"。

任何类型的组织都可以具有企业家精神（例如，公司、小企业、家族企业、社会团体、特许经营企业，以及高速成长企业），所有组织都需要具有创新意识和创业活力的人掌舵。然而，正如我在回顾巴菲特早期生涯时所阐述的那样，大多数企业家更喜欢为自己工作，而不是为其他组织工作。

推动男性和女性创业的动机是相似的，但不尽相同。对于男性来说，最主要的驱动力往往是独立和财富；对于女性来说，由于历史原因，她们曾经长期被限制进入高管层，她们往往渴望获得更高的职位，而财富只排在第四位。无论男女，他们似乎都有着无尽的渴望和无穷的能量，这可能也意味着，创业是年轻人的事业。但情况并非总是如此。

创业的最佳年龄

创业没有年龄的限制，也没有理想的时机。尽管年轻人往往更能承受风险，但他们的目标也更加模糊。以下企业家创立公司时的年龄各不相同：

- 脸书：马克·扎克伯格（联合创始人：20 岁）。

- 苹果：史蒂夫·乔布斯（联合创始人：21 岁）。

- 特斯拉、PayPal、Neuralink、Open AI 和 Zip2： 埃隆·马斯克（创始人或联合创始人：24 岁起）。

- 耐克：菲尔·奈特（联合创始人：26 岁）。

- Spanx：萨拉·布莱克利（创始人：27 岁）。

- 罗宾汉：弗拉德·特内夫和拜朱·巴特（联合创始人：27 岁和 28 岁）。

- 美林证券：查尔斯·梅里尔（联合创始人：28 岁）。

- 亚马逊：杰夫·贝佐斯（创始人：31 岁）。

- 推特：杰克·多尔西（创始人：32 岁）。

- Urban One：凯茜·休斯（创始人：33 岁）。

- 嘉信理财公司：查尔斯·施瓦布（创始人：34 岁）。

- Appaloosa 基金管理公司：大卫·泰珀（创始人：35 岁）。

- IBM：托马斯·沃森和查尔斯·弗林特（联合创始人：36 岁和 60 岁）。

- 福特汽车：亨利·福特（创始人：40 岁）。

- 沃尔玛：山姆·沃尔顿（创始人：40 岁）。

- 家得宝：伯尼·马库斯（联合创始人：50 岁）。

- eTrade：比尔·波特（联合创始人：54 岁）。

- 肯德基：哈兰·桑德斯（创始人：62 岁）。

最成功的企业家都做了什么

- 积极投身新项目。
- 获得创业经验。
- 知道去哪里寻求建议（社交网络）。
- 习得某一专业技能。
- 专注于让企业实现盈利。
- 持续阅读和学习。
- 周围聚起一群富有活力、足智多谋的聪明人，并竭力为他们赋能。
- 善待员工（例如，利益共享）。
- 知道自己的弱点（例如，巴菲特始终坚守自己的能力圈，并承认他并非什么都懂）。

如何成为成功的企业家

- 编制一张拥有各种技能的人际网络。
- 找到人生的导师。
- 接受教育。很多失败都是因为你只有经验而没有接受教育导致的，你无须读 MBA，但是要参加一些关于市场谈判、会计和金融的课程。
- 有市场、财务或运营方面的工作经验。
- 参与新的探险，并从错误中学习。

成为企业家的渴望

你对成为一名企业家的渴望，可以来自内心，来自志向，也可以由意想不到的外部事件驱动，比如离婚、失业，甚至是流行病。或者你可能只是偶然遇到一个机会，然后决定承受风险去做。

我给学生们的建议是：如果你真的想成为一名企业家，那就去为你所关注的专业人士工作。尽你所能，学习一切。学会提问，寻找利基市场。学会存钱，这样当你自主创业时，你就有足够的资本了。

即使你内心并不渴望成为一名企业家，但在你的人生中，有时你除了创业之外别无他选。例如，新冠疫情导致了美国自大萧条以来最严重的失业率飙升。数以百万计的人重新评估了他们的选择和价值观，并投身于独立的零工经济，逐步走向创业。比如说：撰写博客，做独立咨询，做在线辅导，成为优步司机，搭建网销体系，拓展在线业务，录制音频视频，替人照看宠物，充当置业顾问，等等。但是，要成为成熟的企业家，需要充满自信，主动作为。所有迹象都表明，在 21 世纪，即使你不是企业家，你也必须像企业家一样思考和行动。

第二章

大学生涯与合伙岁月

有一条非常重要的人类行为法则。如果遵守这一法则，我们几乎永远不会遇到麻烦，还会收获无数的朋友和永恒的幸福。不过，一旦我们违反这一法则，我们可能就会陷入无尽的麻烦。这条法则就是：总是让对方觉得自己很重要。约翰·杜威说："想成为重要人物，是人性中最深层的渴望。"威廉·詹姆斯则说："渴望被欣赏，是人性中最深刻的基因。"[1]

——戴尔·卡耐基

主动学习沟通与演讲

沃伦·巴菲特年轻时有点儿社恐。为了克服这一障碍，巴菲特尽可能地向成功人士学习。对巴菲特影响最大的人物之一是戴尔·卡耐基,1936 年出版的经典名著《人性的弱点》就是他的代表作。

卡耐基是公开演讲和营销领域的专家,他通过向大众培训这些技能,建立了自己的事业。在整个高中阶段,巴菲特都在践行卡耐基提出的原则。巴菲特的密友爱丽丝·施罗德写道:"读高中时,巴菲特已经有了更多的朋友,他加入了伍德罗·威尔逊的高尔夫球队。

即使不受欢迎,他也设法让自己不招人厌。戴尔·卡内基的教育体系磨炼了他天生的智慧;最重要的是,巴菲特锻炼了口才,增强了营销能力。"[2] 在巴菲特的整个职业生涯,这些品质都发挥了重要作用。

巴菲特经常打趣说,他做过的最佳决定之一就是,花100 美元上了戴尔·卡耐基的公开演讲课。当时巴菲特才 21岁,刚刚研究生毕业,在他父亲的投资公司做股票经纪人。巴菲特还在内布拉斯加大学奥马哈分校教授投资课程。巴菲特的学生们,其平均年龄是这位年轻老师的两倍。

直到今天,在巴菲特办公室的墙上,你找不到他在大学商学院读书的毕业证书,但可以看到他的卡耐基课程证书。巴菲特认为卡耐基提出的很多原则很有价值,我从他的书中一字不差地摘录如下:[3]

如何成为一个更友好的人

1. 不要批评、谴责或抱怨。

2. 真诚地表达谢意。

3. 唤起对方的渴望。

4. 真诚地表达对他人的兴趣。

5. 保持微笑。

6. 记住别人的名字。对一个人来说，什么样的甜言蜜语都比不上他的名字。

7. 学会倾听，鼓励别人分享自我。

8. 谈论对方感兴趣的话题。

9. 让对方觉得自己很重要。而且，要真诚。

如何让别人接受你的思维方式

1. 赢得争论的唯一方法，就是避免争论。

2. 尊重他人的意见。永远别说"你错了"。

3. 迅速而坚决地承认自己的错误。

4. 以友好的态度开场。

5. 让对方马上说"是的，是的"。

6. 让对方多说话。

7. 让对方觉得这个想法是他 / 她的。

8. 试着从别人的角度看问题。

9. 对别人的想法和愿望保持同理心。

10. 诉诸更高尚的动机。

11. 让自己的创意富有戏剧化。

12. 提出挑战。

如何成为领导者

1. 以真诚的赞美和欣赏开场。

2. 委婉地提醒别人的错误。

3. 在批评别人之前，先谈谈自己的错误。

4. 多提问题，少下命令。

5. 保全对方的面子。

6. 赞美每一个微小的进步。记住，是"由衷地肯定，慷慨地赞美"。

7. 给对方一点儿赞誉，他会努力去配得上你的评价。

8. 多点儿鼓励，让错误看起来更容易改正。

9. 让对方乐意做你所建议的事情。

巴菲特也将卡耐基书中的一些附加指导原则运用于自己的生活和工作中：

本杰明·富兰克林年轻时并不圆融，后来他变得非常老练，善于与人打交道，因此被任命为美国驻法大使。他成功的秘诀是什么？他说："无论是谁，我都不会讲他的坏话，我会尽可能去讲他的优点。"[4]

傻瓜喜欢批评、谴责和抱怨，大多数傻瓜都是这样做的。但是，理解和原谅需要的是性格稳定和自我控制。[5]

伟人以他对待小角色的方式展现其伟大。(卡耐基认为,这句话是托马斯·卡莱尔说的)。[6]

我认为,我有能力激发员工的工作热情……欣赏和鼓励,能让一个人发挥出最大的潜能,这也是我最重要的资产。没有什么比领导的批评更能扼杀一个人的雄心了。我从不批评任何人。我坚信,要向别人注入工作的动力。因此,我渴望赞美,不愿意挑刺。如果我喜欢什么,我会由衷地肯定,慷慨地赞美。(卡耐基认为,这句话是查尔斯·施瓦布说的。)[7]

影响别人的唯一方法,就是谈论他们想要的,并告诉他们如何才能得到。[8]

维也纳著名心理学家阿尔弗雷德·阿德勒写了一本书叫《自卑与超越》。在那本书中,阿德勒说:"那些不关心同伴的人,在生活中会遇到最大的困难,对他人会造成最大的伤害。这样的人会遭遇各种各样的失败。"[9]

查尔斯·施瓦布告诉我,他的微笑价值100万美元。他可能还低估了事实。施瓦布令人喜爱的性格、能力和人格魅力,几乎是他取得非凡成功的全部原因;他最令人感到愉悦的特质之一,就是他迷人的微笑。事实胜于雄辩,正如迈尔斯所说:"我喜欢你,你让我很快乐。一见你就有好心情。"[10]

少年轻狂从名校退学

巴菲特不想上大学。[11] 他认为，自己通过读书自学，也能受到很好的教育。而且他确信，在商业领域实战，总是比上课的价值更高。对于他人，巴菲特同样坚持这一理念。例如，当伯克希尔 – 哈撒韦收购位于奥马哈的波仙珠宝时，巴菲特允许没有上过大学的 CEO 留任。2009 年 11 月，当我带着 26 名学生去拜访巴菲特时，他重申了自己的观点。巴菲特对我和学生们说："有一篇研究论文，我不记得题目了，讲的是关于智商、GPA、上学与商业成功之间的关系。研究结果表明，一个人开始创业的时间与成功关联度最高。经验是获得成功最重要的决定因素。"

从常春藤盟校到内布拉斯加大学

在父亲的压力下，巴菲特考入了宾夕法尼亚大学沃顿商学院。当时巴菲特只有 17 岁，几乎是刚刚入学，巴菲特就吐槽说，他比教授们知道的还多。这并不是少年轻狂，巴菲特只学 15 分钟就能考出好成绩，他的一位室友对此感到非常惊讶。

年轻的巴菲特最喜欢吐槽的是学术界各种各样的理论。同学们后来回忆说，巴菲特经常当着全班同学的面，毫不畏惧地拿自己早期的创业经验来纠正教授们的错误。在沃顿商学院学习一年后，巴菲特更感兴趣的是，将自己学到的知识运用到商业实践中去。他告诉父亲，自己打算退学创业。不过，巴菲特的父亲再次说服他在沃顿再待一年。巴菲特照做了，之后他转到内布拉斯加大学林肯分校，并获得了足够的学分。在大三结束时，巴菲特获得了工商管理学士学位，那年他19岁。巴菲特素来不慕虚名，甚至在像上大学这样的大事上，表现得也很明显。

回到内布拉斯加后，巴菲特立即将他的商业经验付诸实践。在修满课程的同时，巴菲特在《林肯日报》担任发行经理。兼职期间，巴菲特还组织50多名工人，规划了他们的送报路线。

拜师格雷厄姆

尽管巴菲特厌恶学术界，但在获得学士学位后，他还是申请了哈佛大学的研究生课程。结果呢？惨遭哈佛大学拒绝。哈佛大学的面试官建议巴菲特积累更多重要的商业经验。

沮丧的巴菲特开始自学。巴菲特一直是一名狂热的阅读爱好者，他一头扎进书堆，发奋阅读有关投资方法论的书籍。其中有一本书，也就是本杰明·格雷厄姆1949年所著的《聪明的投资者》，给巴菲特留下了深刻的印象，于是他决心拜格雷厄姆为师。当时，格雷厄姆在位于纽约的哥伦比亚大学商学院任教。在巴菲特随后的职业生涯中，他一直宣称《聪明的投资者》是最重要的投资书。每次我们和他见面，他都向我的学生们提及这本书。在被哈佛大学拒绝的那个夏天，巴菲特喜欢上了格雷厄姆和他的同事戴维·多德合著的《证券分析》。

巴菲特仔细阅读了哥伦比亚大学商学院的课程目录，他注意到，格雷厄姆和多德的名字也赫然在列。巴菲特当即给两位教授写了一封信。以今天的标准来看，这封信读起来可能有些冒失，甚至有些鲁莽。巴菲特写道："亲爱的多德教授，我以为你们已经辞世，没想到你们还活着，还在哥伦比亚大学教书，我真的很想上你们的课。"多年后，巴菲特对这段往事的复述，可能有些半开玩笑的成分。[12] 不过，无论巴菲特写了什么，他都足以被录取。

1950年秋，巴菲特在纽约找了个最便宜的地方落脚。（很不幸，由于申请太晚，巴菲特没有分到大学宿舍。）他住在宾夕法尼亚车站旁的西34号街斯隆住宅，每天的费用是一美元。[13] 巴菲特在格雷厄姆的门下学习了一年，1951年从哥伦比亚大学毕业。

格雷厄姆的家世背景

格雷厄姆原名为本杰明·格罗斯鲍姆，1894年出生于英国伦敦。1895年，当格雷厄姆还在襁褓中的时候，他随父母举家搬到了美国纽约。1903 年，格雷厄姆的父亲去世，当时他只有 8 岁；1907 年，格雷厄姆的母亲在当年的股市恐慌中赔得倾家荡产。

格雷厄姆童年时代遭受的创伤，影响了他的一生。格雷厄姆觉得自己别无选择，于是将全部精力都投入到了学习之中。格雷厄姆朝气蓬勃，奋发有为，他获得了哥伦比亚大学的奖学金，20 岁时以全班第二名的成绩毕业。在离开学校之前，格雷厄姆获得了数学、哲学、英语等三个院系的教职邀请。格雷厄姆拒绝了所有的教职邀请，决意投身华尔街。

格雷厄姆在华尔街的起点很低。他曾在纽伯格 - 亨德森 & 洛比公司担任信息员，负责发布债券和股票价格，每周薪水仅有微薄的 12 美元。但格雷厄姆很快就站稳脚跟。26 岁时，格雷厄姆被派去写研究报告，很快就被提升为公司的合伙人，年薪为 60 万美元，大约相当于 2022 年的 960 万美元。[14]

格雷厄姆成为企业家

7 年后，32 岁的格雷厄姆与杰罗姆·纽曼共同创立了自己的投资合伙企业——格雷厄姆 - 纽曼公司。格雷厄姆这段早期的创业经历，给他带来了丰厚的投资回报。格雷厄姆 - 纽曼公司的资产价值，年化增长率达到 17.4%，超过股市 5.5 个百分点。在经营公司的同时，格雷厄姆还在哥伦比亚大学教课（他将工资捐给了学校），并在同事兼助理戴维·多德的协助下写就了《证券分析》一书。这本出版于1934年的著作，至今仍被视为最具影响力的投资书之一。

尽管在经历两次世界大战后，格雷厄姆 – 纽曼公司幸运地活了下来，但在大萧条期间，公司损失了70%的价值。这是格雷厄姆人生中第二次经历金融动荡，这让他对投资采取了相对谨慎的态度。格雷厄姆严格遵循两条原则：（1）以低于净资产三分之二的价格购买企业；（2）购买市盈率（P/E）较低的股票。[15] 今天，我们称之为"安全边际"。总之，格雷厄姆强调的是公司数据的定量分析，而不是任何形式的定性分析。

格雷厄姆和巴菲特的师生情

1950年，巴菲特被哥伦比亚大学录取，成为格雷厄姆和多德的20名学生之一。巴菲特是班上年龄最小的学生，但却成了格雷厄姆的得意门生之一。巴菲特是唯一从格雷厄姆那里得到全部A+成绩的学生。这并不奇怪。格雷厄姆和巴菲特都有独立思想和创业精神。巴菲特懂得欣赏导师的价值，而格雷厄姆则欢迎才华横溢的学生。格雷厄姆给巴菲特留下了深刻的印象，以至于后来巴菲特也常常以格雷厄姆为榜样指导自己的学生。

在格雷厄姆门下，巴菲特埋头学习《证券分析》和《聪

明的投资者》。巴菲特经常说,《聪明的投资者》第 8 章和
第 20 章,是有关投资的最佳论述。我将在本书后面详细讨
论这两章的内容。1951 年,巴菲特从哥伦比亚大学毕业,
并获得经济学硕士学位。

重返奥马哈

巴菲特毕业后,立即申请为格雷厄姆工作,甚至提出免
费在格雷厄姆 – 纽曼公司打工。不过,格雷厄姆拒绝了他的
申请。因此,巴菲特只好返回奥马哈。1951 ～ 1954 年,巴
菲特在他父亲的投资公司做股票经纪人。

正是在这段时间,巴菲特参加了卡耐基的公开演讲课,
并在内布拉斯加大学奥马哈分校教投资课。但巴菲特一直保
持着与格雷厄姆的联系,分享投资建议,耐心地培养着他们
之间的感情。(纵观巴菲特的职业生涯,他一直是一名成功
的金融家,但他从未忘记自己对教学的热爱。巴菲特住在纽
约的时候,在郊区的一所公立学校开设了一门成人教育的投
资课。回到奥马哈后,巴菲特延续了这一传统。直到 20 世
纪 70 年代,巴菲特还在克莱顿大学免费教投资课。)[16]

格雷厄姆 – 纽曼公司

1954 年,格雷厄姆终于同意雇用他的明星学生。当时
巴菲特 24 岁,年收入 1.2 万美元(相当于今天的 12.65 万美

元）。更重要的是，巴菲特获得了学习的机会。格雷厄姆教会了巴菲特关于套利的知识，也就是说，同时购买和出售一种资产，让投资者从最小的价格差中获利。

> 关于套利，投资者杰森·费尔南多在投资百科网站上的解释为：
>
> 套利是指在不同市场同时购买和出售同一资产，以便从资产市场价格的微小差异中获利。它利用了不同市场的相同或类似金融工具的短期价格变化。举个简单的套利案例：X公司的股票在纽约证券交易所的交易价格为20美元，而同时在伦敦证券交易所的交易价格为20.05美元。交易者可以在纽约证券交易所购买股票，然后立即在伦敦证券交易所出售同样的股票，每股赚取5美分的利润。交易者可以一直利用这种套利机会，直到纽约证券交易所的投资者们卖出X公司的全部股票，或者直到纽约证券交易所与伦敦证券交易所的股票价差消失为止。[17]

事实证明，巴菲特在格雷厄姆-纽曼公司的工作是美好而短暂的。巴菲特25岁时，格雷厄姆宣布了他的退休计划，并给了巴菲特一个机会，让他代替自己成为初级合伙人。（杰罗姆·纽曼的儿子米奇将接替他父亲的职位，成为高级合伙人。）格雷厄姆-纽曼公司的基金规模相对较小，大约只有 700 万美元，相当于今天的 7500 万美元，但它广受赞誉。不到 30 岁的沃伦·巴菲特突然面临着一个关键的人生抉择。2012 年，巴菲特回忆道："这是一个悲伤的决定，在这里我有幸追随我的偶像，我甚至给我的长子起名叫霍华德·格雷厄姆·巴菲特。但我也想回到奥马哈。大概有一个月的时间，我每天早上都在想，我要告诉格雷厄姆先生，我要离开了。但这很难做到。"[18]

1956 年，格雷厄姆关闭了合伙企业，并在 61 岁时退休。巴菲特带着 12.7 万美元（相当于今天的 130 万美元）回到了奥马哈。此时，巴菲特的财富足以支持他退休。这其中的关键是复利，巴菲特称之为"世界第八大奇迹"。复利是指由于利息、股息或本金和累计所获得的收益产生的资产增值。正如巴菲特多年后在《福布斯》杂志上所说的那样："我想，我要回到奥马哈，给学生们上上课，自己多读读书，我都打算退休了！我算了一笔账，我们一年要花掉 12 000 美元，而我有 127 000 美元的资产打底，保证生活易如反掌。我告诉妻子，依靠复利的威力，我会变得非常富有。"[19]

菲利普·费雪的影响

如果说本杰明·格雷厄姆对巴菲特的影响排第一，那么对巴菲特的影响排第二的就是菲利普·阿瑟·费雪（即菲利普·费雪），他 1958 年出版的著作《怎样选择成长股》是史上第一本登上《纽约时报》畅销书排行榜的投资书。费雪的基本操作方法是以低估的价格买入优秀的公司，然后长期持有。费雪的研究重点是寻找那些有能力超过行业平均收入和利润增速的公司。[20]

费雪强调，长期而言，股市有利于投资者。费雪保守的投资方法，与格雷厄姆的理念完全吻合，因此巴菲特受到费雪的影响也就不足为奇了。不过，格雷厄姆侧重于定量分析，费雪则采用了定性分析方法——"四处打探法"，即从各种渠道收集有关公司的第一手信息。例如，在 2016 年巴菲特投资苹果公司之前，他时常会注意到，他的孙子孙女及其朋友整天都在玩 iPhone。巴菲特会带他们去 DQ 冰淇淋店，看着他们坐在那里。哪怕他们坐在一起也不说话，就互相发信息。

另一位喜欢使用"四处打探法"的著名投资者是富达基金的彼得·林奇。林奇善于见微知著，当他看到一家零售店前排起长队时，他就会因为发现新的投资机会而兴奋不已。林奇对唐恩都乐（Dunkin Donuts）的投资，就是一个很好的例子。林奇注意到，唐恩都乐店前常常排起长队。他开车走遍整个城市，并走进商店，发现顾客们都很喜欢唐恩都乐的咖啡。林奇意识到，唐恩都乐还有很大的空间来复制他们的商店，并成长为全国性的连锁品牌。投资唐恩都乐，最终让林奇赚了 10 ～ 15 倍。

据说，林奇还会带着家人去当地的购物中心，观察妻子和孩子感兴趣的是什么，并通过这种方式来发现投资机会。林奇的这种方法只是他工具箱中的工具之一，但它确实有效。这个故事的寓意是，许多伟大的投资机会看似远在天边，实则近在眼前。

与巴菲特家族对公共体系的狂热信仰不同，费雪的父母对公立学校几乎没有信心，至少对年幼的孩子来说如此。1907 年，费雪出生于旧金山，从小就在私立学校读书。1923 年，16 岁的费雪从著名的洛厄尔高中毕业（巴菲特高中毕业时也是 16 岁），进入加州大学伯克利分校学习。[21]

后来，费雪转学到斯坦福大学，并在那里攻读研究生。21 岁时，费雪决定辍学，到旧金山的盎格鲁 - 伦敦 - 巴黎国民银行担任证券分析师。1931 年，当大萧条席卷整个券商行业时，费雪创办了自己的投资咨询公司——费雪公司。[22] 当时费雪才 24 岁，此后他一直管理公司事务，直到 1999 年以 91 岁高龄退休。

费雪对合作伙伴很挑剔。他的管理哲学是雇用最优秀的人，然后让他们自由发挥。

巴菲特的管理哲学很大程度上源于费雪。通常情况下，伯克希尔－哈撒韦会购买一家公司 80% 的股权，让管理层保留剩余的 20%。这 20% 的股权足以激励管理层保持公司盈利，同时也赋予了他们极大的自主权。除了要求报送每月的财务报表，巴菲特对子公司的管理可以用"充分放权"来形容。我将在第四章中详述费雪的投资原则，这些原则为伯克希尔－哈撒韦空前的财务成功奠定了坚实基础。

误打误撞创办合伙企业

1956 年，格雷厄姆关闭了他的投资合伙企业，巴菲特开始思考他职业生涯的下一站。巴菲特不喜欢华尔街有问题的行为方式，在他看来，华尔街没有将客户的利益放在第一位。[23] 但在奥马哈，大家有着一种截然不同的气质。巴菲特喜欢奥马哈友好的社区氛围、轻松的生活节奏和深耕的人际关系。巴菲特的祖父母、外祖父母和七大姑八大姨都住在奥马哈。奥马哈不像纽约、波士顿和旧金山这样的金融热点城市，到处充斥着"噪声"（可疑、无用的信息）。与它们相比，奥马哈更让人觉得心安。此外，巴菲特现在有了两个孩子——霍华德和苏茜。生活在小城市，似乎更容易抚养他们。

于是，巴菲特返回家乡奥马哈，以 175 美元／月的价格，在安德伍德大道 5202 号租下了一套公寓，这里距离他家的杂货店旧址很近。

巴菲特回忆说：

我没有创办合伙企业的打算，甚至没有工作的打算。如果我能管好自己的钱，那就一点儿也不用担心生计。我非常确信，再也不想当股票经纪人了。很偶然的是，有七个人，当中包括我的亲戚，对我说："你以前是卖股票的，你来说说，我们要怎么管理自己的钱。"我回答说："我不会再做股票经纪人了，但我会像格雷厄姆和纽曼那样，建立合伙公司。如果你想和我合伙，你可以加入。"我的岳父、我的大学室友和他的母亲、我的姑姑爱丽丝、我的姐姐和姐夫，还有我的律师都签字了。我也投了 100 美元。这就是故事的开始，纯属偶然。

我们建立合伙公司后，七个人加上我，共进晚餐，我 99% 确定那是在奥马哈俱乐部。我花了 49 美分买了一本账簿，他们带来了支票。在我拿他们的钱之前，我给了他们每人半张纸，上面是我用复写纸抄的投资基本原则。我说，有 2～4 页的合伙企业法律文书。不用担心，我会告诉你写的是什么，你无须有任何顾虑。

我没有做任何营销，但越来越多的陌生人开始给我寄支票。在纽约，格雷厄姆－纽曼公司正在清算。佛蒙特州有位大学校长叫霍默·道奇，他曾投资过格雷厄姆，他问格雷厄姆，我的钱放到哪儿？格雷厄姆说，有个在我这里工作过的孩子，可以找他。于是，道奇开车来了奥马哈，来到我租住的公寓。我当时 25 岁，长得像 17 岁，举止像 12 岁。道奇问，你在做什么？我说，这就是我和家人所做的，我也会和你一起做。

25 岁是我人生的一个转折点，虽然当时我并不知道。我改变了自己的生活，建立了一个相当庞大的合伙企业，它的名字叫伯克希尔 – 哈撒韦。我不害怕。我在做我喜欢的事，而且我会一直做下去。[24]

四年大赚 251%

1956 年，25 岁的巴菲特创立了巴菲特合伙公司。巴菲特是公司的普通合伙人，其他 7 个人是有限合伙人。最终，巴菲特成立了 7 家合伙公司。其中，第一家公司是巴菲特联合投资有限公司，包括最初由七位朋友和家人组成的核心团队。巴菲特只投了 100 美元；其他人总共投了 10.5 万美元。巴菲特的第一个外部投资者是霍默·道奇，他是佛蒙特州诺斯菲尔德市诺维奇大学的一名物理学教授。道奇从格雷厄姆那里听说了巴菲特的才华，于是驱车 1500 英里⊖，把家里 12 万美元的积蓄都投给了巴菲特。1983 年道奇去世时，他的投资已经增值至数千万美元。[25]

⊖ 1 英里 =1609.344 米。

后来，巴菲特以 3.15 万美元的价格，买下了一栋三层别墅，并一直居住至今。这栋别墅毗邻繁华的法纳姆大街，地下室里有一个手球场，现在的市价超过 100 万美元。巴菲特没有专门的办公室，他在楼上卧室旁的一间小客厅里办公。巴菲特既没有秘书，也没有计算器。[26]

这些有限合伙人每年获得 6% 的投资收益，以及 6% 的基准以上利润的 75%，而巴菲特则获得另外的 25% 的超基准收益。1957 ～ 1961 年，巴菲特合伙公司的累计收益率为 251%，而道琼斯指数的累计收益率只有 75%。[27]

到 1958 年，巴菲特已经拥有了 5 家合伙公司。两年后，他的业务扩大到 7 家合伙公司，管理规模达到 700 万美元（其中包括他自己的 100 万美元）。正是在经营合伙公司期间，巴菲特开始给合伙人写如今广为人知的 "致股东的信"。巴菲特会解释他们的基金表现、当前的投资环境，以及他在过去一年中所做的工作。实际上，年轻的巴菲特采用的是今天的对冲基金模式，即普通合伙人（巴菲特本人）将自己的资金与有限合伙人的资金放在一起，实行风险共担。巴菲特与他们的利益一致；只有他们赚钱的时候，巴菲特才能赚钱。

然而，与今天的对冲基金不同的是，种种迹象表明，巴菲特并没有刻意追求管理规模。巴菲特的基金规模很小，这使得他能够高效运作并保持专注，这往往是成功企业家的标配。反过来说，这种行为方式也反映了巴菲特在投资公司时所看重的因素。企业的管理层是否像股东一样思考和行动，还是他们实际上与股东利益背道而驰？

逆势投资美国运通

1963 年，巴菲特通过投资美国运通，为合伙公司赚进 2000 万美元。当时，这家信用卡公司因为投资了卷入欺诈丑闻的联合植物油提炼公司，刚刚经历了 5800 万美元的经营亏损。安东尼·德·安吉利斯领导的联合植物油提炼公司弄虚作假，在这家公司巨大的沙拉油容器桶中，只有顶部装的是沙拉油，剩下的则全是水。丑闻曝光后，德·安吉利斯被判处 7 年监禁。作为联合植物油提炼公司的三大股东之一，美国运通的股价暴跌超过 50%。

巴菲特运用费雪的"四处打探法"，发现了这一投资机会。大家在外就餐还会用美国运通信用卡买单吗？巴菲特去了几家餐厅，得出了肯定的答案。在逛百货商店时，巴菲特也看到了类似的场景：购物者仍在用美国运通信用卡付款。那么银行呢？旅行者还在购买美国运通的旅行支票吗？毫无疑问，是的。基于对街头调研的信心，巴菲特将合伙企业 25% 的资产投资于美国运通。在接下来两年的时间里，随着美国运通的股价翻倍，巴菲特为他的合伙人赚到了 2000 万美元。[28]

买进伯克希尔 – 哈撒韦

1962 年，巴菲特将他的办公室从楼上的卧室搬到了基威特大厦，距离他家只有 4 分钟车程，距离奥马哈市中心也不远。巴菲特还开始买入马萨诸塞州一家名为伯克希尔 – 哈撒韦的纺织品制造商的股票。

不到两年，巴菲特就拥有了伯克希尔 – 哈撒韦 7% 的股份。1964 年，伯克希尔 – 哈撒韦管理层提出以 11.50 美元 / 股的价格回购巴菲特所持的股份。巴菲特同意了。但两周后，要约收购文件来了，写的收购价格是 11.375 美元 / 股，比约定的价格低了 0.125 美元。愤怒的巴菲特转而买下了整家公司。1965 年底，巴菲特控制了伯克希尔 – 哈撒韦，其股价为 18 美元 / 股。[29] 此外，巴菲特还收到了劳伦斯·蒂施写的一张便条，上面写着"我也想入伙"，并附上了他向巴菲特合伙公司投资的 30 万美元。蒂施是一名受人敬重的投资人，后来他成立了非常成功的洛斯公司。蒂施说，巴菲特是他这一代最伟大的投资者之一。[30]

1966 年，巴菲特成为伯克希尔 – 哈撒韦的董事长，当时他投入了合伙公司 25% 的资金用于收购伯克希尔。后来巴菲特坦承，这一情绪化的举动可能是他犯过的最大的投资错误；如果伯克希尔 – 哈撒韦经营不善，巴菲特的损失相当于今天的数十亿美元。巴菲特的长期商业伙伴查理·芒格猜测，巴菲特的判断可能受到了父亲在收购前五天去世的影响。巴菲特仍然保留了伯克希尔 – 哈撒韦的原名。

好的投资机会就像是隐藏的宝石。1969 年，当越来越难找到投资机会时，巴菲特选择了清算他的合伙公司，并将所有资产转移到伯克希尔 – 哈撒韦的股票中。巴菲特将这些合伙人的资产折算成股票，从今往后，伯克希尔 – 哈撒韦就作为一家控股公司，巴菲特通过它去投资，以及收购其他公司。

道琼斯工业平均指数的年复合回报率为 9.1%，而巴菲特合伙公司的年复合回报率高达 31.6%（见表 2-1）。[31] 截至 1969 年，巴菲特合伙公司的净值达到 1 亿美元，其中 2500 万美元属于巴菲特。[32]

表 2-1　巴菲特合伙公司业绩表现（1957 ～ 1968 年）

年份	道琼斯工业平均指数收益率（含股息）[①]	合伙公司收益率[②]	有限合伙人收益率[③]
1957	−8.4%	10.4%	9.3%
1958	38.5%	40.9%	32.2%
1959	20.0%	25.9%	20.9%
1960	−6.2%	22.8%	18.6%
1961	22.4%	45.9%	35.9%
1962	−7.6%	13.9%	11.9%
1963	20.6%	38.7%	30.5%
1964	18.7%	27.8%	22.3%
1965	14.2%	47.2%	36.9%
1966	−15.6%	20.4%	16.8%

（续）

年份	道琼斯工业平均指数收益率（含股息）①	合伙公司收益率②	有限合伙人收益率③
1967	19.0%	35.9%	28.4%
1968	7.7%	58.8%	45.6%
年复合收益率	9.1%	31.6%	25.3%

① 依据道琼斯工业平均指数年度收益率编制，加上道琼斯工业平均指数当年股息，表格中数据为完整年份。

② 1957～1961 年，表格中数据为巴菲特名下所有合伙公司扣除费用之后、向有限合伙人分配之前的合并结果。

③ 1957～1961 年，表格中数据为巴菲特名下所有合伙公司扣除普通合伙人提成之后、向有限合伙人月度划款之前的合并结果。

资料来源：巴菲特致合伙人的信，1969 年 1 月 22 日。

第三章

灵魂搭档查理·芒格

在我的一生中，我从没见过哪个聪明人不是整天在读书的。没有，一个都没有……巴菲特读书之多，我读书之多，可能会让你感到吃惊。我的孩子们都笑话我。他们觉得我是一本长了两条腿的书。[1]

——查理·芒格

完美搭档

像沃伦·巴菲特这样伟大的企业家，需要一位出色的助手。一般来说，这样的角色可以是家人、朋友或同事。在巴菲特的故事里，在伯克希尔 – 哈撒韦理应享有最高声誉的搭档是公司副董事长查理·芒格。芒格以有魅力、机智、表达简洁、直击本质而闻名于世。芒格有很多本杰明·富兰克林式的格言。关于芒格，巴菲特曾半开玩笑地评价说：

> 我想提供一些"关于如何选择搭档的建议"。注
> 意，首先要找到比你更聪明、更机智的人。找到他后，
> 请他不要秀优越感，这样你就可以因他的思想和建议
> 而获得许多成就，并因此受到赞扬。寻找这样的搭档：
> 他永远不会怀疑你，也不会在你犯了代价高昂的错误
> 时生闷气。他很慷慨，愿意倾尽家财，为梦想而工作。
> 最后，在漫长的人生旅途中，你最好与那些能给你带
> 来乐趣的人携手前行。以上都是很好的建议。（我的自
> 评分从未低于 A。）事实上，我在 1959 年就将这些建议
> 奉为圭臬。迄今为止，只有一个人在方方面面都符合
> 我对完美搭档的要求，这个人就是芒格。[2]

芒格和巴菲特相差 6 岁，他俩都是奥马哈本地人。他
们往上追溯几代人，都居住在内布拉斯加州。巴菲特和芒
格十几岁时，都曾在巴菲特祖父位于奥马哈市中心的杂货店
打过工。尽管在同一座城市，有着相似的童年经历，但直到
1959 年，这两位金融大咖才在一次晚宴上相遇。当时，两
人都已经取得了巨大的商业成功，并很快意识到与对方气味
相投，两人都对世界有着广泛的好奇心。

在当时的小城奥马哈，虽然巴菲特和芒格素不相识，但
两人都给人们留下了非同寻常的印象。奥马哈当地的投资人

不断告诉巴菲特，他让他们想起了相识的一位律师——查理·芒格。认识芒格的人也经常说，他让他们想起了巴菲特。当然，巴菲特听说过芒格家族。芒格的祖父曾是西奥多·罗斯福总统提名的联邦法官，他的父亲是当地一位著名的律师。之后，他俩共同的朋友安排了一场派对，29 岁的巴菲特和 36 岁的芒格一见如故，相谈甚欢。巴菲特回忆道："芒格被自己讲的笑话逗得捧腹大笑。我自己也有类似的经历，所以我觉得世界上像我们这样的家伙不多了，我很想和他成为朋友。"3

他们共有的智慧和精明，为他们 60 多年的友谊奠定了基础。同样的气质，最终影响了他们理性的投资方式。尽管在他们的合作关系中，芒格扮演了"唱反调"的角色，他有时会质疑巴菲特的想法，但两人表示，在 60 年的相处中，他们从未真正争吵过。相反，芒格对问题的探究，往往会促使巴菲特在投资之前更深入地挖掘投资细节。这样做的主要好处之一是，有助于发现可能悄悄进入并过度影响投资决策的行为偏误（我将在第七章中深入探讨这一主题）。

但只看巴菲特和芒格在公共场合的表现，你不一定能洞察到这一点。在年度股东大会上，巴菲特和芒格会一起在台上坐几个小时，回答观众的提问。从伯克希尔 – 哈撒韦的财务状况，到全球金融大势，巴菲特面对提问总是侃侃而谈，而芒格则擅长打趣。芒格以发表尖刻的评论或适时地不动声色地展现幽默而闻名。他们俩组成的王者团队，既取得了巨大的商业成功，又为人所津津乐道。

芒格其人

出生于大萧条

芒格在投资界叱咤风云，源于他从小相对富裕的成长环境，这让他接受了良好的高等教育。不过，大萧条造成社会极度贫困的历史背景，在小芒格的脑海里留下了不可磨灭的印记。这激发了芒格对教育的热爱，他渴望通过学习来抵御贫困，而教育最终使他成为金融界的精英。

在 2017 年的一次采访中，芒格曾说："我是为数不多的亲历大萧条的幸存者，这对我大有裨益。当时的情形太可怕了，大家都倾家荡产，连富人都身无分文。人们会挨家挨户地讨饭。"[4]

1924 年元旦，查尔斯·托马斯·芒格（即查理·芒格）出生于奥马哈，他的父亲阿尔弗雷德·芒格是哈佛大学毕业的律师，供养着妻子弗洛伦斯·图迪·芒格和他的三个孩子——查理、玛丽和卡罗尔，一家人过着优渥的生活。

芒格的祖父——受人尊敬的托马斯·查尔斯·芒格，那时已经在内布拉斯加州从事法律工作数十年，他为儿孙们树立了职业道路的标杆。托马斯属于白手起家，他的父母都是教师，他们会给年幼的儿子五美分，让他去买肉。芒格回忆祖父时说：

> 他会去肉店，买别人挑剩下的肉，这就是当时两位教师的生活。这种拮据让他非常苦恼，他决心摆脱贫困，永不回头。他做到了。他通过在律师事务所自学等种种方式，像亚伯拉罕·林肯一样出人头地。他不得不辍学，因为他再也交不起学费了。但他才华横溢，对他来说，自学成才并非难事。[5]

查理·芒格继承了祖父的很多品格，尤其是在教育方面，他非常自豪地说道：

> 他是个极其认真的人。我想说，他认为你有责任让自己尽可能地保持求知，保持聪明，这几乎是你最高的道德责任，但也许照顾家人是第一位的。但他真心觉得，理性是一种道德责任，他努力做到这一点，他鄙视那些不这样做的人。[6]

教育背景

尽管遭遇大萧条，芒格的父亲阿尔弗雷德·芒格仍在勉力维持他的律师业务并养家糊口，而图迪·芒格则鼓励她的孩子们读书。年轻的芒格对阅读充满热情。他尤其喜欢阅读名人传记。当芒格还是一名学生时，他就开始饲养仓鼠，并与其他孩子进行交易。当他的仓鼠数量多到无法打理时，他这个早期的创业和谈判项目就结束了。有 35 只仓鼠在屋子里跑来跑去，图迪终于下定决心制止芒格。

1941 年，芒格毕业于奥马哈中心高中。用他的话说，当时大萧条即将"被第二次世界大战偶然的凯恩斯主义所修复"。年轻的芒格虽然身材矮小，但他在高中时参加了四年的步兵后备军官训练队，并晋升为少尉。他说："我当时身高约 5 英尺 2 英寸，我发育得很晚，所以我在高中时不是你想象中的男子汉。"[7]

尽管芒格想上斯坦福大学，但他的父亲出于省钱的考虑，还是希望芒格留在本地。[8]但父子俩都有雄心壮志，都想选一所比内布拉斯加大学更有声望的学校。在美国中西部，这意味着只有一个选择：密歇根大学。芒格是这样说的："我还能说什么呢，'去你的，送我去斯坦福？'好吧，我可没那么说。我还是去了密歇根大学。我从来没有后悔过。"[9]

在密歇根大学，芒格主修数学，并辅修物理学。但仅仅两年后，随着美国加入第二次世界大战，军方将芒格送到位于阿尔伯克基的新墨西哥大学学习科学和工程，然后到帕萨迪纳的加州理工学院学习气象学。最终，芒格成为美国陆军航空队的一名气象专家。在二战末期，芒格以气象专家的身份，随军驻扎在阿拉斯加的诺姆。在这次调动中，他还遇到了南希·哈金斯，两人结为伉俪。1946 年，芒格从军中退伍。[10]

在学生时代，老师们就认为芒格是一个自视甚高的人。在芒格服役期间，他的这种态度表现得也很明显。芒格直言不讳。他不喜欢做琐碎的工作，也不喜欢听命于人，尤其是那些他认为不如自己聪明的人。而且，他也不怎么掩饰自己的情绪。他说："好吧，上级军官可以看出我认为他们错了。我试着将它隐藏起来，但他们仍然看得出来。我从来没有遇到过什么大麻烦，但他们谁会听下属的呢？你想想就知道，他会直说他认为你是个白痴吗？……好吧，一切都很顺利。我的工作做得很好，所以他们也没有给我'穿小鞋'。但这不是我能成功的环境。"[11]

尽管芒格还没有正式拿到他的学士学位，但他设法利用《退伍军人权利法案》的福利进入了哈佛大学法学院。在录取没有学士学位的芒格时，校方显得有些犹豫，这都是人之常情。但芒格家族的一位朋友、法学院前院长为他做了担保。这一推荐果然奏效。1948 年，芒格以优异的成绩于哈佛大学法学院毕业。那年他 24 岁。

从事法律工作是一条自然而然的职业道路，因为它不仅延续了芒格祖父和父亲代代相传的职业遗产，而且相比于很多其他公司的工作，法律工作似乎更具挑战性和独立性。芒格说："我知道，我不想从一家大公司的底层往上爬……我是一个天生的逆反者，这不适合我。我发现，当我认为他们是白痴的时候，他们都能看得出来，这不是大公司的生存和晋升之道。"[12]

芒格周围的人可能认为，他这样的态度是拒绝循规蹈矩。但现在看来，芒格表面上的逆行和反叛之举，似乎只是因为他的企业家精神开始显现。

律师生涯

芒格和妻子以及年幼的儿子泰迪搬到了加州。从哈佛大学法学院毕业后，芒格没有加入父亲在奥马哈的律师事务所，而是通过了加州律师资格考试，开始在赖特－加勒特律师事务所执业。芒格既节俭又勤奋，他总是担心挣不到足够的钱来养家糊口："我别无选择。我有一大群孩子要养。我简直是把自己逼上了绝境。"[13]

进入20世纪50年代，芒格开始渴求更多的收入。原因之一是要给孩子支付抚养费；1953年，芒格和南希·哈金斯离婚，他们在帕萨迪纳的房产归南希所有。芒格在做律师的13年里，大约赚了35万美元。虽然这是一份很不错的薪水，但当律师开始让芒格感到厌烦。芒格发现，自己对投资客户创建的企业更感兴趣："我讨厌贴发票找别人报销，也讨厌从富人那里要钱。我觉得这很不体面。我想要自己有钱，不是因为我喜欢安逸或社会地位，而是因为我想要独立。"[14]

转战投资

当聪明的芒格开始设想新的职业道路时，他的个人生活也发生了一些变化。1956 年，芒格在一次相亲中认识了南希·巴里·博思威克。南希来自洛杉矶，1945 年在斯坦福大学获得经济学学位。她曾有过一段婚姻，有两个孩子——威廉和大卫。南希乐于助人，并致力于提升许多机构的服务水平。南希性格沉稳，为人谦逊。

初次见面后，芒格和南希在当年晚些时候喜结良缘。20 世纪 50 年代末，芒格开始投资股票市场，以及客户的电子产品业务。不过，芒格并没有放弃自己的律师本职工作。

直到 1962 年，芒格才走上真正意义上的创业之路。当这一天真的来临时，芒格以一种剽悍的风格自立门户。他创立了芒格 – 托尔斯和希尔斯地产律师事务所（后来更名为芒格 – 托尔斯和奥尔森律师事务所）。同年，芒格与他的老牌友兼投资者杰克·惠勒在洛杉矶共同创立了惠勒和芒格投资公司。这家投资公司在太平洋海岸证券交易所买下了一个交易席位。四年之内，芒格赚了 400 万美元。

芒格的投资策略与巴菲特相似，以套利、捡烟蒂股和收购企业为主。捡烟蒂股是指你购买了足够便宜的股票，只要股价稍有反弹，你就能从中获利。格雷厄姆、巴菲特和芒格都用过这种投资方法。

但芒格的不同之处在于，他也偏爱管理层靠谱、具有竞争优势（也就是护城河）的优质企业。芒格强调，他不想向一家公司投入更多资本，他希望能获得自由现金流。这与他后来在伯克希尔－哈撒韦投资喜诗糖果的理念类似，我们将在本章稍后讲解。

三年后，芒格放弃了律师执业，全身心地投入到投资管理中（尽管他偶尔也会为律师事务所提供咨询）。通过专注于投资少数股票，芒格的基金表现良好（见表 3-1）。芒格与房地产开发商富兰克林·奥蒂斯·布斯合作，两人后来都成为伯克希尔－哈撒韦的投资者。

芒格也不是一直都在赚钱。1973 年，由于股市调整，芒格的基金下跌了 32%；1974 年，芒格的基金又损失了31%。但他挺了过来。1975 年，芒格的小型投资基金上涨了73.2%。巴菲特观察到，1962 ～ 1975 年，芒格合伙公司的年复合回报率比道琼斯指数高出 15 个百分点（见表 3-1）。[15]

表 3-1　芒格合伙公司与道琼斯指数、标普 500 指数业绩表现对比

年份	芒格合伙公司	道琼斯指数	标普 500 指数
1962	30.1%	−7.6%	−8.8%
1963	71.7%	20.6%	22.6%
1964	49.7%	18.7%	16.4%
1965	8.4%	14.2%	12.4%
1966	12.4%	−15.8%	−10%
1967	56.2%	19.0%	23.8%

（续）

年份	芒格合伙公司	道琼斯指数	标普 500 指数
1968	40.4%	7.7%	10.8%
1969	28.3%	−11.6%	−8.2%
1970	−0.1%	8.7%	3.6%
1971	25.4%	9.8%	14.2%
1972	8.3%	18.2%	18.8%
1973	−31.9%	−13.1%	−14.3%
1974	−31.5%	−23.1%	−25.9%
1975	73.2%	44.4%	37.0%
总收益率	**1156.7%**	**96.2%**	**102.6%**
年复合回报率	**19.8%**	**4.9%**	**5.2%**

遇上巴菲特

1959 年，芒格回奥马哈参加父亲的葬礼，其间遇到了巴菲特。两人在晚宴上互相认识后，很快就成了朋友。芒格回到他在加州的律师事务所后，两人一直保持着联系。他们每周都要花几个小时通电话，讨论投资机会。除了电话交流，芒格还经常会写很长的信，分享他的更多思考。虽然巴菲特和芒格没有缔结书面契约，但两人已经成为事实上的商业伙伴。他们是在对的时间遇上了对的人。此时，巴菲特的长期导师本杰明·格雷厄姆渐渐淡出投资圈，巴菲特感受到了强烈的精神缺位。芒格及时提供了补位，尽管他对投资持一种截然不同的态度，但他诚实、理性、充满好奇心以及不受传统束缚的人格特质，让巴菲特不自觉地会想起格雷厄姆。

芒格直言不讳的风格，从他对收购伯克希尔－哈撒韦纺织厂的评价就可见一斑："巴菲特从格雷厄姆那里学到的是，以低于价值的价格买入企业，不管它的生意有多糟糕。你无法想象还有比新英格兰纺织厂更糟糕的生意。巴菲特本应知道，不该收购一家完全破产的企业，但它实在是太便宜了，我们可以从清算价值中获得很大的折扣。"[16]

格雷厄姆严格遵循深度价值投资的方法，专注于寻找廉价的投资机会；芒格的核心理念则是避开这些"烟蒂股"，转而投身那些运营良好、操心最少的公司。对于伯克希尔－哈撒韦已经持有的那些"烟蒂股"，芒格建议巴菲特，尽其所能让它们扭亏为盈，或者卖掉它们。这是翻天覆地的改变，格雷厄姆对巴菲特产生了巨大的影响，并给他带来了丰厚的回报。用巴菲特的话来说，转而购买好公司证明了"芒格思想的力量"，"他拓展了我的视野"。[17]

亦师亦友

正是在芒格的建议下，巴菲特陆续投资了喜诗糖果、蓝筹印花、盖可保险、可口可乐和吉列等知名企业。1970年，当芒格看着伯克希尔－哈撒韦纺织厂逐渐走向衰落，他向巴菲特提出了"就地取材"的最佳策略："保持继续前进的唯一方法是，从日薄西山的纺织业务中榨出足够多的钱，让这笔钱比巴菲特投入的资金更多，然后拿它来买入其他业务。

这是一种'曲线救国'的方式，我不建议你们任何人这么做。我们这样做，只是因为要'亡羊补牢'，你们不必重蹈我们的覆辙。"[18]

尽管伯克希尔－哈撒韦取得的成功属于巴菲特和芒格二人组，但对于自己与巴菲特的合作所带来的成就，芒格始终保持谦虚。芒格回忆道："诚然，巴菲特在格雷厄姆手下工作并赚了很多钱，当时他的脑子有点儿闭塞。你很难摆脱成功的路径依赖。但如果查理·芒格这个人从未出现过，巴菲特的投资记录依然会非常完美。"[19]然而，实际上投资喜诗糖果的主意就是来自芒格。这是伯克希尔－哈撒韦的一项关键投资，尽管当时巴菲特对此犹豫不决。以下是巴菲特讲他从投资喜诗糖果中学到的：

> 我过于保守的报价差点儿毁掉一笔很棒的交易。但幸运的是，卖家最终接受了我们 2500 万美元的出价。截至目前，喜诗糖果已经赚得了 19 亿美元的税前利润，维系其增长只需要 4000 万美元的新增投资。因此，喜诗糖果能够输送巨额资金，助力伯克希尔－哈撒韦收购其他业务。反过来，这些业务本身也产生了巨大的利润和分红（想象一下兔子的繁殖。）此外，通过观察喜诗糖果的经营表现，我认识到了品牌的巨大商业价值，这让我看到了许多其他有利可图的投资机会。[20]

全职加入伯克希尔

1978 年，芒格成为巴菲特的全职伙伴，他被任命为伯克希尔－哈撒韦副董事长。从那以后，芒格一直担任这一职务。从 1959 年在奥马哈晚宴上的首次会面开始，巴菲特和芒格的合作关系就经受住了时间的考验。两人都富有幽默感和求知欲。他们的故事充分说明，要想取得创业成功，拥有合适的合作伙伴至关重要。当两人产生观点上的分歧时，尤其会凸显互补的价值。巴菲特曾开玩笑说："当我们意见相左时，芒格通常会在谈话结束时说，沃伦，你再仔细想想，相信你会同意我的观点。因为你很聪明，而我是对的。" 21

在伯克希尔－哈撒韦的年会上，股东们见证了这样的戏谑：巴菲特秀出了他的睿智，芒格则展现了他的幽默。两人现在都已进入耄耋之年⊖，他们都承认，在他们去世后，这种诙谐的语气可能会发生变化。⊜但现在，他们提倡活在当下。芒格说："只要行得通，我们就去做；如果行不通，我们就不做。我认为，在我们的年会上，会不断涌现更多的智者。现在，主要是我在台上卖弄聪明。" 22

⊖ 原书写于 2022 年，其时芒格尚未离世。——译者注
⊜ 睿智和幽默是巴芒的风格，他们的继任者未必是这样的。——译者注

芒格的投资之道

"呆坐大法"

芒格以自学的多学科投资方法而闻名。和巴菲特一样，芒格对传统商业教育体系的狭隘性表示怀疑；芒格善于从化学、物理和心理学等不同领域汲取灵感，引导他做出明智的投资决策。芒格和巴菲特都对学术界花里胡哨的各种公式持怀疑态度，他们坚持认为，要想成为一名成功的投资者，你不需要这些"花拳绣腿"。芒格坚称，他的成功主要源于通过广泛阅读获得的洞察力。

芒格的投资方法，官方说法是"集中投资"。但他更形象地称之为"呆坐大法"。以下是芒格在 2000 年伯克希尔－哈撒韦股东大会上对这种方法的解释：

我认为，所有的明智投资都是价值投资。你获得的，必须比你实际支付的更多，这是一种基于价值的判断。你可以通过很多不同的方式，来寻找物超所值的投资机会。在投资领域，你可以使用过滤器来筛选。如果你持有的股票很便宜但质量不太好，不能在你的保险箱里一直放上 40 年，那么你就必须不停地换股。当它们接近你认为的内在价值时，你就得卖掉它们，然后再去寻找其他的股票。因此，这是一种活跃的投资方式。然而，还有一种投资方法，你只需找到几家很棒的公司，然后一直呆坐。只要你对未来的预判是正确的，你就能获利丰厚，这可就太棒啦。[23]

此外，巴菲特和芒格对强调投资组合多元化的投资哲学也持批评态度。他们将大部分资金投资于少数运营良好、符合投资标准的公司，而不是试图根据趋势预测未来。芒格是这样说的："人们总是渴望有人能告诉他们未来会如何。很久以前，国王会雇人用献祭的牲羊的内脏来占卜。那些假装知道未来的人总是会有市场。今天那些喜欢听预测的人，就像占卜的国王一样荒谬。"[24]

极简主义

价值投资可以用一句话来概括：投资于被低估的资产，并耐心持有。但它需要能真正执行的纪律。在巴菲特和芒格看来，核心是奉行极简主义。在管理伯克希尔－哈撒韦时，他们采用了同样的方法，竭力避免官僚主义。位于奥马哈的伯克希尔总部只有 25 名员工。在伯克希尔的股票投资组合中，仅苹果一家公司就占到了总盈利的 50% 或总市值的25%。尽管伯克希尔拥有超过 40 只股票，但其前五大持仓在整个股票投资组合的占比超过 75%。

尽管巴菲特和芒格已经收购了 62 家子公司，包括超过36 万名员工，但他们允许这些子公司在伯克希尔－哈撒韦的羽翼下，继续作为独立实体来运营。这让巴菲特和芒格可以自由地专注于他们擅长的事情，也就是配置资本。众所周知，巴菲特和芒格签订的收购合同通常篇幅很短，他们往往在一天内就能完成数十亿美元的商业交易。

尽管芒格擅长数学，但他们的投资会尽量避免复杂的算法和模型。芒格说："我和巴菲特都没有在商业中使用过任何花里胡哨的数学公式，巴菲特的导师格雷厄姆也没有。我在生意上所做的一切，都可以用最简单的代数、几何、加法、乘法等来完成。在我的一生中，我从未在任何投资实践中使用过微积分。"[25]

芒格进一步指出："在我的一生中，奉行极简主义从未对我们产生过任何不利影响。我们犯过错误，但那并不是因为我们奉行极简主义……我想说的是，伯克希尔在积累良好记录方面的主要优势是，我们避开了浮夸的官僚体系。我们试图将权力交给非常有才华的人，让他们能够快速做出决策。"[26]

为了让伯克希尔的投资组合集中在相对较少的好公司身上，芒格强调，风险集中是成功的关键："无论是伯克希尔 - 哈撒韦，还是《每日期刊》，我们的表现都比平均水平要好。那么问题来了，为什么会出现这种情况？答案很简单——我们尽量少做。我们从来没有幻想过，雇用一大堆聪明的年轻人，他们会比任何人更了解汤品罐头、航空航天和公用事业，等等。我们从来不做这样的白日梦。"[27]

现金盈余及股票回购

芒格和巴菲特一直在努力避免陷入"从众心理"的投资陷阱。但当他们喜欢的投资机会突然出现时，他们完全愿意迅速行动。芒格用他一贯直率的风格，阐明了他们的想法："我不认为我们现在就知道机会在哪里，我们也没有相关的总体规划。我们正试图找到明智的投资机会，来安放我们大量的现金盈余。我们总是有大量的现金盈余。我们一直在寻找与之相关的投资机会。如果我们发现一些明智的投资机会，我们就会去做。如果我们什么都没找到，我们就把现金留存起来。这有什么问题？"[28]

要想保持这种克制，必须调整期望值。"慢慢来，稳当点儿"可以成为伯克希尔的座右铭。芒格说得更直白："我认为，一般而言，当外在条件发生变化时，专业投资者必须要学会接受比过去更少的回报。"[29]

如果巴菲特觉得伯克希尔－哈撒韦的股票被低估了，他就会授权公司回购股票。芒格指出："当然，这是我们的分内之事。如果你和三位残疾亲戚合伙，其中一位现在急需用钱，你难道不会用公司的钱买下那位残疾亲戚的股份吗？这只是简单出于道德考虑的问题。但我确实认为，有些人做得有些过头了。毫无疑问，如果这样做仅仅是为了支撑股价，我认为这是对股票回购的不当使用。"[30]

芒格明白，人们渴望像他那样，一头扎进股市，开始买卖股票，但他坚决警告初学者不要这么做："如果你身处现代社会，有人试图教你如何进入股市，积极交易股票，我认为这大致相当于诱导一群年轻人开始吸食海洛因。这简直愚蠢至极。"[31]

心理学与投资

如果没有严格的思考储备，芒格使用的任何策略都是毫无价值的。众所周知，芒格和巴菲特每天至少要读 500 页的书。然后，他们会将所学到的知识应用到投资中，注意，他们并不是随意应用。芒格特别强调了一种心理模型，它可以纠正人类思维中导致糟糕决策的错误。他在这方面的很多想法，都源于罗伯特·西奥迪尼博士和他的著作《影响力》。1995 年，芒格在哈佛大学发表了他最著名的演讲之一《人类误判心理学》。[32] 在芒格的这次演讲中，他逐一总结了导致出现盲点并给人们带来麻烦的那些偏见。[33]

例如，芒格谈到了嫉妒带来的偏见。他和巴菲特都认为，驱动世界的不是贪婪，而是嫉妒，这反过来又导致了糟糕的决策。这是剥夺超级反应综合征造成的偏见，这些偏见源于我们对稀缺或错失眼前几乎要到手事物的恐惧，这在当今的投资世界相当普遍。[34] 例如，交易员会哄抬你可能一整天都在考虑购买的股票的价格。然后，在一天结束时，交易员会来一次大幅的上推或下推，让你有一种错失良机的感觉。我将在第七章中更多地讨论这些偏见。

尽管芒格有着强烈的创业热情，但无论是面对投资还是生活，他总是尽量避免犯错，从而限制潜在的负面影响，他从不追求那种一鸣惊人的成就。芒格认为，无论你多么聪明，是人都会有盲点，如果你总是让自己暴露在风险之中，你迟早会耗尽好运。[35]

合奏效应

芒格认为，一旦正确的思维模式全部到位，并且它能识别出可能存在的认知偏差，周密的准备有助于投资者准确地知道何时利用"合奏效应"（lollapalooza）。芒格将"合奏效应"定义为"2 ～ 4 种力量都在合力推动投资，向着同一个方向发展"。[36]"合奏效应"是芒格 1995 年在哈佛大学发表的演讲《人类误判心理学》中创造的一个术语，当多种倾向和心理模式结合在一起，迫使一个人以某种方式行事时，就会产生这种效应。[37]

这使得"合奏效应"成为一种特别强大的行为驱动因素，它可以导致积极或消极的结果。公开拍卖就是一个很好的例子，正如价值投资网站 GuruFocus 所描述的那样："参与者被互惠性（'既然我受邀参加拍卖，我就该买'）、一致性（'我已经公开说过我喜欢它，所以我必须买'）、承诺倾向（'我已经出价了，所以我必须继续'）和社会认同（'我的同龄人都在买，所以我也要买'）所共同推动。"[38]

芒格说，虽然心理学有助于识别偏见，但它并不擅长解释这些偏见如何在现实世界中相互作用并表现出来，部分原因在于，很难对其进行对照实验。[39] 不过，收购伯克希尔－哈撒韦这件事本身，这可以作为承诺倾向的例证。当时巴菲特已经承诺买入伯克希尔 7% 的股份，这是一种针对收购的行为偏见。芒格认为，巴菲特父亲的去世可能也影响了他的判断。

虽然利用"合奏效应"可以带来类似伯克希尔－哈撒韦这样的成功，但错误的判断可能也会导致灾难性的结果。例如，从众心理会促使投资者错误地跟随趋势，而这种趋势恰恰是市场非理性的反映。2007 ～ 2009 年发生的全球金融危机就是如此。从众心理是每个投资者最大的敌人。毕竟，如果你在其他人都在抛售的时候卖出，那么你可能会蒙受巨大的损失；如果你反其道而行之，在其他人都在抛售的时候买入，那么你的股票持仓成本可能很低。因此，在你投资之前，明智的做法是考虑各种心理因素是如何在市场上引起非理性反应的。[40]

虽然"合奏效应"常常被视为是负面的，但它也可以是有益的。例如，芒格指出，参加匿名戒酒协会的酗酒者，其成功的概率往往高于预期。原因在于，人们都随大流，在这种情况下，这里来的都是试图戒酒的人，他们会坚守自己的戒酒承诺。芒格认为，匿名戒酒协会是一个巧妙利用人类心理的系统。[41]

芒格的成功秘诀

芒格和巴菲特认为，他们之所以能获得成功，是因为他们能够发现有利可图的机会并迅速采取行动。他们将这种能力归功于深入的准备工作，即长时间的阅读、思考和讨论等智力学习，而不仅仅是盈亏分析。事实上，芒格曾将自己在伯克希尔的角色，比作爱因斯坦的同事。他指出：

> 实际上，每个人在不是极度孤立的情况下都会表现得更好……如果爱因斯坦完全孤立地工作，他就不可能取得那么多丰硕的成果。爱因斯坦不必与其他同事保持频繁联系，但他需要些许联系。[42]

以下是芒格认为促进成功的关键思维习惯。

1. 坚持学习

> 获得智慧是一种道德责任。这个命题有一个非常重要的推论，它意味着你必须终身学习，否则你就不可能做得很好。没有进步，则行之不远。[43]

我经常看到一些人飞黄腾达，他们不是最聪明的，有时甚至不是最勤奋的，但他们是学习机器。他们每晚睡觉时都比起床时要聪明一点点。孩子，这很有用，尤其是当你还有很长的路要走的时候。[44]

我认为，对于绝大多数人来说，正确的策略是专业化……你知道吗？一半时间在肛肠科，一半时间在牙科，没人愿意去看这样的医生。所以，成功的普适路径是狭义的专业化……巴菲特和我算是例外。[45]

2. 让自己配得上

要得到你的理想之物，最保险的方法就是努力让自己配得上。这是如此简单的想法。可以说，这就是黄金法则。己所不欲，勿施于人。[46]

3. 知道自己的能力圈

芒格提倡尽可能多地学习，同时也要知道学习的边界在哪里，不要越界：

有边界感是一件非常重要的事情。如果你不知道自己在某方面的能力边界，它就很难在这方面形成能力。如果你对自己的能力出现误判，那就意味着你缺乏能力，你就会犯严重的错误。我认为，你必须不断地衡量自己和他人的成就，你必须坚定地保持理性，避免大量的自欺欺人。但经过一生的观察，我发现，对自身能力保持理性评价的倾向，在很大程度上源自遗传。我觉得，像巴菲特和我这样的人，天生就是如此。现在人们为此接受很多培训。但我认为，我们生来就适合做我们现在所做的事情。[47]

4. 成为幸存者

当我因为人性的背叛而受到伤害时，我不喜欢花很多时间来自怨自艾。我一直想要沉下心来调整，所以我不允许自己过度沉浸于被人背叛的感觉之中。如果我有这样的想法，我会很快忘掉它。我不喜欢产生那种"被害"的情绪。我认为这是一种适得其反的人类思维方式。我不是受害者。我是幸存者。[48]

5. 明白你在做什么

我当然选知道自己几斤几两的人，不选那些自不量力的人。我自己会这样选，但我也学到了生活中一个非常重要的道理，这个道理是跟霍华德·阿曼森学的。他讲过这样一句话："千万别低估高估自己的人。"高估自己的自大狂偶尔竟然能成大事，这是现代生活中让人很不爽的一部分。我已经学会适应了，不适应又能怎样，见怪不怪了。自大狂偶尔能成为大赢家，但我不愿一群自大狂在我眼前晃来晃去，我选择谨慎的人。微观经济思想和损益比等也在发挥作用。我认为，在现实中，心理概念和经济概念是相互作用的，不了解这两者的人简直愚蠢至极。[49]

6. 投资信任

如果你不靠谱，不管你有什么优点，你都很快会失败。因此，忠实地履行自己的承诺，应成为你的行动自觉。要避免懒惰，远离不靠谱。[50]

一张无缝的信任之网，是触达文明的快捷方式，没有太多的程序，只是100%可靠的人100%地信任彼此。这就是梅奥诊所手术室的工作方式。[51]

7. 学习跨学科的重要概念

你可能已经注意到，有些学生喜欢死记硬背。无论在学校还是走上社会，他们都很难成功。你必须将经验置于头脑的思维模型之中。什么模型？首先，你必须拥有多个模型。如果你只有一两个正在使用的模型，你可能会扭曲现实，让它来符合你的模型，或者至少你会认为它就是如此，人类心理学的本质是这样的……俗话说得好，"对于手里拿着锤子的人来说，看什么都像钉子"。这是一种100%灾难性的思考和运行方式。所以，你必须拥有多个模型。这些模型必须来自不同学科，因为世界上所有的智慧都不可能全蕴藏在某一门小小的学科中。为什么从世俗意义上来说，诗人如此不理智？因为他们脑子里没有足够的模型。所以，你必须根据跨学科的知识来建立模型。[52]

8. 无惧潮起潮落

一时潮起，一时潮落。不过总的来说，我们不太花费时间去预测潮汐。因为我们打算一直在股海遨游。[53]

9. 避免顾影自怜

顾影自怜非常接近于偏执。每当你发现自己陷入自怜情绪，不管是什么原因，即便是你的孩子可能死于癌症，自怜也不会改善任何情况。当你避免自怜时，你就会比其他人有更大的优势。虽然自怜是一种常见的状态，但你可以通过训练来让自己摆脱它。[54]

芒格认为，自怜是一种偏见。正是由于这种心态，才会导致人们做出错误的决策。

你开始将所有这些荒谬的结论合理化，这是基于潜意识中"悦己"的倾向所致。这是一种极不正确的思维方式，你当然想把它从自己这里赶走，因为你想变得聪明，而不是愚蠢。你还必须考虑到其他人的自利性偏差，因为大多数人都无法成功地消除这种偏差，人性就是如此。如果你采取行动时从不考虑自利性偏差，那么你也是个傻瓜。生活中会有可怕的打击、恐怖的打击、不公的打击，没关系。我最欣赏爱比克泰德（Epictetus）[⊖]的处世态度。他认为生活中的每一次不幸都是锻炼和学习的机会，你的责任不是沉溺于自怜情绪，而是以一种建设性的姿态来面对可怕的打击。这真是个好主意。[55]

10. 发挥优势，勿以己短比人之长

总是有一些年轻人来找我说："我是律师，但我对此不感兴趣。我想成为亿万富翁。能给我支支招吗？"我告诉他："好吧，我给你讲个故事。有个年轻人去拜访莫扎特。他说，莫扎特，我想开始创作交响乐。莫扎特说，你多大了？那个人说，22岁。莫扎特说，你太年轻了，无法创作交响乐。那个人说，但你在10岁的时候就开始作曲了呀。莫扎特说，是的，但我没有跑去问别人该怎么做。"[56]

11. 学习如何改正错误

生活的主题之一是，你如何在不付出太多代价的

⊖ 古罗马最著名的斯多葛学派哲学家之一。——译者注

情况下摆脱错误。我们也做了一些这样的事情。如果你看看伯克希尔－哈撒韦，想想它的原始生意：一家行将倒闭的百货公司，一家日薄西山的新英格兰纺织公司，一家江河日下的印花贸易公司。伯克希尔－哈撒韦就是这么过来的。当我们以很低的价格买入时，我们做得很好。当然，成功来自改变我们的方式，找到更好的业务。这并不是说，我们很擅长做困难的事情。我们善于避开困难的事情，找到容易的事情。[57]

芒格的人生哲学

价值观

每当芒格公开发表演讲，他都会谈到他的价值观，以及他的家庭是如何将这些价值观灌输给他的。有一点尤其重要，那就是既要耐心等待机会，又要在合适的时机，目的明确地迅速行动：

耐心加上机会，可以成就伟大。我祖父教导我说，机遇难得，当它来临时，你必须做好准备。这也是伯克希尔的信条。当我们发现机会时，伯克希尔的行动速度之快令人惊叹。你不能胆怯，这适用于所有的事。在婚姻中，当你找到合适的伴侣时，你不能胆怯。这可能是你人生中唯一通往幸福的机会。太多的人，在他们本应行动的时候踌躇犹豫……股票市场的调性就是时不时地大幅下跌。没有系统可以避免糟糕的市场，除非你尝试择时方法，否则你无法做到这一点，但择时方法很愚蠢。用稳定的储蓄开展保守的投资，不要妄图一夜暴富，这才是正道。[58]

如果没有芒格对这些价值观的坚守，伯克希尔–哈撒韦很可能，甚至极有可能不会享有如今数十年的稳定和成功。

截至 2022 年，芒格的身家为 24 亿美元。芒格的大部分财富，源于他持有的 15 181 股伯克希尔 A 类股票，芒格的持股约占公司股份的 1.4%。芒格从伯克希尔获得的 10 万美元年薪，30 多年来从未改变过。芒格的人生榜样——安德鲁·卡耐基○和科尼利厄斯·范德比尔特○也是类似的情况，他们的日常开销主要依靠自家企业的分红。作为产业巨头，他们认为以这种方式养活自己是一种骄傲。

我认为，如果你很富有，拥有一家公司的股份，你可以决定它怎么做，是清算还是继续经营，那你已经活得悠然自在了，你没必要再把所有的钱都搞到自己手里。[59]

○ 19 世纪时的美国"钢铁大王"。——译者注
○ 19 世纪时的美国"铁路大王"。——译者注

当被问及为什么巴菲特的财富远多于他时,芒格以他一贯实事求是的态度回答道:"巴菲特起步比我更早。他可能更聪明一点儿,工作更努力一点儿。原因并不复杂。为什么爱因斯坦比我穷呢?"[60]

慈善事业

众所周知,芒格拒绝加入巴菲特发起的"捐赠承诺"计划。根据这一计划,美国许多顶级富豪都做出承诺,在有生之年将一半的财富捐给慈善机构。芒格说,他已经将一半的财富转移给了他的孩子们,这并不符合"捐赠承诺"计划的原则。芒格毫不掩饰他对许多美国的大型慈善机构"愚蠢且糊涂"的厌恶,他更愿意将信心放在具有更先进劳工政策的企业上,比如开市客(Costco)。[61]

然而,芒格向很多教育项目捐赠了巨额资金,其中超过1.6亿美元用于捐建密歇根大学法学院、法律研究部、律师俱乐部,以及为学生们提供奖学金和宿舍楼。芒格还向他妻子和女儿的母校斯坦福大学捐赠了大笔资金。2004年,芒格捐赠了500股伯克希尔A类股票,价值4350万美元,用于建造研究生宿舍楼。[62]此外,芒格还捐赠了一些伯克希尔A类股票,用于改善图书馆以及设立讲席教授职位。

芒格夫妇还多次向洛杉矶的马尔伯勒学校、帕萨迪纳的多元工艺学校和加州大学圣芭芭拉分校的理论物理系捐款，芒格的儿子曾在这里读过书。[63,64,65] 2016 年，芒格向加州大学圣芭芭拉分校捐赠了 2 亿美元，用于建造最先进的公寓。[66] 2018 年底，芒格以 7000 万美元的价格买下了加州加维奥塔海岸 1800 英亩的拉斯瓦拉斯牧场，并将其捐给加州大学圣芭芭拉分校。[67] 作为独立的思想家，芒格更喜欢亲自参与设计他的重大赠礼。如今，芒格还在加快捐赠的步伐。2018 年，芒格向洛杉矶 Good Samaritan 医院捐赠了 2100 万美元，他也是这家医院的主席。[68] 芒格还向洛杉矶基督教青年会和亨廷顿图书馆捐赠了大笔财富。[69]

如果没有伯克希尔 – 哈撒韦惊人的成长，这一切都不可能实现。

第二部分

像巴菲特一样投资

第四章

价值投资哲学

股票市场上到处都是这样的人：他们对价格了如指掌，却对价值一无所知。[1]

——菲利普·费雪

正如前文所述，沃伦·巴菲特早期的投资方法深受本杰明·格雷厄姆的影响，其中就包括"以低廉的价格买入平庸的公司"（buying bad companies at great prices）。[2]在与查理·芒格共事并学习了菲利普·费雪的投资哲学之后，巴菲特开始相信"以合理的价格买入伟大的公司"（buying great companies at good prices）[3]是一种更好的长期投资策略。在第五章中，我将详细介绍巴菲特和芒格是如何通过所谓的贴现现金流（DCF）模型来确定一家公司的内在价值的。但首先，我想再多谈一点儿芒格在拓展巴菲特最初的、略显单一的投资方式方面所发挥的巨大作用。

从投资策略的角度来看，芒格对他们合伙关系的主要贡献在于，他对费雪投资思想的笃信。费雪将所谓的"四处打探法"正式化，即收集关于公司的定性信息，而不仅仅依赖于会计报表。

1978 年，芒格成为伯克希尔－哈撒韦副董事长后，巴菲特开始结合费雪和格雷厄姆的方法，使用定性和定量两种方法来评估潜在的投资机会。

本章将从费雪的投资哲学开始，从巴菲特和芒格用来判断"什么是好投资"的角度出发，展开我们的论述。这种方法为伯克希尔半个世纪以来历史性的投资成功奠定了基础。

费雪的影响

实践"四处打探法"

费雪最广为人知的，可能是他坚持通过个人经验（即"四处打探法"）收集有价值的公司信息。也就是说，你不仅要通过财务数据来了解一家公司，还要通过与它的客户、高管、顾问、前雇员、供应商和竞争对手的交谈来了解它。每个人都可以贡献"拼图"的一部分，但都不应被孤立地看待。例如，前雇员可以提供非常有用的信息，特别是关于公司的缺点。然而，他们可能会因为对公司不满而产生偏见。潜在投资者有必要通过平衡前雇员和其他人（包括客户和高管）的观点，来防范这种可能的偏见。

然而，前雇员有时可以为盲目乐观的投资者提供急需的一剂解药。[4] 要明白，多种信息源可能会相互矛盾，这是合乎逻辑的。为了做出有根据的判断，你需要多方面的观点。但是，如果你收集了关于一家公司足够多的不同信息，就不要指望每条信息都能与其他所有信息相一致。

没有人的信息是真正客观的——这是人的局限性。但在从消费者和前雇员等外部信息源收集观点后，潜在投资者应当与公司高管接触。他们可以安排厂区参观，以及提供财务报表补充信息。在"四处打探法"调研中，所有这些都是有益的。[5]

在合伙公司早期，巴菲特买入美国运通时就使用了这种"四处打探法"，如第二章所述。

坚守能力圈

费雪投资方法的另一个主要观点是，投资者要坚守在他们特定知识领域的圈子里。换句话说，投资于你了解的公司，这样你就知道什么时候该"在正确的位置上投球"。多年以来，这就是巴菲特避免投资科技公司的原因，尤其是微软和后来的亚马逊。直到 2019 年，巴菲特手下的一位联合首席投资官推荐了亚马逊，巴菲特才入手（我们将在第九章中进一步讨论）。

　　巴菲特认为，应当投资吉列、可口可乐和喜诗糖果等朴
实的传统公司，这些公司生产的产品广受欢迎，具有很强的
品牌认知度和客户忠诚度。[6] 投资这类公司，比起押注哪家
华丽的新科技初创公司会真正成功，赌博的意味更少。在可
预见的未来，取得长期成功的公司很可能会继续保持成功，
尤其是当它们处于非科技领域时，几乎很少面临被淘汰的风
险。当巴菲特开始投资苹果和亚马逊时，这两家巨头本身已
变身为传统企业，投资它们与投资初创企业完全不同。芒格
明确表示："我们不投初创企业。"[7] 在投资和投机之间，巴
菲特划出了鲜明的界限。[8]

被高估的分散投资

　　费雪建议投资者持有少数优秀公司的股票，而不是持有
许多平庸公司的股票。与费雪一样，巴菲特认为目前多元化
被高估了。巴菲特说，如果你发现一项资产看起来被低估了，
就投资它。你无须仅仅为了分散投资而建立一篮子股票组合。

考虑公司的管理层

　　费雪认为，企业文化很重要。他特别寻求投资那些开
诚布公地与股东沟通的公司。对费雪来说，这是"四处打探
法"的一部分。对于巴菲特和芒格来说，评估公司管理层也

成为他们确定公司价值的关键。关于这一点，我将在本章后
面稍做描述。

永久持股

费雪对投资持长期观点，这不仅仅是因为，好公司的价值
往往会随着时间的推移而增长。对费雪的策略来说，至少同等
重要的是，长期持股可以将资本利得税降至最低。资本利得税
有两种形式。一种是短期的，即出售持有时间不足一年的资产
时缴纳的税，按一般性收入征税。长期资本利得是指出售持有
一年以上的资产所产生的盈利。长期资本利得的税率低于一般
性收入和短期资本利得的税率。这是因为，政府希望鼓励投资
者将资金长期留在公司，从而保持企业的增长和稳定。

费雪的方法使得税负最小化，可投资金最大化。他写
道："如果在购买普通股时，坚持了正确的投资方法，那么
出售它的时机几乎永远不会出现。"[9]最后，费雪建议投资者，
在购买股票时忽略股票市场的整体走势，这一建议已经成为
伯克希尔－哈撒韦的投资原则。

价值投资的关键：理解公司

正如前面的章节所提到的，无论是对巴菲特自身而言，
还是作为评判基金经理的标准，他对商科学位从来都不是很

看重。有时，巴菲特还会直言不讳地批评商学院的教育。这种反感部分源于巴菲特对商学院的一个经典理论——有效市场假说（EMH）的厌恶。根据这一理论，投资者不可能以低廉的价格买进公司股票。在这一假说下，股票价格被定义为它的合理市场价值。因此，打败市场是不可能的。如果投资者成功地打败市场，那纯粹只是运气使然。[10]

这与巴菲特的投资理念（寻找那些股价低于"应有"水平、价值被低估的公司）背道而驰。确定股票的"应有"价格是巴菲特和芒格工作的主要内容，这一想法直接源自巴菲特最初的导师本杰明·格雷厄姆。格雷厄姆认为，投资者必须弄清楚某一证券的价格相对于其内在价值是被严重高估还是被严重低估了。追随市场趋势的做法与这种方法刚好相反。格雷厄姆说，投资者需要自己做研究，以免受到误导性信息的影响。

关于格雷厄姆的价值投资哲学，他曾写道："价值投资更多地基于哲学，而不是定理。没有规定的第一步、第二步、第三步。有纪律的投资者不会随大流，而是寻找以低于其内在价值的价格出售的股票，然后等待市场认识到并纠正这种估值偏误。"[11]

在 2008 年伯克希尔－哈撒韦股东大会上，巴菲特谈到了同样的投资理念，他说："我不知道股票市场会怎么走。这是我从来没有想过的事情。但我希望这只股票价格能下跌，这样我就能在打折时买进。我想让股票价格下跌，跌到谷底，这样我就能在更好的价格上买入了。"[12]

三十多年来，巴菲特一直在宣扬同样的观点。例如，在1987年致股东的信中，巴菲特这样写道：

> 就像舞会上的灰姑娘一样，你必须留意午夜钟声的示警。否则，一切都会变回南瓜和老鼠。
>
> 市场先生是为你服务的，而不是指导你的。你会发现有用的是他的钱袋，而不是他的智慧。如果有一天他出现了特别愚蠢的情绪，你可以选择无视他或利用他，但如果你受他情绪的影响，后果将是一场灾难。事实上，如果你看不懂你的公司，不能比市场先生更准确地评估你的公司，你就不要参与这场游戏。就像人们在扑克游戏中说的那样："如果你已经玩了30分钟，还不知道谁是大冤种，那你就是大冤种。"[13]

巴菲特认为，在商学院学习期间，未来的投资者只需要学习两项关键技能：如何给公司估值，以及如何理解与金融市场相关的人类行为。[14]

一旦伯克希尔 - 哈撒韦确定一家公司的交易价格低于其内在价值，伯克希尔就会买入该公司的股票，然后准备长期持有（这是一项关键策略）。巴菲特认为，同样的原则适用于个人投资者和企业投资者，他解释道：

1942 年 3 月 11 日，我买入了人生中的第一只股票。尽管期间经历过第二次世界大战和其他战争、"9·11"恐怖袭击、古巴导弹危机、经济衰退、14 位总统（7 位共和党人），以及其他一切，你能做的最好的事情就是把你的钱投入标普 500 指数，然后留在那里。不要看报纸的新闻头条，不要听信那些说大话的人。如果你在 1942 年将 1 万美元投入指数基金，今天它的价值将是 5100 万美元。你唯一需要相信的就是美国的商业终将生存并繁荣发展。[15]

总而言之，巴菲特的方法直击要点："我们想要这样的企业。①我们可以理解的；②具有良好的长期前景；③由讲诚信和有能力的人经营；④价格具有很强的吸引力。"[16]

这里的关键词是"理解"，这就是价值投资的本质。"理解"的意义在于，它可以用来判断能产生多少投资回报。为了做出这样的判断，巴菲特和芒格在投资前要考虑以下三点：

1. 理解公司的管理哲学。首先，投资者应了解高管团队的激励机制，因为这通常会影响他们的决策和行为。例如，那些只持有少量股票、薪酬主要来源于工资和现金奖励的高管，他们可能会做出保住职位和避免风险的战略决策。相比之下，如果薪酬受到长期股价升值的影响，高管可能会更关注公司的整体增长。股东代理委托书中列出的薪酬发放情况，可以成为我们了解公司高管性格和心态的重要窗口。

众所周知，巴菲特和芒格的薪水较低。他们的绝大多数财富，都源于伯克希尔股票的大幅增值。[17] 在过去的 40 年里，不包括分红所得，巴菲特的年薪仅为 10 万美元。[18,19,20]

对巴菲特来说，在投资之前，常常会跟踪一家公司及其高管若干年来的表现。[21] 在 1994 年的伯克希尔股东大会上，巴菲特详细阐述了他所看重的高管素质：

> 其一是他们做得如何，我认为你可以通过了解他们及其竞争对手的成绩，以及他们随着时间的推移如何分配资本，来了解这方面的一些情况。
>
> 当他们有机会出手时，你必须对他们手上的牌有一些了解……
>
> 其二是你要能评估，他们对所有者的态度如何。[22]

巴菲特所说的"所有者"，其实指的就是股东：

> 有趣的是，在我看来，那些差劲的高管往往也不怎么为股东考虑……这两者通常如影随形……
>
> 阅读股东代理委托书，看看他们是怎么想的，是如何对待自己和股东的。看看他们取得了什么成绩，考虑一下他们接手时的情况，以及和行业现状的对比。我觉得有时候你会明白的。你根本无须经常评估。[23]

巴菲特指出，投资者无法也无须每次都做出正确的判断。做对极少的重大决策即可。

伯克希尔－哈撒韦投资时看重高管的价值，其中的绝佳案例就是内布拉斯加家具城。1983 年，巴菲特靠着一次握手和两页合同，以 5500 万美元收购了内布拉斯加家具城，传为一段佳话。如果继续深入观察的话，你会发现，这家公司正好体现了巴菲特一直推崇的商业理念。

1937 年，罗斯·布鲁姆金（B 夫人）在奥马哈创立了内布拉斯加家具城。起初，这家二手家具店开在她丈夫当铺的地下室。开业时，布鲁姆金的运营资本只有 500 美元。近五十年后，内布拉斯加家具城发展成为全美最大的私人家具店。布鲁姆金的经营策略是什么？为了削弱竞争对手，她以仅高于成本价 10% 的价格出售所有商品。

在这笔交易之后，巴菲特如此评价 B 夫人："将她和顶级商学院的顶尖毕业生或财富 500 强的 CEO 放在一起，假设拥有同样的资源，她会比他们跑得更快。"[24]

这就是典型的巴菲特。这与他在公司雇用员工的理念一致。他要找的是聪明、勤奋、正直的人。

2. 理解公司及其所处的行业。巴菲特和芒格都不愿意投资他们不了解的公司或行业。他们都从未聘请过顾问来建议买入不熟悉的行业。有鉴于此，他们会对遇到的大多数交易说"不"。

当巴菲特考虑投资某一特定行业时，他最喜欢的自查手段之一是"四处打探法"。巴菲特会采访竞争对手公司的 CEO，听取他们的意见。巴菲特会问："如果可以投资业内的任何一家公司，你们会选择哪一家？为什么？"巴菲特通过这种方式，获取有价值的信息和观点。这是伯克希尔－哈撒韦决定投资盖可保险的关键，我们将在第六章详细介绍。

3. 理解公司的可持续竞争优势或"护城河"。公司是否拥有"可持续竞争优势"？巴菲特和芒格称之为"护城河"。这种竞争优势可能是一个商业秘密，就像可口可乐的配方或肯德基添加的草药和香料一样。它也可以是专有技术、品牌名称、商标、专利和版权的组合。这些所谓的"智力资产"与工厂等有形资产一样有价值，甚至更有价值。

获得专利后，公司的所有者就拥有在特定时期内使用其创意或发明的唯一权利。[25] 这使得公司能够保持可预测的营业收入和可持续的利润率。作为伯克希尔－哈撒韦最大的重仓股，苹果公司在 2021 年获得了 2541 项专利。[26] 同年，亚马逊获得了 1942 项专利。[27] 然而，专利并不能保证商业上的必然成功。

最常见的专利类型，是实用专利和外观设计专利。实用专利通常会涵盖一项发明的功能，有效期为 20 年。[28] 例如，药品、机器及其零件和程序、计算机硬件和软件，以及新的化学配方，包括食品的化学配方，等等。[29]

外观设计专利旨在保护与品牌相关的关键形象，例如可口可乐标志性的弧形玻璃瓶。在 2015 年 5 月 13 日前申请的外观设计专利有效期为 14 年，如果在此之后申请，有效期为 15 年。[30]

制药公司的护城河，通常建立在某些有利可图的专利之上。耐克的护城河，使其能够根据品牌和专利获得更高的溢价。而亚马逊的护城河主要有三项：主流品牌、专有技术和智力资产。

给散户的忠告

多年来，巴菲特分享了许多关于价值投资的见解。以下是与散户（即个人投资者）最相关的一些主题。

谨防"华尔街之狼"

如果你没有时间或专业知识去研究个股，可以将资金的 90% 投资于低成本的标普 500 指数基金，10% 投资于短期债券基金。如果你不是在投资行业工作，你几乎很难跑赢指数。[31]

在 2017 年伯克希尔股东大会上，巴菲特谈到了他在 2006

年与纽约门徒对冲基金下的 100 万美元的赌注。门徒基金经理押注，在未来 10 年，他们挑选的 5 只对冲基金（实际上是 FOF），其累计回报率将超过标普 500 指数。[32] 巴菲特则押注标普 500 指数会赢。

果不其然，10 年后，标普 500 指数上涨了 125.8%，对冲基金只增长了 36%。[33] 在 2017 年伯克希尔股东大会上，听到这一结果的人群哄堂大笑。[34] 随后，巴菲特在致股东的信里宣告了这一赌局的胜利："迄今为止，指数基金的年复合增长率为 7.1%。我们有理由相信，随着时间的推移，这一回报率代表着股市的整体表现……截至 2016 年，这 5 只主动管理型基金的年复合回报率平均仅为 2.2%。这意味着，向这些基金投资 100 万美元，将获得 22 万美元的收益。如果是投资同期的指数基金，将获得 85.4 万美元的收益。"[35]

巴菲特通过讲述这则小故事，强调了他长期以来的观点，即大多数管理他人资金的对冲基金投资经理，几乎没有创造什么价值。原因在于，对冲基金及其基金经理通常以"2 + 20"为基准收取费用。[36] 也就是说，收取 2% 的管理费和 20% 的业绩报酬。巴菲特指出，如果他以类似的方式经营伯克希尔 – 哈撒韦，他目前的投资经理——托德·库姆斯和泰德·韦斯勒"什么也不做就能每人获得 1.8 亿美元"。[37] 总而言之，巴菲特认为所谓的被动投资（比如指数基金）可以和主动投资一样做得很好，甚至更好。[38]

巴菲特认为，像伯克希尔－哈撒韦这样的机构投资者，应当通过"四处打探法"，花时间去了解一家公司的财务状况和企业文化，而个人投资者可能更适合分散投资，"赌美国的国运"。换句话说，就是投资指数基金。[39] 巴菲特解释说：

我真心觉得，我们可能上错了课，因为所有的问题都自然而然地倾向于时事解读。时光回到1942年，当时我买了人生中的第一只股票，我们来看看自1942年以来发生的一切：我们经历了14位总统（7位共和党人，7位民主党人），我们经历了第二次世界大战，我们经历了古巴导弹危机，我们经历了"9·11"恐怖袭击，我们还经历了各种各样的艰难险阻。1942年3月11日，当我买下第一只股票时，你能做的最好的一件事情，就是购买指数基金。从此以后，再也不要关注报纸头版头条，永远不要再想股票价格涨跌，就像你买下了一间农场一样。

你要做的，仅仅是买下农场，然后雇用农民替你经营。我想说的是，如果你将1万美元投入一只指数基金，然后将股息再投资……说到这里，我稍微停顿了一下，让观众试着猜一猜，现在会变成多少钱，没错，是5100万美元。自1776年以来，你唯一需要做的，就是相信美国，相信美国的商业欣欣向荣。你无须担心买什么股票，无须担心哪天进出，无须知道

美联储是否存在或者出台什么政策……美国会运转良
好的。[40]

坚信美国一切安好，影响着巴菲特对投资的态度。巴菲
特曾说，我们应当实施一些社会项目，对那些"缺乏市场技
能的公民"给予适当的照顾，让他们活得更体面，[41] 就像"富
裕家庭"照顾自己没有能力的孩子一样。[42] 但这些项目的实
施方式不应是杀死"下金蛋的鹅"。换句话说，就是千万不
要扼杀美国的市场经济。[43] 巴菲特说："我不希望市场经济
受到任何破坏。这些年来，我们有一只鹅，下了越来越多的
金蛋。我们的市场体系，满足了民众大量的商品和服务所
需，这是非常不可思议的。"[44] 正如巴菲特在 2009 年接受我
的学生采访时说的那样，他还相信"世界不是零和博弈"，
美国经济将因为包括中国在内的其他经济体的发展而受
益。[45] 巴菲特还说："整个 20 世纪，美国民众的生活水平提
高了 7 倍。"[46] 巴菲特认为，从长远来看，投资美国经济总
是会有回报的。

切勿轻动投资的钱

要想成功地开展价值投资，你必须知道企业或股票的内
在价值。然后，将你的投资尽可能久地留在市场上，尽可能
少地发生交易。以正确的姿势挥杆。[47] 每年你只要做一次正
确决策就好。

巴菲特估计，过去 10 年里，由于机构聘用的投资经理大多连标普 500 指数都跑不赢，个人投资者损失了超过 1000 亿美元的费用。[48] 据报道，2016 年，只有 19% 的活跃大盘股基金经理的表现超过了罗素 1000 指数。这个指数的成分股大约涵盖了美股市值最大的 1000 家公司，[49] 其市值约占美国所有上市公司总市值的 90%。[50]

总而言之，随着时间的推移，市场趋于上涨。不要盯着股票的每日波动，也不要担心美国的整体经济。每个世纪，我们都会碰到 15 个糟糕的年份。没有人能预测一天、一周或一年后会发生什么。[51]

培养正确的投资心性

1. 尽你所能，阅读一切

正如我之前提到的，巴菲特和芒格都是狂热的阅读爱好者。究其原因，一方面他们怀有强烈的求知欲，喜欢学习不同领域的知识；另一方面则是因为阅读对投资大有裨益。为了成为一名成功的投资者，巴菲特建议我们每天要阅读 500 页以上的书。巴菲特愿意每天花 80% 的时间独自阅读。芒格也强调了广泛阅读的重要性：

　　我认识的聪明人，没有谁不是每天都读很多书的，一个也没有。但这还远远不够：你必须有一种捕捉机会、理性行事的气质。大多数人都抓不住机会，或者不知道如何正确行事。[52]

相比于大多数商界人士，巴菲特和我读书更多，思考更勤，出手更少。我们之所以这样做，是因为我们喜欢这样的生活。我们已经将这一"癖好"变成了对自身有利的结果。我们几乎每天都花很多时间坐下来思考。这在美国商界是很少见的。我们就是不停地阅读，不停地思考。[53]

2. 保持耐心

在伯克希尔-哈撒韦的投资体系里，"耐心"扮演着重要的角色。为了赢得高回报的投资机会，巴菲特和芒格通常会等待数年。

3. 智商不是成功的保证

在任何领域，高智商都不能保证一定成功。还有许多影响成功的变量，包括动机、毅力、领导力、沟通技巧，以及街头智慧。巴菲特曾说："一旦你的智商超过125，投资是否成功就与智商无关了。只要你智力正常，你更需要的是能够控制冲动的性格。冲动会让很多人在投资中陷入麻烦。"[54,55]

4. 培养合适的投资气质

要想保持成功，投资者需要培养某些气质。芒格强调，要有强烈的好奇心，要锻炼"心理肌肉"来探究趋势或决策背后的原因。他说，如果没有特定的思维模式，即使是最聪明的人也注定会失败：[56]

成功投资的关键因素之一是拥有合适的气质。大多数人都太急躁了，他们太过焦虑了。成功意味着，平时保持耐心，时机成熟时则要积极进取。你最好"看别人吃一堑，让自己长一智"，尽量不要自己"以身试验"……不过，单有适合投资的气质还不够。在很长一段时间内，你必须保持极大的好奇心。[57]

5. 坚持独立思考

巴菲特从格雷厄姆那里学到的最有价值的一课，就是如何独立思考：投资要基于事实和推理，而不是人云亦云，随波逐流。

巴菲特和芒格常说，获得高回报最可靠的方式是在股票低估（也就是打折）时买入。仅从定义就能看出，低估的股票自然也是不受欢迎的（当然，并不是所有不受欢迎的股票都是低估的！）"旅鼠"是指那些喜欢模仿他人和从众的投资者，这群人喜欢在价格膨胀和"泡沫"盛行时进行投资。[58]
巴菲特喜欢拿买汉堡来比喻买股票。[59] 你愿意以低 20% 的
价格购买汉堡吗？你当然愿意。但倘若是股票，当股价上涨
时，你为什么要买呢？"旅鼠"投资者会陷入一种叫作"从
众心理"的心理陷阱，我将在第七章中更深入地讨论这一
话题。巴菲特和芒格常常通过反向投资，来寻找好的交易
机会。

小结

我们在本章讨论了巴菲特和芒格为什么会这样投资。我
们将在下一章讨论巴菲特和芒格是如何投资的，即决定一家
公司内在价值的那些数据、比率、模式和模型。

第五章

价值投资方法

> 拥有"希望之星"钻石的一部分权益，胜过拥有一颗水钻百分之百的权益。[1]

> ——沃伦·巴菲特

2022 年第一季度，伯克希尔的 A 类股票价格超过 50 万美元 / 股，这是有史以来最高的公司股价。伯克希尔还拥有 62 家子公司，以及价值约 3200 亿美元的股票投资组合。这一切都始于 1956 年，当时巴菲特从 7 位朋友和家人那里筹集到 10.5 万美元，成立了巴菲特合伙公司。如今，巴菲特的个人净资产约为 1260 亿美元。

巴菲特是怎么做到的？有没有涉及复杂数学和抽象经济模型的投资秘诀？完全没有。芒格说，他和巴菲特使用的数学方法并不比高中代数更高级。[2]在确定一家公司的价值并预测它将为投资者提供的价值时，两人采用了一种方法，将定量指标与定性指标结合起来。说起来比做起来容易，所以接下来我就跟大家具体讲讲。

安全边际

巴菲特经常说，投资中最重要的一个名词是"安全边际"。[3]巴菲特说的是他早年的导师本杰明·格雷厄姆所宣扬的投资原则。安全边际是指公司的市场价格与投资者对其估值之间的差额。[4]格雷厄姆建议，只在市场价格明显低于内在价值的情况下买入股票。较大的安全边际并不能保证投资一定会赚钱，但它确实"提供了缓冲"，[5]对冲投资者可能出现的错误。本质上，这是一种保守的方法。多年来，巴菲特对其进行了一些修正，他认为投资"价格一般的好公司"要胜于投资"价格低廉的烂公司"。[6]

在 2007 年伯克希尔股东大会上，巴菲特解释说："我们真正想做的是收购一家伟大的企业，[7]所以，如果我们把喜诗糖果当作一家企业来买，或者把可口可乐当作一只股票来买，不需要很大的安全边际，因为我们认为自身的假设在任何大方向上都不会出错。"[8]

这种想法需要改变格雷厄姆"捡便宜货"的做法，也要求巴菲特和芒格制定更完善的系统，以确定一项昂贵的投资是否值得。尽管他们的方法很严谨，但计算并不十分精确。巴菲特将其描述为"一半是科学，一半是艺术"。[9] 为了更好地描述自己的想法，巴菲特打了个比方："当你看到一家伟大的企业时，就像你看到一个人从门外走进来，你不知道他的体重是 300 磅⊖还是 325 磅，但你知道他很胖，对吧？因此，如果我们看得出什么是肥胖，从经济上来说，我们不必苛求精确。如果看到体重达到 270 磅的一个人，我们也很容易判断他的胖瘦。"[10]

还要考虑的是一家公司过去的业绩和所处的行业。这两个因素都会影响巴菲特和芒格对其安全边际的重视程度。对于一家身处稳定行业的稳定公司来说，他们对安全边际的要求可能会更灵活。

总而言之，设置安全边际归根结底是为了获得比你所支付的更多的价值。但是，正如芒格所言，价值有很多不同的形式。

能力圈与护城河

基本上，巴菲特和芒格考虑的是他们能力圈内的潜在投资机会。在 2019 年致股东的信里，巴菲特写道："此外，我

⊖　1 磅 =0.4536 千克。

们不断寻求收购符合三大标准的新公司。首先，它们必须从运营所需的有形净资产中获得良好的回报。其次，它们必须由能干且诚实的管理层来经营。最后，它们必须有合理的报价。"[11]

巴菲特和芒格更喜欢收购整家企业，而不是一小部分股权。但是，当这不太可能发生的时候，他们会很乐意买下伟大企业的一部分股票，即使看起来并没有多便宜。比如说，对于像可口可乐这样的全球知名品牌，他们就是这样做的。在 2007 年致股东的信里，巴菲特对投资者是这样说的："拥有'希望之星'钻石的一部分权益，胜过拥有一颗水钻百分之百的权益。"[12]

未来确定性较高的伟大企业有一大共同点，那就是它们都有宽广的"护城河"。用巴菲特的话说，护城河是一种屏障，可以保护公司免受重大竞争的威胁。起保护作用的"护城河"可能是主导市场的低成本产品（例如开市客和盖可保险），也有可能是强大的品牌，如可口可乐、吉列和美国运通。

由于伯克希尔－哈撒韦的投资战略之一是长期持有，所以巴菲特和芒格只对那些"持久"的公司感兴趣。[13]这意味着他们倾向于避开那些容易发生快速、持续变化的行业。本质上，这并不是因为这些领域的公司是不赢利的，而是因为这些领域无法保证投资的确定性。正如巴菲特所说："必须不断重建的护城河，最终将不再是护城河。"[14]

还有一点，尽管巴菲特看重优秀的经理人，但他对那些将成功归于某位 CEO 天赋的企业并不看好。这是合乎逻辑的：如果一家企业需要一位超级明星才能创造伟大的业绩，那么这家企业本身就不能被认为是伟大的。一家由你所在地区首屈一指的脑外科医生领导的医疗合伙企业，可能会享有巨额且不断增长的收入，但这并不能代表它的未来。外科医生走了，这家医疗合伙企业的护城河也就没了。但你可以指望梅奥诊所的护城河能够持久，即使你不知道它的 CEO 是谁。[15]

其他定性因素

在投资的时候，巴菲特寻找的其他定性因素还包括：

- 公司所在的行业是否存在激烈的价格竞争？
- 公司是否有强大的客户基础（如吉列、苹果、可口可乐）？
- 管理层是否透明、称职？薪酬是否合理？

购买企业与持有股票

尽管巴菲特更喜欢直接收购公司而不是投资股票，但有时股票可能会产生更高的价值。部分原因是，收购整家公司的谈判成本通常更高，尤其是如果这些公司运营良好的话。因此，伯克希尔－哈撒韦通常通过股票获得更多回报。1994

年，巴菲特告诉他的股东们："你不该买入任何便宜货，而且……你甚至不该有通过谈判买入便宜货的想法。你想从那些创始人手里买到股份，你想从那些足够聪明的人那里买到他们的业务……你想得美……在股票市场，你才有机会以愚蠢的价格买入优质的企业。有鉴于此，我们最终将大量资金投到了有价证券。"[16]

换句话说，股票市场很少一直根据证券的真实价值来定价。难怪巴菲特和芒格喜欢利用市场低迷的机会。"别人恐惧我贪婪"是巴菲特最喜欢的法则之一。[17] 举个例子，2007～2009 年大衰退期间，巴菲特投资了几家股价暴跌的大公司，包括高盛、通用电气、箭牌/玛氏、瑞士再保险和陶氏化学。在接下来的十年里，当美国经济回到正轨时，伯克希尔已经赚到了上百亿美元。

估值

尽管巴菲特和芒格坚称，他们使用的数学很简单，但他们仍然要用一些定量分析来为公司估值。

寻找内在价值较高的公司

巴菲特寻求那些被市场低估的股票。但没有任何一种单一的方法可以确定一家公司的内在价值。巴菲特的方法因公司所在行业和成长阶段而异。最重要的是要记住，股价在任何时候都有可能与估值匹配，也有可能不匹配。[18]

为了评估一家公司是否适合投资，巴菲特和芒格首先关注的是它的财务报表和信息披露。他们会根据一组特定的比率，寻找那些可能产生高回报的投资机会。

有形净资产收益率

现在来做一些数学运算。"巴芒"的大部分资金，都投向了那些有形净资产收益率超过 20% 的公司。[19] 盈利的重要性可能是不言而喻的，这些公司在赚钱的同时，并没有深陷债务泥潭。[20]

公司有形净资产收益率的计算公式如下：

有形净资产收益率 = 净利润 / 有形净资产

巴菲特确定有形净资产的公式是：

有形净资产 = 总资产 - 总负债 - 无形资产（例如商誉、品牌认知度以及专利、商标、版权等知识产权）- 优先股的票面价值 [21]

（在这个公式中，优先股的票面价值是计算相关股息的基数。因此，如果优先股的票面价值是 1000 美元，股息率是 5%，那么只要优先股已发行，发行主体必须每年支付每股 50 美元。）[22]

这个公式旨在确定，公司减去所有债务后拥有的实物资产。[23] 有形净资产是指公司有形资产的账面价值。从净资产中减去无形资产（如商誉、知识产权）和优先股，得到有形净资产。

净资产收益率

净资产收益率（ROE）反映公司利用股东投入资本的有效性。净资产收益率的计算公式为：[24]

$$净资产收益率 = 净利润 / 平均净资产$$
$$净资产 = 总资产 - 总负债$$
$$总资产 = 流动资产 + 非流动资产$$

流动资产是指在一年内可以转换为现金的资产（如现金、应收账款、存货等）。非流动资产是指那些不能在一年内转换成现金或被消化的资产（如投资、地产、厂房和设备，以及专利等无形资产）。

总负债是流动负债和非流动负债的总和，如下所示：

$$总负债 = 流动负债 + 非流动负债$$

其中：

$$流动负债 = 到期债务（税款、预收账款、应付账款等）$$
$$非流动负债 = 未来一年以上的到期债务（应付债券、租赁$$
$$负债、养老金计划等）[25]$$

净资产（股权权益）是所有者（股东）在偿还所有债务后的剩余索偿权。净资产会在公司的资产负债表上列示，它是分析师用来评估财务健康状况最常用的财务指标之一。净资产代表如果公司的所有资产被清算，所有债务被还清，剩余将返还给股东的金额。净资产有时也被称为"账面价值"。[26]

例如，假设一家餐厅去年的净利润为10万美元（在利润表上列示），净资产为20万美元（在资产负债表上列示），那么餐厅当年的净资产收益率就是50%。

利润率和每股收益（EPS）

对于巴菲特正在考虑的一家公司，他会回顾多年的财务报表，寻找持续增长的收益，理想的情况是每年至少增长10%。然后他会分析两个衡量标准：

利润率 = 净利润 / 营业收入

每股收益 = 总收益 / 已发行股票数量

高利润率表明公司的经营效益很好。随着时间的推移，利润率的提高通常意味着管理层能够有效地控制费用，而这通常与一家公司在其行业中拥有定价权有关。一个典型的例子就是喜诗糖果，如本章"资本"小节所述。

不同行业的利润率和每股收益有着不同的正常范围。比如说，某些技术的供应商的利润率很高，但航空公司的利润率往往较低。正如我们将在第九章中讨论的那样，在巴菲特的职业生涯中，他对投资航空公司爱恨交加，他开玩笑地将其比作一种病态的瘾，并称自己为"航空控"。[27]

负债权益比率

巴菲特使用负债权益比率（Debt-to-Equity Ratio）来确定一家公司的负债程度。这个比率也被称为公司的财务杠杆，其计算方法如下：

$$负债权益比率 = 总负债 / 股东权益$$

与利润率和每股收益一样，理想的负债权益比率取决于各自的行业。然而，小于1.0的负债权益比率通常是理想的。巴菲特想知道的是，公司的负债权益比率是否低到足以偿还债务。[28]

自由现金流

评估一家公司的自由现金流（FCF）是一项基本的估值技术。自由现金流衡量的是在所有必要的营运资本和固定资产投资完成后，公司投资者可用的现金水平。

自由现金流是一项重要的衡量标准，因为它给予了公司提高股东价值的机会。有了多余的现金，公司可以扩大生产, 开发新产品, 进行收购, 支付股息, 回购股票和减少债务。自由现金流的增长, 会带来更强劲的资产负债表。如果自由现金流为负数, 可以视之为问题之一, 但它也可能表明公司正在为未来的增长进行重大投资。[29] 从长远来看, 如果这些投资能获得高回报率, 那么就有可能为股东增加价值。[30]

我们可以用以下公式计算自由现金流:

自由现金流 = 经营活动产生的现金流 - 资本支出

自由现金流 = 税后经营净利润 - 营运资本净投资

(其中, 税后经营净利润 = 营业收入 - 经营成本 - 现金税负)

自由现金流 = 营业收入 - 经营成本 - 现金税负 -

营运资本必需投资

(其中, 营运资本必需投资 = 固定资产 + 营运资本)

如果计算正确, 对于相同的输入, 上述三个方程应当会产生相同的结果。[31]

资金

巴菲特更喜欢那些不需要大量营运资本的公司。也就是说, 既没有过高的经营成本, 也没有其他重大的现金流出。喜诗糖果就是巴菲特最喜欢的这类公司之一。1972 年, 巴菲特以 2500 万美元的价格收购了这家公司, 此后喜诗糖果平均每年产生 4000 万美元的税前利润。更美妙的是, 2019

年巴菲特指出，自从收购喜诗糖果，其税前利润累计已超过20 亿美元，伯克希尔已将这些钱用于收购其他业务。[32]

喜诗糖果对资本的需求量不大。巴菲特买下它的想法是，伯克希尔可以在不进行大量投资的情况下提高喜诗糖果的价格。巴菲特的想法奏效了。这让我们想到另一个问题：公司是否可以根据通货膨胀调整价格，同时始终保持盈利？换句话说，公司是否拥有定价权——即使价格更高，消费者仍会购买其产品或服务？

据知名财经网站 Markets Insider 报道，"巴菲特高度评价了喜诗糖果丰厚的财务回报、适度的资金需求、宽广的经济护城河、高质量的员工以及巧克力本身"。[33] 在 2015 年致股东的信里，巴菲特开玩笑地说："在即将召开的股东大会上，我和芒格每人将消耗的可乐、喜诗的巧克力和花生脆，足以满足美国橄榄球联盟一名前锋一周的所需热量。"[34] 更重要的是，自 1972 年以来，伯克希尔在喜诗糖果上的投资回报率达到了 80 倍，即每年超过 160% 的回报率。[35] 正如巴菲特所说的那样："我们投入了 2500 万美元，它给我们带来了远超 20 亿美元的税前收入，我们拿着这些钱，又收购了其他企业。"[36]

自从巴菲特收购喜诗糖果以来，喜诗糖果的年营业收入从 3000 万美元增长至 3.8 亿美元以上，税前利润从不到 500 万美元增长至 8000 万美元。[37]

伯克希尔从喜诗糖果获得的 20 亿美元利润，仅仅花费了 4000 万美元的累计总投资（包括设备在内）。[38]

留存收益

留存收益是公司资产负债表的另一项重要指标，因为这一数据通常是成长的标志。思考留存收益最简单的方法是看它再投资能获得多少利润，因为留存收益代表了公司所拥有的累计净利润，且可以用于投资新项目。

拿净利润减去股息，就是留存收益。它可用于增加产量，雇用员工，增加研发投入，加强广告宣传，收购子公司，回购股票或偿还非流动负债（如支付养老金）。

留存收益率 =1- 股息率。股息率是指返还给股东的资金比率。留存收益率是指公司用于再投资的资金比率。

股息率用公式表达如下：[39]

$$股息率 = 股息 / 净利润$$
$$股息率 = 1- 留存收益率$$

式中，

$$留存收益率 = （每股收益 - 每股股息）/ 每股收益$$

不管你怎么看，一家能够将留存收益最大化的公司，往往都是通过投资自身而获得商业成功的公司。

巴菲特希望被投公司能够增加留存收益，从而为伯克希尔增加价值。如果一家公司不能获得高于资本成本的回报，巴菲特倾向于通过分红将资金返还给股东，或者回购公司的股票（在被低估的时候）。换句话说，需要考虑每一美元的留存收益是否能创造至少一美元的市值。

"一美元原则"的最佳案例是伯克希尔－哈撒韦本身。伯克希尔从来没有支付过股息，因为巴菲特认为他可以对这些资金进行再投资，从而为投资者赚取更高的回报率。如果巴菲特选择分红，伯克希尔的股东就得交税。相反，巴菲特可以用这笔钱来提高伯克希尔股票的内在价值。在这种情况下，留存收益增强了伯克希尔的财务灵活性。巴菲特说过，只有当伯克希尔的股价跌至每股账面价值的 1.2 倍以下时，他才会回购股票，他认为他的股东们很快就能从中获益。[40]

| 第六章 |

经典投资案例解析

投资者最重要的特质是气质，而不是智力。你需要一种既不喜欢随波逐流也不喜欢与大多数人唱反调的气质。[1]

——沃伦·巴菲特

本章介绍了对伯克希尔–哈撒韦产生重大影响的两家公司的案例。盖可保险是巴菲特最早的投资之一。通过研究巴菲特对这家公司的决策，我们可以了解他评估投资机会的方式。巴菲特对苹果公司的态度也是如此，苹果是目前伯克希尔最大的股票持仓。在这里，我将向你介绍巴菲特购买这些股票的理由，以及他对这些股票的估值，读者可以将这些评估作为自己估值的模型。

盖可保险

里奥·古德温曾是一名会计，在联合服务汽车保险公司工作了大约 10 年之后，他突然顿悟。在 20 世纪上半叶，保险公司通常会通过保险代理商向客户推销产品，并支付佣金。古德温认为，他可以通过发送邮件而不是保险代理商，向客户提供比竞争对手低 20%～30% 的汽车保险费率。1936 年，古德温与妻子莉莲在得克萨斯州的沃思堡创立了盖可保险，并将产品客群瞄准了政府雇员和高级军士。古德温和莉莲用自己的 2.5 万美元和从银行家查尔斯·雷亚那里借来的 7.5 万美元，创办了这家公司。[2]

1937 年，古德温夫妇把公司搬到了华盛顿特区，生意发展迅速。1948 年，雷亚将自己的大部分股票卖给了一群投资者，其中包括巴菲特在哥伦比亚大学的导师本杰明·格雷厄姆。当时，格雷厄姆与杰罗姆·纽曼是合伙人，格雷厄姆 – 纽曼公司购买了雷亚一半的股票，当时价值 712 000 美元。[3]1949 年，盖可保险以 27 美元 / 股的价格上市。[4]

巴菲特在哥伦比亚大学攻读硕士学位期间，发现格雷厄姆 – 纽曼公司持有盖可保险的股份，而格雷厄姆是盖可保险董事会主席。1951 年的一个周六，追求上进的巴菲特前往华盛顿特区，他想要更多地了解，为什么这家公司会吸引他的导师重仓持有。巴菲特敲开公司总部的门，说服门卫让他进去。在六楼，巴菲特找到了盖可保险时任总裁助理的洛里

默·戴维森。后来，戴维森成了盖可保险的CEO。巴菲特
展示出他坚韧和聪慧的一面，这位20岁的研究生向戴维森
提出了一系列关于保险业和盖可保险的问题，条分缕析，见
解独到。两人畅聊了5个小时。巴菲特后来说，他通过那次
谈话学到的知识，比他整个大学生涯学到的还要多。[5]

戴维森解释说，在保险业有两种赚钱的方式。第一种就
是通过承保收取保费。第二种是通过这些保费获得投资回报
（也就是所谓的"浮存金"，[6] 本章后面会详细介绍）。戴维森
还解释说，盖可保险通过直销的方式，使公司获得了显著的
竞争优势，因为相比于其他通过保险代理销售保单的保险公
司，盖可保险可以收取低得多的保费。代销是一种传统的分
销方式，这种商业模式在保险行业中根深蒂固，大多数保险
公司都从未想过放弃这种方式。与戴维森的会面，让巴菲特
对盖可保险比以往的任何股票都更感兴趣。[7]

格雷厄姆建议他的明星学生，等待市场回调后再投资。但
巴菲特没有理会这个建议，而是将自己超过50%的净资产投
资于盖可保险。（相当于350股，每股29.375美元，总成本为
10 282美元。）到1951年底，巴菲特持有的盖可保险市值为
13 125美元，回报率为28%，占巴菲特净资产的65%以上。[8]

然而，这种不费吹灰之力的成功，促使巴菲特犯了一
个严重的错误。1952年，巴菲特以15 259美元的价格卖掉
了他在盖可保险的全部持仓，然后他用这笔钱买入了西部保

险证券公司（简称西部保险）的股票。西部保险看起来很划算，格雷厄姆教过巴菲特如何选择"烟蒂股"。但在接下来的 20 年里，巴菲特看到他出售的盖可保险股票市值飙升至远超 100 万美元。巴菲特过早地扣动了扳机。这给巴菲特上了一课，也对他以后的投资行为产生了深远影响。[9]

正如巴菲特所言："对于这种朝秦暮楚的行为，我可以给自己找一个借口，那就是西部保险当时的股价略高于其当前收益的一倍，出于某种原因，这么低的市盈率引起了我的注意。但是……它给了我一个教训，让我明白，出售一家优质公司的股票是不明智的。"[10]

在 1952 年卖出盖可保险 20 年后，巴菲特（通过伯克希尔－哈撒韦）才再次找到了投资盖可保险的机会。巴菲特一直在跟踪盖可保险的动向，并对戴维森作为董事长的影响保持关注。戴维森最重要的举措之一，是将公司的潜在目标市场从所有车主的 15% 提升到 50%，方法是瞄准政府雇员以外的拥有良好驾驶记录的专业人士。这一举措大大增加了盖可保险的利润。

然而，这家锐意进取的保险公司，其命运即将急转直下。1972 ～ 1976 年，盖可保险的股价从 61 美元的高点暴跌至 2 美元的低点。1975 年，盖可保险亏损 1.26 亿美元，未能向股东支付股息。盖可保险及其他保险公司面临通货膨胀的挑战，还存在投保司机的事故数量激增和严重程度加深的问题，以及无过失法的影响。[11]

1976 年，盖可保险濒临破产。急于扭转局面的董事会解雇了时任 CEO 的诺曼·吉登，取而代之的是来自旅行者集团的营销总监——43 岁的约翰·伯恩。

巴菲特一直密切关注着这些变化，并要求与伯恩会面。会面后的第二天一早，巴菲特就以每股 2.125 美元的价格买入了 50 万股盖可保险的股票。接下来，伯克希尔对盖可保险的总投资达到 1900 万美元，其中包括所罗门兄弟公司牵头发行的 7500 万美元的可转换优先股，以及以每股 2.55 美元的价格买入的 410 万美元的普通股。1992 年，当这只股票按照 1∶5 拆股时，巴菲特的投资成本是每股 1.31 美元。[12]

截至 1980 年，伯克希尔在盖可保险上总共投资了 4500 万美元，相当于盖可保险 31%⊖的股份。在五年内，这些股票已经增值至 5.96 亿美元，相当于伯克希尔股票投资组合的 50%。[13] 截至 1994 年，伯克希尔－哈撒韦持有的盖可保险股票价值超过 10 亿美元。1995 年 8 月 25 日，巴菲特宣布伯克希尔将以 23 亿美元收购盖可保险剩余 51% 的股份，盖可保险最终成为伯克希尔的全资子公司。⊜[14]

在巴菲特的领导下，盖可保险蓬勃发展。巴菲特任命伯

⊖ 作者原文为 31%，疑为 33% 之误。——译者注
⊜ 在伯克希尔全资收购盖可保险之前，盖可保险不断回购股份并注销，致使伯克希尔持股比例升至约 49%。——译者注

克希尔的顶级投资经理托德·库姆斯（巴菲特的潜在接班人之一）为这家大型保险公司的CEO。2021年，盖可保险雇用了约4万名员工，收入为370亿美元，利润为12.6亿美元。[15]

"浮存金"也被称为"可用储备金"，指的是支付给伯克希尔–哈撒韦旗下保险子公司的保险费，但尚未用于支付理赔的那些资金。从技术上讲，这笔钱不属于保险公司，但仍可用于投资。这有点儿像是以零利率获得贷款。伯克希尔的浮存金从1967年的3900万美元一路增长至2022年的1470亿美元。[16]

伯克希尔–哈撒韦的浮存金，使其能够迅速收购陷入困境的公司。例如，2002年，鲜果布衣的股票价格下跌了97%，伯克希尔以8.35亿美元收购了鲜果布衣，使其免于破产。[17]巴菲特预测，若干年内，伯克希尔的浮存金还会增长，然后略有下降，但任何一年的幅度都不会超过3%。[18]

保险公司的盈利能力，可以用综合成本率来衡量，公式如下：综合成本率＝（赔付总额＋费用总额）/ 已赚保费

综合成本率低于1表示营业盈利，高于1则表示营业亏损。请注意，综合成本率高于1的保险公司，如果考虑到投资、融资活动以及经营活动，可能总体上是盈利的，至少在短期内如此。[19]

盖可保险定性投资因素

理解公司和行业

从一开始，巴菲特就知道他可以相信格雷厄姆的判断。事实上，格雷厄姆是盖可保险的董事会主席，这是吸引巴菲特关注这家公司的首要原因。但巴菲特也明白，要了解公司及其运营的细节，他必须与一位亲力亲为的高管交谈。这就是促使巴菲特造访华盛顿的原因，他在那里见到了戴维森。

与高管面谈

巴菲特与戴维森长达 5 个小时的直接对话，让他有机会了解保险业以及盖可保险的创新商业模式。

可持续竞争优势（护城河）

盖可保险拥有可持续竞争优势或"护城河"吗？答案绝对是肯定的。巴菲特了解到，盖可保险是通过保费和浮存金赚钱的，其直销模式削弱了其他保险公司的竞争力，并创造了盖可保险作为低成本运营商的独特优势。

管理团队

正如我在第四章中所述，巴菲特在投资之前，会跟踪一家公司的管理团队和业绩长达 10 年。巴菲特希望看到的是一个稳定、有激情、有创造性思维的管理团队。巴菲特还寻找那些独立行事、不受潮流影响的经理人。巴菲特很重视管理层对公司股东的开放和真诚。巴菲特在与盖可保险高层的交谈中发现，这家锐意进取的保险公司很容易就达到了这些标准。

小结

从定性的角度来看，对巴菲特来说，盖可保险是一个可靠的投资机会。巴菲特最初与格雷厄姆的谈话、跟戴维森的访谈以及他勤勉的研究，都加强了他对这笔投资的信心。巴菲特的方法也符合他的策略，即收购那些以低于其内在价值的价格交易的伟大企业，然后长期持有它们，尽管巴菲特为此付出了惨痛的代价，因为当初他过早地出售了盖可保险的股票。巴菲特钟爱的公司，是那些处于他理解的行业，提供他理解的产品的公司。巴菲特还寻找那些具有良好的长期前景，由诚实、能干的人经营，价格有吸引力的公司。盖可保险符合巴菲特的要求。这家公司也是一个分水岭，它代表了巴菲特在投资错误方面的教训：用早期从盖可保险获得的28%[⊖]的利润立即购买另一只股票，是巴菲特后来后悔不已的错误之一，但这也给他上了难忘的一课。

⊖ 巴菲特投资盖可保险的买入价为 10 282 美元，卖出价为 15 259 美元，此处 28% 疑为 48% 之误。

盖可保险定量分析

净资产收益率

巴菲特更希望看到公司的净资产收益率持续高于 10%，但这也取决于经济环境。例如，当巴菲特在 1976 年购买 50 万股盖可保险的股票时，它的 ROE 实际上是负的。

然而，巴菲特认为，这是一个特殊的"困境反转型"机会。在巴菲特看来，盖可保险的内在价值明显高于当时的股价。巴菲特的判断被证明是正确的。1980 年，在新任 CEO 的领导下，盖可保险的净资产收益率达到 30.8%，几乎是行业平均水平的两倍。[20]

盈利能力与留存收益

巴菲特通常会检查公司 10 年的财务数据，以验证一家公司收益增长的可持续性。巴菲特对盖可保险早期的成功熟稔于心。此外，巴菲特的底气还来源于：他对保险业的了解；他对从旅行者集团过来的新任 CEO 伯恩的信任；以及他对其他基本面因素（比如盖可保险的护城河）的信心。股票投资成为伯克希尔 – 哈撒韦整体增长的重要基石。

如果你在 1980 年向盖可保险投资 1 美元，到 1992 年它将增值至 27.89 美元，年复合回报率为 29.2%（不含股息）。这远远高于同期标普 500 指数 8.9% 的年回报率。[21]

估值

1976 年，当巴菲特第二次投资盖可保险时，这家公司实际上已经处于破产边缘，亏损不断增加。在这种情况下，用传统的市盈率来评估盖可保险是不现实的，因为盖可保险根本没有盈利。

记住，市盈率等于每股市值除以每股收益。它对于比较同一行业的不同公司特别有用。市场给的 P/E 估值越高，有可能预示着公司的收益增长越快。[22]

尽管巴菲特使用市盈率来估值，但他并不完全依赖这一指标。一切都与环境有关。正如巴菲特所说："我们心目中的市盈率根本就不存在某个临界值……我的意思是，你有可能为一家略有盈利的公司支付极高的市盈率。"[23]

在盖可保险的案例中，巴菲特知道公司的品牌价值远远高于其展示的收益，这意味着他知道公司被严重低估。在与新任 CEO 会面后，巴菲特对盖可保险能够扭转颓势充满信心。

正如我们所知，这是正确的。截至 1980 年，在巴菲特投资盖可保险 4 年后，盖可保险的销售收入达到 7.05 亿美元，利润达到 6000 万美元，伯克希尔拥有其中 2000 万美元的权益。[24] 巴菲特后来承认："要在一家具有一流经济特征和光明前景的企业中买到类似 2000 万美元的盈利能力，至少需要花 2 亿美元。"[25]

苹果公司

巴菲特以避免投资科技行业而闻名，即使是与比尔·盖茨之间的深厚友谊，也没有改变他的想法。从早年开始，亚马逊的总资产每年都在增长，但巴菲特仍然对技术持怀疑态度。终于，在 2016 年，巴菲特开始破天荒地购买苹果公司的股票。主要原因包括：首先，巴菲特理解苹果的产品。其次，巴菲特认为苹果产品的"消费黏性很强"。换句话说，苹果公司制造的电脑、智能手机和相关产品几乎能让消费者上瘾，消费者一旦购买了苹果的产品，就很难再转向其他品牌。部分原因在于，苹果天才般地创造了一个闭环的设备系统，与其他系统很难兼容。最后，巴菲特青睐苹果（以及后来的亚马逊）而非其他科技股的原因还包括，苹果是一家成熟的公司，已远离了通常与初创企业有关的泡沫式投机阶段。

2016 ~ 2018 年，伯克希尔–哈撒韦购买了苹果公司的大量股票。截至 2021 年底，伯克希尔持有 907 559 761 股，占苹果公司 5.64% 的股份，市值为 1611.5 亿美元。[26] 苹果公司是伯克希尔持仓最大的股票，也是巴菲特整个职业生涯中最大的投资之一。[27]

在 2017 年接受 CNBC 采访时,巴菲特解释了自己投资苹果的理由:"当我带着十几个孩子去 DQ 吃冰淇淋时,他们都拿着 iPhone 在玩,除了我点冰淇淋的时候,他们几乎不跟我说话。"[28] 这是典型的企业家视角。即使是和家人、朋友在最喜欢的餐厅休息,他也总是在寻找投资机会。

2016 ~ 2017 年

2016 年初,伯克希尔第一次买入苹果公司的股票,当时"股价在 100 美元左右"。[29] 巴菲特认为,这是一个出击的好时机,因为苹果的股票刚刚从 133 美元 / 股的峰值下跌超过了 30%。"它的市盈率只有 10 倍,不仅远低于美股平均 17 倍市盈率的估值,而且远比其他一些热门科技股便宜。"[30]

巴菲特还知道,苹果是一个杰出的品牌,拥有强大的管理团队。截至 2016 年底,伯克希尔以每股 106 美元 ~ 118 美元的价格购买了 6120 万股苹果公司的股票。[31]

买入苹果并不是巴菲特本人的决策,而是托德·库姆斯或泰德·韦斯勒的。库姆斯和韦斯勒都曾是对冲基金经理,几年前被巴菲特招致麾下,负责管理伯克希尔的一部分股票投资组合。[32,33] 他们对伯克希尔在 21 世纪的定位产生了显著影响。

投资科技股的转变是必要的。科技股占标普 500 指数的 20%，这是一个相当大的比例。[34] 苹果公司拥有巴菲特通常追求的许多特质：它是行业的领导者，负债适中，拥有世界上最知名的品牌之一，且具有无与伦比的消费者忠诚度。截至 2016 年底，苹果手中还有 2460 亿美元的现金，[35] 这使公司有很大的灵活度来进行新的投资选择，就像伯克希尔－哈撒韦本身一样。

截至 2017 年第一季度，伯克希尔在苹果公司的持仓数翻了一番。截至 2017 年底，伯克希尔拥有苹果 3.3% 的股份。[36]

2018 ～ 2022 年

巴菲特对苹果的兴趣渐浓。2018 年，伯克希尔又购买了 8700 万股苹果股票，总持股量上升至 2.553 亿股。[37] 巴菲特在接受 CNBC 采访时坦言，如果可以的话，他会买下苹果公司 100% 的股份。他对这家公司的管理、经济和文化很感兴趣。[38] 因此，到第二年年底，伯克希尔持有了苹果 5.7% 的股份，价值超过 700 亿美元，也就不足为奇了。[39,40]

然而，巴菲特仍然无法避免判断失误。2020 年底，伯克希尔出售了 74 亿美元的苹果股票，[41] 考虑到查理·芒格对苹果股票的乐观态度，这是一个令人惊讶的举动。在一年后的 2021 年伯克希尔股东大会上，巴菲特承认卖出苹果股票是一个错误。然而，伯克希尔仍然拥有 9.076 亿股苹果股票。截至 2022 年 8 月，伯克希尔拥有 9.114 亿股苹果股票，占苹果股份的 5.7%，市值为 1568 亿美元。[42]

苹果公司的定性分析

理解公司和行业

在 45 年的发展历程中，苹果建立了极高的品牌忠诚度，以至于消费者很少对其高于平均水平的售价望而却步。消费者的这种忠诚度，加上苹果的系统闭环（使其产品与其他科技平台不兼容），创造了一种持续的收入流，每年只需要很少的资本投入。尽管巴菲特通常避开科技股，但他将苹果更多地视为一家消费品公司，而消费品是他所能理解的行业。[43]

可持续竞争优势（护城河）

苹果的护城河来自在科技领域的独特地位，如前所述，苹果拥有非常忠实的客户，他们不愿离开苹果的有机产品体系。这条护城河是巴菲特和芒格投资苹果的关键。此外，与竞争对手相比，苹果的全球品牌知名度有助于支持其产品的溢价定价。

管理团队

众所周知，苹果公司的创始人史蒂夫·乔布斯只雇用顶级人才，他激励这些人才实现了甚至超出他们雄心的目标。这种激情成了公司整体文化中不可或缺的一部分。苹果公司的管理层还独具创造力和独立性，他们避开了经常主导 C 端的技术潮流。虽然乔布斯已于 2011 年去世，比伯克希尔投资时还早了 5 年，但在乔布斯的继任者蒂姆·库克身上，巴菲特发现了类似的品质和价值观。

小结

对巴菲特来说，苹果是一个理想的投资机会：公司持续表现优异，具有光明的长期前景，产品容易理解，由非常能干的高管领导。在巴菲特买入苹果股票的时候，与其他科技公司相比，苹果的股价具有吸引力。

苹果公司的定量分析

盈利能力

与所有潜在投资一样，巴菲特首先检视了苹果公司最近 10 年的财务报表，以了解其持续强劲的盈利能力。苹果高额的税后利润，表明它是一家经营良好的企业。苹果的利润率意味着公司有效地降低了开支，而新客户继续推动着销售增长。与此同时，苹果产品和服务的生态系统对消费者发挥着"锁定效应"。

苹果公司的税后利润率（见表 6-1）始终高于 20%，这有力地证明了其商业模式所创造的护城河。

表 6-1 苹果公司税后利润率

年份	2012	2013	2014	2015	2016	2017	2018	2019	2020	2021
税后利润率	24.0%	22.7%	24.2%	24.2%	22.8%	22.7%	23.7%	24.2%	21.7%	26.6%

资料来源：Gurufocus.com.

有形净资产收益率

在第五章，我列出了一家公司有形净资产的计算公式：[44]

$$有形净资产 = 总资产 - 总负债 - 无形资产 - 优先股票面价值$$

有形净资产收益率可以这样计算：

$$有形净资产收益率 = 净利润 / 有形净资产$$

在苹果公司，有形净资产收益率一直在持续增长。2012～2021 年的 10 年间，每年的有形净资产收益率都超过 30%（见表 6-2）。

净资产收益率

表 6-3 显示了 2012～2021 年苹果公司持续强劲的净资产收益率。2019～2021 年，苹果公司的净资产收益率以更快的速度显著上升。

表 6-2　苹果公司有形净资产收益率

	2012	2013	2014	2015	2016	2017	2018	2019	2020	2021
有形净资产收益率	37%	31%	38%	48%	34%	36%	56%	61%	91%	150%
净收入（百万美元）	41 733	37 037	39 510	53 394	45 687	48 351	59 531	55 256	57 411	94 680
总资产（百万美元）	176 064	207 000	231 839	290 345	321 686	375 319	365 725	338 516	323 888	351 002
总负债（百万美元）	57 854	83 451	120 292	170 990	193 437	241 272	258 578	248 028	258 549	287 912
无形资产（百万美元）	5359	5756	8758	9009	8620	0	0	0	0	0
优先股面值	0	0	0	0	0	0	0	0	0	0

资料来源：Gurufocus.com.

表 6-3　苹果公司净资产收益率

年份	2012	2013	2014	2015	2016	2017	2018	2019	2020	2021
净资产收益率	36.3%	28.9%	37.6%	42.8%	34.9%	37.4%	50.9%	60.2%	90.1%	147%

资料来源：Gurufocus.com.

别忘了，巴菲特钟爱净资产收益率能持续保持在 12% 以上的企业，所以苹果公司的表现非常出色。

负债权益比率

负债权益比率（D/E）表明了一家公司对债务的依赖程度，它也被称为"金融杠杆"，其计算公式如下：[45]

$$负债权益比率 = 负债 / 股东权益$$

其中，负债 = 流动负债 + 资本租赁 + 非流动负债 + 资本租赁负债 + 其他金融负债。

$$股东权益 = 总资产 - 负债$$

理想的负债权益比率因行业而异，但通常情况下，负债权益比率小于 1（也就是 100%）最好。负债权益比率越低，巴菲特就越确信一家公司有能力偿还债务。表 6-4 显示了苹果公司 2012 ～ 2018 年的负债权益比率，非常符合巴菲特的选股标准。新冠疫情（某种程度上是黑天鹅事件）造成的财务状况，改变了苹果的这一轨迹。

表 6-4　苹果公司负债权益比率

年份	2012	2013	2014	2015	2016	2017	2018	2019	2020	2021
负债权益比率	0%	13.1%	26.4%	41.5%	55.6%	72.5%	87.5%	104%	151%	147%

资料来源：Gurufocus.com.

如你所见，2012 ～ 2018 年，苹果的负债权益比率一直

稳定在 100% 以下。直到 2019 年，这一指标才上升至 100%
以上，主要原因是新冠疫情期间利率接近 0%。这样的市场
环境给苹果创造了极好的机会，让它能以极低的成本举债。
与此同时，苹果一直在回购股票，这降低了财报上的留存
收益（因此也降低了股票的账面价值）。从表面上看，这两
个因素似乎导致了苹果的杠杆率飙升。巴菲特不太可能对此
感到担忧。考虑到公司持有的现金，加上短期和长期有价证
券，苹果实际上是零债务的。

自由现金流

巴菲特会搞清楚，一家公司是否有足够强大的自由现金
流来维持目前的运营，公司是否会留存收益用于未来投资。

管理层在投资方面的历史业绩如何？请参阅第五章，深
入了解自由现金流的计算过程。表 6-5 显示了苹果公司的自
由现金流，以及每年增长 / 下降的百分比。

表 6-5 苹果公司自由现金流

	2012	2013	2014	2015	2016	2017	2018	2019	2020	2021
自由现金流（10 亿美元）	41.5	44.6	49.9	69.8	53.5	51.8	64.1	58.9	73.4	93
年度增长（下降）(%)		7.5	11.9	39.9	−23.3	−3.2	24	−8	24.6	26.7

资料来源：Gurufocus.com.

2012 ~ 2021 年，苹果的自由现金流总体上是健康的。根据上述数据，2013 ~ 2021 年，苹果的自由现金流年复合增长率达到 9.4%。

留存收益

2012 ~ 2020 年，苹果将其留存收益的 75% 用于再投资。在过去 10 年的大部分时间里，苹果也一直在回购大量股票，这在一定程度上也助推了其股价上涨，并导致苹果在 2020 年分拆股票。

表 6-6 显示了苹果公司的留存收益。

表 6-7 显示了苹果公司稳健的股息支付率，计算方法如下：

$$股息支付率 = 股息 / 净利润$$

最后，表 6-8 显示了苹果公司的留存收益率，计算方法如下：

$$留存收益率 = 1 - 股息支付率$$

除了继续投资夯实其已经非常强大的消费品牌外，苹果还实施分红并回购自家股票。

表 6-6 苹果公司的留存收益

	2012	2013	2014	2015	2016	2017	2018	2019	2020	2021
留存收益（10 亿美元）	101.3	104.3	87.2	92.3	96.4	98.3	70.4	45.9	15	5.6

资料来源：Gurufocus.com.

表 6-7　苹果公司稳健的股息支付

	2012	2013	2014	2015	2016	2017	2018	2019	2020	2021
股息支付率	6%	28.7%	21.5%	21.5%	26.2%	26.1%	22.8%	25.2%	24%	15%

资料来源：Gurufocus.com.

表 6-8　苹果公司的留存收益率

	2012	2013	2014	2015	2016	2017	2018	2019	2020	2021
留存收益率	94%	71.3%	71.9%	78.5%	73.8%	73.9%	77.2%	74.8%	76%	85%

资料来源：Gurufocus.com.

不要完全依赖数学模型

芒格说："我见过的一些最糟糕的商业决策，都是在详细分析之后做出的。"[46] 一个人所依赖的数学越精细，模型被误用的可能性就越大。

然而，商学院的教授不是靠鼓吹经验法则来获得终身教职的；他们的成功往往建立在改进复杂模型的基础上。[47] 例如，可以想想导致 1998 年长期资本管理公司（LTCM）对冲基金灾难的金融模型滥用。[48] 这家基金公司主要是由专家、学者创立和运营的，其中包括两位诺贝尔经济学奖得主。公司运用复杂而严密的数学模型，在短短几年内就产生了令人羡慕的收益。但在 1997 年亚洲金融危机和 1998 年俄罗斯金融危机期间，他们让投资者暴露于风险之中。长期资本管理公司的净值暴跌，为了防止引发全球性的金融风险，各家银行不得不以总计 36.5 亿美元的代价救助它。[49] 尽管巴菲特认可现金流折现的原则，但他并不相信这些模型。芒格说，他从未见过他的合伙人真正地做过正式的贴现现金流分析。[50]

在本章的结尾，我将详细分析巴菲特和芒格是如何对苹果未来的现金流进行贴现的。

伯克希尔的内在价值预测

在 2017 年伯克希尔股东大会上，一位股东问了巴菲特和芒格一个有趣而尖锐的问题：他们预计伯克希尔－哈撒韦的内在价值在未来十年内会增长多少？在考虑了未来利率的情况下，他们是这样回答的：

巴菲特： 在给出答案之前，如果我只能选择一项关于未来的数据来问你，我不会问你关于 GDP 增长的问题。我不会问你谁会成为下一任总统。我会问你未来 10 年或 20 年的平均利率是多少。如果你假设我们现在的利率结构很可能是未来 10 年或 20 年的平均水平，那么我认为伯克希尔每年内在价值的增长要达到 10% 是非常困难的。[51]

巴菲特承认，预测未来利率是为这一问题提供可靠答案的唯一方法，但这很难做到。巴菲特说，最可靠的衡量标准是回顾伯克希尔一段时间以来的表现：

巴菲特： 我想说，伯克希尔出现糟糕结果的可能性很低，不过表现出彩的可能性也很低。所以，我最好

的预测是在 10% 以内，但这里有个前提，假设在未来
的 10 年或 20 年里，利率会比我们过去 7 年要高一些。

　　芒格：我认为我们还有另一项优势。很多人都想努力
变得聪明。我们只想努力保持理性。这是一项很大的优势。
试图变得聪明是危险的，特别是当你在赌博的时候。[52]

自由现金流贴现分析：以苹果公司为例

　　在我详细介绍使用现金流贴现法计算苹果公司的估值之
前，请注意，一些业内人士使用了更详细的参数。我的估值
是有意为小白设计的。正如芒格和巴菲特所说的那样，估值
既是一门艺术，也是一门科学，任何人使用任何估值工具，
都应从估值区间的角度去考虑。

　　DCF 模型用于根据公司或证券未来产生的现金来估值，
这些现金被贴现为现值。DCF 模型的适用范围包括：可产
生租金的房产、投资项目或企业的部分所有权、公司并购、
债券或普通股。它根据贴现后的未来现金流来估算当前的投
资价值。

　　DCF 模型包含两大要素：

　　要素一：预测期。预测期可以是 5 ～ 10 年。[53] 现金流
贴现法根据现值计算预期的未来现金流量。[54]

为了理解现值，假设你的储蓄账户里有 100 美元。你可以获得 1% 的年利率。一年后，你将拥有 101 美元。今天的 100 美元和一年后的 101 美元，这两者是相等的。也就是说，它们具有相同的经济价值。这一概念被称为"金钱的时间价值"。[55]

DCF 分析使用贴现率计算未来现金流的减少（贴现）。[56]有吸引力的投资是指未来现金流的现值高于投资的初始成本。[57]贴现率是由投资者估计的，它可以根据被投企业的预期风险或其他情况而有所不同。[58]DCF 模型作为一种预测模型，对未来的展望越远，效果越差。[59]

要素二：终值。终值（TV）用于在一定时间框架内（通常为 5 年），对可以合理预测的年度现金流进行预测。[60]终值一般通过以下两种模型来计算：①永续增长（戈登增长模型）或②退出倍数。[61]戈登增长模型假定，公司未来发放的现金股利保持一定的增长率并且永久地持续下去，超过 DCF 可以合理预测的时间点。[62]退出倍数模型假定，企业在预测期期末被出售。[63]戈登增长模型被认为是更偏于学术的，而退出倍数更多地被投资者们运用于实践。[64]

终值类型

永续增长法。这种终值计算方法，估算了公司在预测期之后的价值。它假设自由现金流将从未来的某个时间点开始以稳定的速度永续增长。计算公式如下：

$$终值 = \frac{FCF \times (1+g)}{(d-g)}$$

这里，

FCF = 预测期的自由现金流（相关阐述详见第五章）

g = 永续增长率

d = 贴现率（通常是加权平均资本成本，WACC）[65]

退出倍数法。根据投资百科：退出倍数法通过将财务统计数据，如销售额、利润，或息税折旧及摊销前利润（EBITDA），乘以最近被收购的同类公司的市销率/市盈率等常数，来估算出合理的价格。使用退出倍数法的终值计算公式是最近的指标（如销售额、EBITDA 等）乘以决定倍数（通常是其他交易最近退出倍数的平均值）。[66]

现金流贴现法的缺点

应用 DCF 模型的主要难点是选择在模型中放入哪些数字。因此，你需要做一些假设。如果你对现金流的估值过高，你的投资可能会有波动，这可能会影响你未来的收益。此外，投资者可能会因为对现金流的估值过低而错失良机。选择合适的贴现率是至关重要的，否则，这个模型毫无用处。[67] 即使所有的计算都是正确的，不稳定的经济和不可预测的"黑天鹅"事件总是作为潜在的风险存在，它们会破坏DCF模型的可靠性。

终值往往对永续增长率高度敏感。换句话说：输入永续增长率的微小差异，会对终值的估算产生巨大影响，从而对内在价值产生巨大影响。[68]

传统的现金流贴现法还有一项缺点，它无法捕捉到目前没有产生可衡量现金流的举措所创造的价值。换句话说，苹果品牌的期权价值与它的特许经营价值息息相关。通过应用已嵌入苹果研发工作的知识产权，其中一些举措将创造未来的价值。

巴菲特是如何估值的

芒格说，他从未见过巴菲特在正式场合使用DCF模型，[69]但巴菲特对数字确实有非凡的直觉。当我带着一群学生去奥马哈与巴菲特会面时，我问他："你如何评估一家公司的价值？"巴菲特回答说："用现金流贴现法。"[70]芒格说他从未见过巴菲特这么做，巴菲特自己却承认这种方法的实用性，我们如何评价这两件事呢？我认为答案很简单：巴菲特大多是在脑子里做的。

巴菲特关注的是一家公司过去10年的自由现金流。他还使用30年期债券利率作为贴现率，然后加上他认为的特定投资的风险溢价。[71] 底线是，你不能依赖于某一个具体的估值。你必须调试各种场景，计算估值的潜在范围，然后做出决定。

苹果公司的估值过程

为了理解巴菲特如何给苹果公司估值，我创建了以下的公式和程序。我只做了一次计算，保守估计苹果的现金流增长率为 10%。这是基于我们之前的分析，在过去的 10 年里，苹果的平均增长率是 10%。我估算 2022 年 6 月的贴现率，也被称为"门槛回报率"[72] 或 WACC（因为这是你投资所需的最低投资回报率）为 10%。此外，我使用保守的 2% 作为永续增长率。

假设

- 根据之前对苹果公司自由现金流的分析，我们可以估计，未来 10 年，它将以每年 8% 的复合增长率持续增长。
- 考虑到通货膨胀的影响，每年采用 10% 的贴现率。
- 在第 11 年及之后，我们假设公司现金流的永续增长率为 2%。
- 所有金额的计价单位都是 10 亿美元。

声明：有的从业人员／学者可能倾向于对苹果公司的自由现金流计算进行详细调整。为了便于分析和保持简洁，我尽量简化我的思路。贴现率通常是 WACC。由于苹果拥有巨额的现金和投资，这就抵消了它的债务。因此，我将苹果的股权成本作为我的贴现率。我用资本资产定价模型（CAPM）计算了股权成本。

资本资产定价模型

$$Rf + Beta\ (ERm-Rf)$$

无风险利率（Rf）=3.44%，即 10 年期美国国债收益率

Beta=1.21，这是衡量证券或投资组合相对于市场波动性（系统风险）的指标

市场风险溢价（$ERm-Rf$）= 5.5%，这是标普 500 指数高于美国国债收益率的历史长期平均回报率

$$权益成本 = 3.4\% + 1.21 \times 5.5\% = 10\%$$

第一部分：折现现金流预测期

DCF 的计算公式是：

$$DCF = \frac{FCF_1}{(1+r)^2} + \frac{FCF_2}{(1+r)^2} + \frac{FCF_n}{(1+r)^n}$$

这里，

FCF= 给定年份的自由现金流，FCF_1 是第一年的自由现

金流，FCF_2 是第二年的，FCF_n 是以后年份的

$$r = 折现率^{73}$$

$1 \sim 10$ 年现金流折现值 $=841.89$（10 亿美元）（见表 6-9）

终值计算

第二部分：终值——永续增长法

终值计算须估算公司在预测期后的价值。记住，计算终值的公式如下：[74]

2022 的年估值：

$$终值 = \frac{(FCF \times (1+g))}{(d-g)}$$

因此，苹果公司的终值如下：

终值 $=(FCF \times （1+g）) / （d-g）=（200.78$
（10 亿美元）$\times （1+0.02）） / （0.10-0.02）$
$=204.7956/0.08=2559.95$（10 亿美元）

这里，

$FCF = 200.78 =$ 预测期的自由现金流

$g=0.02 =$ 永续增长率

$d=0.10=$ 贴现率（通常是 WACC）

表 6-9 苹果公司预计自由现金流

未来自由现金流的现值

年份	2021	2022	2023	2024	2025	2026	2027	2028	2029	2030	2031	合计
前一年自由现金流（10 亿美元）	93	100.44	108.48	117.15	126.53	136.65	147.58	159.39	172.14	185.91	200.78	
增长率（%）	8	8	8	8	8	8	8	8	8	8	8	
贴现系数		0.9091	0.8264	0.7513	0.6830	0.6209	0.5645	0.5132	0.4665	0.4241	0.3855	
现金流贴现现值（10 亿美元）		91.31	89.65	88.02	86.42	84.85	83.30	81.79	80.30	78.84	77.41	841.89

$$终值的贴现值 = 2559.95（10亿美元）\times 0.3855$$
$$= 986.97（10亿美元）$$

2022年的企业价值 = 未来现金流的贴现值 + 终值的贴现值

$$1 \sim 10年未来现金流的贴现值 = 841.89（10亿美元）$$

$$10年后终值的贴现值 = 986.97（10亿美元）$$

$$内在价值 = 841.89（10亿美元）+986.97（10亿美元）$$
$$= 1828.86（10亿美元）$$

$$流通股（十亿）=161.9（亿股）$$

$$每股内在价值 = 1828.86（10亿美元）/16.19=112.96美元$$

$$2022年6月16日的股价 = 130.06美元$$

股价被高估或低估的结果为，高估15.1%。

如前所述，巴菲特认为估值更像是一门艺术，而不是一门科学。这就是为什么巴菲特不仅仅限于使用DCF的估值方法。例如，在上述案例中，你可以调整自由现金流中的永续增长率和/或权益成本，从而产生不同的估值。我还假定权益成本为11%和12%来算过估值。在权益成本为11%的情况下，苹果股票的每股内在价值为99.06美元，高估31.3%。在权益成本为12%的情况下，苹果股票的每股内在价值为88.01美元，高估47.8%。当然，如果未来10年的永续增长率为4%而不是2%，那么苹果公司的价值将显著提高（为134.86美元/股），并且，关于苹果当前股价是高估还是低估会出现相反的结论。

　　这是在一系列输入条件下，对苹果进行估值的一个案例。在上述案例中，为了尽量简化，我们只改变了权益成本。估值往往对贴现率和增长预期最为敏感。

　　在我们共进午餐期间，巴菲特明确表示，他认为 DCF 模型是评估一家公司价值的重要基础工具。

| 第七章 |

如何做出更好的投资决策

对于大多数基金经理来说，选股更像是摇骰子而不是打扑克……在某一年取得投资成功的基金大多靠的是运气，他们骰子摇得不错。研究人员普遍认为，几乎所有的选股者，不管他们懂不懂选股（事实上很少有人懂），他们都是在碰运气。[1]

——丹尼尔·卡尼曼

沃伦·巴菲特建议，要想成为一名成功的投资者，你必须弄懂两件事。其一是如何评估一家公司，如第六章所述。其二是如何理解人性。这就是我们接下来要探讨的。我们来进入一个相对较新的领域，了解一下行为金融学的概念。

行为金融学是建立在丹尼尔·卡尼曼和阿莫斯·特沃斯

基教授开创性研究工作的基础之上的。2002 年，卡尼曼荣获诺贝尔经济学奖，2011 年，卡尼曼出版了著名的《思考，快与慢》，[2] 这本书探讨了几种影响人类行为的算法和偏见，它们的影响超出了我们的认识。其中包括损失厌恶、过度自信、乐观、框架效应和沉没成本。

即使巴菲特和芒格没有明确地使用"行为金融学"这一术语，但实际上他们每天都在实践。他们知道，在做投资决策时，只评估一家公司的价值是不够的。至少同样重要的是，要检查自己是否存在可能导致投资者犯错的偏见，并养成习惯。

行为经济学是一门研究范围更广的学科，它否定了人们以完全理性的方式行动的经典假设，并研究文化、心理和其他因素如何影响经济决策。[3] 卡尼曼和特沃斯基的研究阐明了这些思维习惯，并展示了它们如何导致非理性的决策和不正确的选择。他们提出的第一个主要概念被称为"前景理论"。[4] 它是目前行为经济学的基础理论之一。

行为金融学将行为经济学的一般经验应用于一个特定的类别：投资者群体。行为金融学认为，像其他行为经济人一样，投资者也会受到心理偏差的影响，而经典经济学的观点会认为这是非理性的。[5]

投资者会受到认知和情感偏误的影响。一方面，认知偏差源于经济模型的失败或局限性，不完整或不准确的信息以及其他的错误因素。另一方面，情绪偏误不一定是错误，但当投资者被某些投资活动的快乐或痛苦所引导时，就会产生情绪偏差，这会影响他们对潜在结果的分析。[6]

保持理性，摒除来者

行为金融学领域最著名的人物之一是理查德·塞勒，他是芝加哥大学行为科学与经济学特聘教授。塞勒是心理学和经济学交叉研究的杰出代表，因对行为经济学的贡献而荣获 2017 年诺贝尔经济学奖。[7] 塞勒还写过几本关于行为经济学的畅销书，同时他也是富勒－塞勒资产管理公司的负责人，在那里，他将自己对行为金融学的见解应用于投资决策。2015 年，塞勒还现身电影《大空头》，这部影片体现了好莱坞对次贷危机的阐释。塞勒和他的合著者卡斯·桑斯坦在 2008 年出版的《助推：如何做出有关健康、财富和幸福的最佳决策》一书中写道："人们经常会做出糟糕的选择，回头看时也会感到困惑。我们写这本书是因为，我们作为人类，都容易受到各种各样的常规偏见的影响，这些偏见可能导致我们在教育、个人理财、医疗保健、抵押贷款和信用卡消费以及幸福人生等方方面面犯下令人尴尬的错误。"[8]

塞勒后来的一部著作《"错误"的行为：行为经济学的形成》以一则趣闻开篇，讲述了他的商学院学生宁愿在 137

分制中得到 96 分，也不愿在 100 分制中得到 72 分，尽管 72 分实际上是更高的分数。[9] 学生们讨厌得到数字意义上的 "低分"，尽管他们知道这个分数能确保在成绩单上拿 "A"。[10] 看到 90 分或 100 分的成绩会让学生们感到快乐。这种 "非理性" 的偏好似乎是对理性行为人的经典假设的诅咒。作为个体而言，这些学生似乎是不理性的，或者做出了 "错误" 的行为。[11] 然而，这些年轻的学生可能拥有全国最有逻辑、最有前途的商业头脑。毫无疑问，塞勒的一些学生后来成了投资者。随着时间的推移，他们可能会变得更加老练。然而，非理性的认知偏差仍然存在。塞勒继续谈到投资者："损失厌恶（以及短期思维的倾向）会抑制适当的冒险。"[12]

凯瑟琳·埃尔金斯总结了塞勒避免自己犯下这些错误的建议："构建投资组合，以股票为主；每年只检查一次你的投资组合；不要关注新闻。配置好了就忘掉它。"[13] 对很多人来说，这听起来很容易。如果你在看电视时发现股市下跌了 3% 怎么办？很多观众会冲到电话前，开始抛售股票以止损，对吧？在塞勒看来，这是完全错误的做法。他对英国《金融时报》表示："换台。把节目关掉。我的懒惰策略是尽量少做，只买股票，然后不去关注市场，让我受益匪浅。"[14]

在 2014 年伯克希尔 - 哈撒韦的年度报告中，巴菲特也给出了类似的建议："市场上随时可能发生任何事情。没有任何顾问、经济学家或电视评论员可以告诉你，混乱何时会发生，当然我和芒格也不能。市场预测能填满你的耳朵，但永远都无法填满你的钱包。"[15]

行为金融学领域的另一位领军人物是丹·艾瑞里，他是杜克大学心理学和行为经济学教授，进阶后知之明中心的创始人。[16]艾瑞里的网站名也很古怪，叫"我的非理性生活"。[17]

艾瑞里的研究对比了人们实际上会如何做出财务决策，以及如果他们的行为完全理性，他们会如何表现。艾瑞里的著作包括《怪诞行为学：可预测的非理性》[18]和《怪诞行为学2：非理性的积极力量》。[19]

和塞勒一样，艾瑞里也不鼓励投资者定期检查投资组合的价值，因为市场波动和可能导致的错误决策会引发焦虑，即使是金融专家也不例外。在2007～2009年的金融危机期间，艾瑞里一度故意将自己的账户锁起来。他告诉CNBC："如果我们看着账户波动，我们只会更加痛苦。不仅如此，我们还会想去动它。"[20]

从历次金融危机中学到的

近年来影响全球金融市场的一个例子是2020年初在美国暴发的新冠疫情。为遏制病毒传播而中止商业活动的结果是，美国股市从2月中旬的高点暴跌34%，至2020年3月23日达到低点，这是美股历史上最快速的杀跌。[21]这引发了自 20 世纪 30 年代大萧条以来最严重的经济危机。

事实上，根据经济学家们的说法，经济衰退本身只持续了两个月，4 月份就已经结束了。[22] 但对于很多突然失业或就业时间减少的人来说，情况并非如此。

像往常一样，当危机发生时，媒体会向巴菲特寻求财务建议。他的建议是什么呢？按兵不动，不要做大的改变。换句话说，什么都不做。

事实上，在美国政府的支持下，经济形势会自行好转。美联储开始通过购买各种债券向市场注入更多的流动性。在 8 周内，美联储向美国金融体系注入了比大衰退时期更多的流动性。这反过来推高了资产价格，支撑了经济。巴菲特是对的。最好的办法就是对美国经济保持信心，不要恐慌。

大衰退：2007 ～ 2009 年

2007 年 8 月，过热的美国房地产市场开始走向崩溃。受此影响，道琼斯指数在达到峰值后下跌了超过 50%，而金融机构的投机和毫无底线的放贷行为则进一步助推了房地产市场的崩溃。许多投资者疯狂抛售。但在 2009 年 3 月，市场开始复苏。4 年后的 2013 年 3 月，道琼斯指数突破了 2007 年的高点。[23] 再说一次，静静呆坐，等待危机过去是最好的做法。这是巴菲特和行为金融学学者们的一致推荐。

互联网科技泡沫：2000～2002 年

1995～2000 年，互联网公司的市值飙升。其中绝大多数公司实际上并没有利润来支撑它们股价的疯涨。但纳斯达克指数仍在飙升，涨幅超过 440%。1999 年，巴菲特因为伯克希尔－哈撒韦的市场表现不佳（低于标普 500 指数约 40 个百分点）而饱受批评。[24,25] 但事后看来，巴菲特的行为似乎很谨慎，他并未被互联网股票的海市蜃楼所愚弄，这些股票的价格仅仅建立在市场狂热的基础上。[26,27] 事实上，纳斯达克指数在 2000 年 3 月 10 日达到 5048.62 点的峰值，在 2002 年 10 月 4 日跌至 1139.90 点的谷底，在此期间，市场经历了 76.81% 的下跌。换句话说，这是一次崩盘。[28]

巴菲特坚持独立思考，这种逆向思维虽然在短期内会给他造成压力，但从长期来看却是大有裨益的。纳斯达克指数复苏乏力，即使将股息考虑在内，它也花了 12 年 ⊖ ，直到 2014 年 11 月才回到 2000 年 3 月的水平。由于伯克希尔－哈撒韦近年来的表现再次差于市场，我们可能也想知道，今天的经济是否具有巴菲特过去看到的泡沫特征。[29,30]

大萧条

1929 年 9 月 3 日，道琼斯指数达到 381.17 点的峰值。

⊖ 从 2002 年 10 月的指数低点算起。——译者注

在大萧条之后，直到1954年11月23日，也就是25年之后，道琼斯指数才回到1929年的峰值。[31] 官方数据显示，从1929年股市崩盘到美国加入第二次世界大战，这场经济萧条持续了10多年。在1933年的最低谷，25%的美国工人失业。[32] 痛苦而缓慢的经济复苏，使很多美国人呼吁政府发挥更大的作用。这促成了老年人社会保障和失业补偿制度的建立。

危机总结

正如你所看到的，这些指数回到原来的高点所花费的时间长短不一。然而，随着时间的推移，我们似乎已经学会了如何应对这些危机，因为我们的股市恢复时间已经从25年（大萧条）缩短到14年（互联网科技泡沫），再到4年（大衰退），再到两个月（新冠疫情）。同样值得注意的是，时间框架的缩短似乎也与政府介入市场的强度呈正相关。由于存在一定的道德风险，这已成为激烈辩论的主题之一。一般来说，"道德风险"一词指的是商业合约中，一方有动机冒着非常的风险，不顾一切地试图在合同结算前赚取利润。[33] 在这种背景下，政府介入市场所引发的对道德风险的担忧是，投资者可能更有可能轻率地冒险，认为政府会在经济灾难期间拯救市场。然而，对这一问题的全面论述超出了本书的范围。

克服 7 种投资偏误

以下是导致错误投资决策的 7 种主要偏误，甚至巴菲特也犯过其中的一些错误。我将在第八章中讨论这些问题。

1. 从众心理

顾名思义，从众是指投资者追随一种时尚或趋势，而对其可行性不做过多的分析。这是一种最典型的行为偏误。它可能发生在市场危机期间，但它也可能导致一个行业被高估，从而使这些危机长期存在。芒格称这类投资者为"旅鼠"，他对这种现象尤其着迷。几乎在伯克希尔－哈撒韦的每一次年度股东大会上，芒格都会谈到这一问题。

在 2008 年伯克希尔股东大会上，巴菲特对"旅鼠"是这样评价的：

> 我 11 岁就开始投资了。我的投资源于我对阅读的热爱，我相信应该阅读眼前的一切。我第一次读到投资方面的书，大概是在我六七岁的时候。但是有八年的时间，我一直在做技术分析，以及其他各种各样的尝试，然后在我 19 岁的时候，我读到了《聪明的投资者》这本书，当时我在内布拉斯加大学读书。
>
> 我想说的是，如果你吸收了《聪明的投资者》所讲的投资智慧，尤其是我在前言中特别推荐的第 8 章和

第 20 章，你就不会像旅鼠一样行事，你会比旅鼠做得更好。

关于如何看待股票，有三点非常重要：第一，把股票看作是生意的一部分；第二，你对市场的态度应该是，让市场为你服务，而不是指导你；第三，要有安全边际，总是留出一些额外的空间和余地。

但我认为，来到这里参加股东大会的人，已经学到了重要的第一课。我的意思是，我认为伯克希尔的大多数股东并不觉得自己持有的是一串代码，也不会觉得自己持有的股票可能会带来有利或不利的收益预期，或者类似的东西，他们更倾向于认为自己拥有的是一组企业。

这就是看待股票的方式。如果你那样做，你就永远不会成为旅鼠。[34]

根据巴菲特的说法，对投资者而言，以所有者而不是投机者的身份投资股票，是避免陷入"从众心理"的一剂良方。

"从众心理"近期的一个典型案例是所谓的 FAANG 股票（脸书、亚马逊、苹果、奈飞和谷歌）在 2020 年的股价飙升。类似的情况发生在 2019 年，39% 的新进投资流入了上一年表现排前 10% 的共同基金。[35] 鉴于过去的表现并不能保证未来的表现，这实际上说明了从众心理的普遍存在。主要依靠过去的业绩来做出决策的投资者，往往做得最差。[36]

金融市场中的从众心理。从众心理的基本驱动因素是，作为人类，我们倾向于服从集体意志。如前所述，在互联网科技泡沫时期，能产生丰厚利润的公司极少。然而投资者们还是蜂拥而至，狂热地买入了这些股票。

即使是最看重数据的投资者也会轻易发现，从逻辑上讲，违背大众意愿是令人痛苦的。特立独行常常会引发我们的恐惧，因为如果每个人都在投资苹果公司，而你却决定走反方向，你可能看起来像个傻瓜。[37] 心理学家发现，逆势而动的投资者实际上会感受到更多的肉体疼痛。[38] 一项研究将逆向投资行为比作"壮士断臂"。[39]

从众心理的案例——康菲石油公司（2008 年）。巴菲特是人不是神，他也不能对人类的弱点免疫。2008 年，石油价格飙升至历史高点，这为股东带来了高额的股息，并吸引了一群新的投资者入场。巴菲特就是其中之一。当石油和天然气价格接近当年高点时，巴菲特出手买入了康菲石油公司的股票。后来，在 2008 年致伯克希尔股东的信里，巴菲特承认了这一错误：

> 去年，我犯下了一个重大的投资错误（也许不止一个，但这个错误比较突出）。在石油和天然气价格接近峰值时，我擅自购买了康菲石油公司的大量股票，这与芒格或其他人无关。我完全没有预料到今年下半年能源价格的大幅下跌。我仍然相信，未来油价远高于

当前每桶 40 ～ 50 美元的可能性很大。但到目前为止，我简直错得离谱。此外，即使未来油价上涨，我选择入场的糟糕时机，也使伯克希尔损失了数十亿美元。[40]

事实上，这一举动可能是从众心理和过度自信的共同作用。

如何克服从众心理。记住巴菲特的经验法则：别人恐惧我贪婪，别人贪婪我恐惧。从众心理往往会导致损失。避免从众心理最可靠的方法是进行严谨的分析。

2. 权威偏误

在写这本书之前，我密切关注着金融市场的新闻。我接受 CNBC 和彭博社的采访。我还看《华尔街日报》《巴伦周刊》《纽约时报》和大约 10 种其他报纸和杂志，以及各种各样的财经通讯。我试图用这些信息来预测未来。但它的主要作用是让我容易受到权威偏误的影响，这种偏误是指投资者特别重视那些被认为是专家的人，而这些人反过来又能影响金融市场。你可能已经认识其中一些人了，比如说吉姆·克莱默、贝基·奎克和 CNBC 节目《快钱》的团队。当然，巴菲特和芒格也可以说是权威，还有斯坦利·德鲁肯米勒、比尔·米勒、卡尔·伊坎、塞斯·卡拉曼、霍华德·马克斯、保罗·都铎·琼斯，以及杰里米·西格尔等专门研究投资的学者。

无论我从他们那里学到了多少专业知识，都没有让我对自己的认知更有信心，我觉得自己只是被信息淹没了。更糟糕的是，它导致我在市场脆弱的时候做出非理性的投资决定。我应该记得巴菲特讲的一条重要原则：不要试图预测未来。

我的难题。后来暴发了新冠疫情。美国民众不仅担心他们的安危，还突然看到金融市场陷入混乱。像往常一样，CNBC 采访巴菲特，问他对人们的投资有什么建议。巴菲特说，坚持到底。巴菲特经历过大萧条、二战、经济衰退、熊市、"9·11"事件，以及其他很多危机。没错，他从未经历过新冠疫情。但这并没有改变他对未来的基本计划。巴菲特建议说，坚持住，不要轻易改弦更张。

这是一个令人难以接受的建议。在巴菲特接受 CNBC 采访的前一天，标普 500 指数下跌了 3%。第二天又下跌了 3%。看起来，新冠疫情将大幅削减我的投资价值，所以我没有理会巴菲特的建议，迅速将 70% 的股票和 30% 的债券头寸转变为 15% 的股票和 85% 的债券头寸。我跑赢市场 20 个百分点以上，我自认为自己是个天才。但我基本离开了股市，因此我又遇到了新问题：我什么时候该回来？此外，我应该投资什么？

据我的观察，美联储向市场注入了更多资金，最终股市上涨。于是，我再次改变了投资组合的比例，增加了股票投资的头寸，现在我 50% 的持仓是股票。巴菲特"什么都不做"的建议可能是正确的做法。不过，"知"和"行"是完全不同的两码事。

如何克服权威偏误。不要认为你从专家那里得到的任何建议都是正确的。正如芒格所说，不要做一个旅鼠，要坚持独立思考。问问自己关于那些专家的问题。他们是谁？他们为谁工作？他们与你分享看法的动机可能是什么？这些观点可信吗？他们的历史表现如何？他们的名声如何？哪些信息来源在兜售他们的观点？这些信息源的独立性如何？在你做出决定之前，要建立起你自己的信息研究体系。

3. 损失厌恶偏误

卡尼曼和特沃斯基提出了损失厌恶的概念，也被称为"前景理论"。[41]其基本的概念是，对失去的恐惧远大于对获得的喜悦。事实证明，在人类心理学中，失去所带来的痛苦大约两倍于同等收获所带来的快乐。有鉴于此，人们甚至会规避合理的风险，以尽量减少任何损失的危险，即使这意味着放弃大量的潜在收益，从而遭受机会损失。他们甚至会冒很大的风险来避免失去他们已经拥有的资源。[42]正如芒格所言："对于你正在失去或快要得到而没有得到的东西，你可能会下意识地过度强调其重要性，人们之所以会陷入癫狂，正是源于此。"[43]

　　塞勒认为，损失厌恶是行为经济学家眼中最具杀伤力的武器："很多失败会让我们陷入财务困境……首先是损失厌恶……例如，从历史上看，投资股票市场比投资债券或储蓄账户能提供更高的回报，但股票的价格波动更大，在短期内会产生更大的损失风险。厌恶损失会阻止投资者利用股票的长期机会获利。"[44]

　　损失厌恶的案例。与直觉相反，我们对损失的厌恶可能会驱使我们承担更多的风险。当涉及收益时，人们倾向于规避风险；但当面临损失时，人们倾向于追求风险。这可能会带来令人不安的后果。例如，如果基金经理的基金在去年最后一个季度落后于作为基准的指数，他可能会豪赌一把。[45]

　　再讲一个例子。当次级抵押贷款市场开始升温时，我已经足够精明地预见了未来可能出现的问题，所以在大衰退的大部分时间里，我都是持有现金。然而，随着经济开始复苏，我手头上仍然持有大量现金。即使市场在上涨，我也不想冒损失金钱的任何风险。对损失的厌恶变成了一种无所事事。直到2009年7月，我和妻子更换了理财规划师，我们才重新投身市场。即便如此，也只是因为我们新的理财规划师建议我们这么做。

　　如何克服损失厌恶。如何对抗损失厌恶的心理？一个实用的方法是，总是使用固定止损单，让你在任何交易中的潜在损失最小化。止损单保证你会在某个价格卖出股票。例如，假设你以 100 美元的价格购买了苹果公司的股票。然后你在 90 美元的位置设下止损单。这意味着，如果你持有的苹果股票股价下跌 10%，即每股 90 美元，就会在公开市场上自动出售。这种策略限制了你的下行风险，尤其是避免你陷入无底的损失厌恶陷阱。[46]

克服损失厌恶的其他方法还有：

- 风险对冲，这意味着购买与初始投资相反的证券，例如在购买股票后再购买债券，因为它们的价格走向往往相反。
- 投资有稳定回报率的保险产品。这笔钱可以用来支付你的退休或其他费用。大多数年金能保证提供 3～10 年的收益。
- 投资波动性较小的证券（如政府债券、年金、定期存单）。
- 在做投资决策时，对心理偏误保持警惕。
- 对任何你想投资的公司进行分析，找出那些持续拥有强劲资产负债表和现金流的公司。[47]

解决方案需要两个投资组合。 一些财务规划师会构建两个投资组合，其一风险更高（伴随高回报），其二更稳定。这一策略来自卡尼曼做的一个实验。他让投资者想一想，如果他们损失了 10%、20% 或 30%，他们会做何感想。然后卡尼曼问他们，在每种情况下会做什么。"我的问题是，你认为，在什么情况下你会想要止损？在什么情况下你会改变主意？"[48] 卡尼曼了解到，几乎每个人的损失容忍度都不会超过10%。[49]

为了克服损失厌恶心理，卡尼曼让他的研究团队根据每个投资者的"后悔倾向"创建了两个投资组合，其一有风险，其二更安全。这两个投资组合分别进行管理和报告。一般来说，总有一个投资组合会比市场做得好。同时拥有两个投资组合，为投资者建立了心理缓冲，这让他们感到更安全，即使它们都是整体投资组合的一部分。事实证明，这种方法有助于投资者在市场横盘时免受恐慌和后悔的影响。根据卡尼曼的说法，即使是想象一下你的投资暴跌，找到那种感觉，对于避免因预期损失而产生的歇斯底里也是有价值的。[50]

4. 近因效应

近因效应，或者可得性偏误，是指在评价一个主题、概念、方法或决定时，依赖于立即出现在脑海中的事物的一种心理捷径。例如，遭受鲨鱼袭击的概率是1/3 748 067。[51] 然而，当新闻报道鲨鱼袭击时，人们会高估另一次袭击发生的可能性，所以他们会避免近期去海滩。

艾瑞里观察到：

我们太过于关注近期的迹象了，并且还会预期事情会继续这样下去。想想资产泡沫的产生，你就会发现这种情况经常出现。股市一直在上涨，我们便开始认为它肯定会一直上涨……我们很难处理海量的信息。当然，如今我们每天都面对海量的信息，那么我们会怎么办呢？我们会简化它。我们会陷入启发式偏误。我们只依靠其中的部分信息，也就是最突出的那一点儿信息。当然，这也意味着，最突出的信息可能也是所有人都知道的信息。因此，我们的观点跟其他投资者大差不差。如果每个人都处于信息过载的状态，而我们都在简化信息，那么我们就会倚靠最简单的信息来源，这可能是每个人都有的。[52]

有一项研究调查，分析了一家全美大型折扣经纪公司的个人投资者的交易决策。研究发现，投资者的买入决策似乎更易受近期投资回报的影响，而不是受某只股票近期表现不佳的影响。[53] 尽管这些投资在前一年的"表现超过市场40%"，[54] 投资者的策略却是完全失败的，因为他们卖出的股票比他们后来买入的股票表现更好。[55]

近因效应的案例。 上述研究还考察了大衰退期间的近因效应，研究发现，投资者收到的信息越新鲜，他们参与的交易次数就越多，这可能是因为他们试图在价格较低时买入。然而，相比于仅从市场角度考虑，这一策略非但没有减轻经济低迷的影响，实际上还导致投资者遭受了比预期更大的损失。在市场正常时期，投资者之间的大量交易也被证明与投资组合的表现呈负相关（凸显了塞勒"配置好了就忘掉它"的正确性）。[56]

就连巴菲特也容易受到近因效应的影响。虽然在 20 世纪 80 年代末，巴菲特购买了美国航空公司的优先股，后来他也坦承自己投资错了，但他在 2016～2020 年期间又购买了四家主要航空公司的股票，包括美国航空公司、美国联合航空公司、达美航空公司和西南航空公司（巴菲特可能是在他的一位或两位联合首席投资官的推动下做出的投资决策）。[57] 然后新冠疫情来袭，巴菲特卖掉了所有的航空公司股票，损失了大约 50 亿美元。[58]

巴菲特的决策似乎受到了近因效应的影响。特别是由于行业整合，航空公司的盈利能力不断提高。他似乎还强调了航空公司的高准入门槛，包括高昂的启动成本（如购置新飞机、消耗大量的燃料）、机场起降名额的竞争、严格的监管（特别是为了保护乘客）、品牌忠诚度和规模经济。对巴菲特来说，这些壁垒很有吸引力，他认为这些壁垒是可持续的，这将带来可观的股东回报。

如何克服近因效应。为了避免近因效应的影响，投资者需要检查公司的长期历史趋势。他们还必须设定目标，确定他们的风险承受能力，并坚持自己的财务计划。

5. 确认偏误

作为人类，我们会被确认而不是推翻我们观点的证据所吸引。我们会重视与我们现有观点一致的信息，也就是说，先形成一个观点，然后寻找让我们看起来正确的数据支撑。这是人类的天性，我们天生倾向于倾听与我们一致的意见。毕竟，忠言逆耳。不过作为投资者，只听得进相同的观点，这未必是最明智的做法。

假设你注意到苹果公司的股价刚刚下跌了20%。由于股价下跌，你可能有兴趣购买，但你又担心股价还会进一步下跌。你想确认今天买入是一笔不错的投资。于是你上网阅读投资文章，浏览电视节目，看那些谈论苹果公司的人说现在是买入苹果的好时机。所以你买入了苹果公司的股票。[59] 这就是确认偏误在起作用。

然而，更多时候，确认偏误会导致过度自信。举例来说，大多数分析师预计苹果股票的价格明年将上涨30%。这一观点在媒体对苹果的报道中得到了印证（当然，这些报道也受到了这些分析师言论的影响）。这种"相互印证"的效应，将促使更多投资者购买苹果公司的股票。与此同时，也有文章称，与中国的贸易摩擦可能对苹果造成毁灭性打击。但如果投资者已经对苹果公司的股票充满狂热，他们可能会忽略坏消息，只关注符合乐观预期的好消息。

　　如何克服确认偏误。确认偏误会影响人们方方面面的生活和决策，它经常会导致投资者无法做出最优的选择。为了避免这种情况的发生，投资者应尽可能多地聆听不同的意见。[60] 积极地征求你不同意的观点，并充分倾听。与自己争论，也允许别人挑战你。这也是巴菲特希望芒格唱反调的原因之一。软弱的领导会要求下属同意他们的每一个意见，并把任何不同意见都视为不服从的标志。反观巴菲特，他寻找的是一位能够提出相反意见的合伙人。毕竟只有这样的人，才能真诚地、尽力地带领企业做出最好的投资决策。

6. 后见之明偏误

　　后见之明偏误发生在尘埃落定之后，你会认为"我早就知道！"很有可能你考虑了很多潜在的结果，其中包括一些错误的结果。然而，由于你也考虑到了正确的结果，你会认为自己可以预测未来。[61] 后见之明偏误是投资者的普遍缺点，也是行为经济学中很受欢迎的研究领域之一，因为它经常会导致过度自信。[62] 对于那些我们之前所知道或相信的事情，后见之明偏误甚至会扭曲我们的记忆。

　　后见之明偏误的案例。巴菲特说过，他对谷歌和亚马逊这两个潜在投资项目就属于后见之明偏误。巴菲特和芒格曾表示，他们没有投资谷歌是一个巨大的错误。在谷歌成立之初，谷歌创始人谢尔盖·布林和拉里·佩奇就向巴菲特和芒格推销过他们的公司，希望获得投资，但巴菲特和芒格拒绝了。回顾这一错误，巴菲特说他们应该知道要投的，因为盖可保险通过在谷歌上的广告获得了巨大的流量。[63]

另一个错误是没有及早投资亚马逊。直到 2019 年，他们才开始投资那家公司。巴菲特盛赞亚马逊创始人杰夫·贝佐斯是"我们这个时代最杰出的企业家"。[64]

这两个错误可能都是由于巴菲特对科技公司不感兴趣造成的。

如何克服后见之明偏误的心理。为了避免落入后见之明偏误的窠臼，我创建了一份表格，列出了我所有的投资以及我买入它们的日期。随着时间的推移，我会一直追踪它们的表现，以挑战我的思考。例如，假设我打算投资一家公司（比如说苹果），就像巴菲特一样，在我扣动扳机之前，我会关注它一段时间。正如巴菲特所说，有时他会为了购买一只股票而等上 10 年。我会做足功课，然后以我满意的估值买下这只股票。

7. 心理账户偏误

当我们谈论心理账户时，我们指的是人们如何看待金钱。这一概念是塞勒在 1999 年提出的，用来解释人们对各种各样的资金进行不同且非理性的分类，从而导致错误和糟糕的财务决策。[65] 例如，有些人可能会把钱放在低收益的储蓄账户里，而不是偿还高利率的债务。实际上，后者更有利于他们的钱包。

心理账户侧重于支出的预算和分类。例如，有些人会把他们的资金分成两个账户：一个账户用于家庭开支（比如说为了购买或修缮房屋而存的钱），另一个账户用于其他开支（比如说支付油费、水电费以及购置衣物）。[66] 对于同一种资源，人们通常有几个心理账户，比如说有的人买杂货有个预算，去餐馆吃饭有另一个预算。很多人会在一种消费预算耗尽时加以限制，而纵容另一种消费，即使两者用的都是相同的可替代性资源（收入）。[67]

心理账户假设大多数人的支出有两种类型：一种是可以随意消费的钱，比如不劳而获的礼物、奖金；还有一种是工作挣来的钱。有些人可能还认为，他们可以用一个账户来存放他们"损失得起"的钱，用另一个账户来存放他们"损失不起"的钱。[68] 这可能导致人们在"损失得起"的账户上冒太大的风险，从而招致巨大的损失。[69]

事实上，"所有的钱都是一样的"。[70] 为了避免心理账户偏误，投资者必须对所有的钱一视同仁，不管它放在什么"账户"里。[71]

心理账户偏误的案例。卡尼曼和特沃斯基在他们开创的"损失厌恶"理论中发现了心理账户的作用。这里有一个例子来说明它们是如何相互关联的：假设一名投资者拥有两只股票，一只是亏损的输家，一只是盈利的赢家（都是账面上的）。投资者需要现金，所以他必须卖出一只股票。受损失厌恶和心理账户的影响，投资者将卖出盈利的股票。然而，这是一个错误的决定！出售亏损的股票将提供税收优惠。它还能摆脱一项糟糕的投资，让投资者保留一项好的投资。[72]投资者卖掉盈利的股票，是因为他无法承受损失的痛苦。这充分说明，损失厌恶会导致非理性决策。[73]

另一个例子是，人们会把从赌场赢来的钱用于买一辆新的跑车，而不是偿还账单。

如何克服心理账户偏误。要想克服心理账户偏误，你可以这样做：最重要的是，要意识到钱就是钱，无论它是以礼物、退税还是工资的形式出现。尽量不要把你的钱分成不同的"类别"。无论钱来自哪里，都要明智且有逻辑地使用，以实现收益最大化和损失最小化。我把我所有的账户都记录在一个电子表格里。通过这种方式，我把所有的钱都视为同一种资源，这样有助于我做出决策。

小结

投资者需要注意的行为偏误有很多。以上总结了投资中最常见的七种偏误。巴菲特和芒格都强调在投资时拥有正确认知的重要性。了解自己的偏误，会帮你更好地保持理性。

第三部分

伯克希尔的历程：
投资案例复盘

第八章

从小纺织厂到跨国投资巨头：1967 ～ 2009 年

别人贪婪我恐惧，别人恐惧我贪婪。[1]

——沃伦·巴菲特

印第安纳大学杰克·吉尔特聘讲座教授唐纳德·库拉特科博士是这样评价巴菲特和他的企业家精神的："我想说，巴菲特展现了企业家的很多典型特质和技能。然而，随着他领导伯克希尔－哈撒韦不断发展壮大，并致力于收购交易，他通过企业创投成了一名企业家。"[2]

毫无疑问，巴菲特不仅是一位典型的企业家，还是一位具有创新与创业精神的企业家。他利用伯克希尔的资源和他对公司估值的惊人能力来收购企业、投资股票和进行其他交易。在本章和下一章中，我将结合伯克希尔的历史背景来展开阐述。

积极参与主动管理是巴菲特彰显企业家精神的方式之一。当他对一家公司进行巨额投资时，他经常在董事会占有一席之地（例如可口可乐公司、所罗门兄弟公司）。不像现在的主动管理投资者，他们通常寻求出售公司（或者至少进行重大重组），巴菲特是一个耐心的、乐于合作和提供支持的董事会成员，通过对董事会的影响，他也积极保护着他的投资价值。

此外，巴菲特还愿意承担风险，接受棘手的任务，他后来投资所罗门兄弟公司并担任董事长兼 CEO 就是在这种情况之下临危受命（这一话题将在下一章讨论）。现在这是主动投资的一种形式，早在这样的做法流行之前，巴菲特就已经身体力行了。巴菲特的与众不同之处在于他以坦率和透明而闻名，不像其他创业家 / 企业家，他们更倾向于对抗和强制，而且也没有长期主义的远见。

伯克希尔去中心化和追求卓越的企业理念是有效的，并且为股东带来了良好的业绩。我还认为，巴菲特积极参与一些公司的重大投资也对伯克希尔的成功产生了深远影响。

巴菲特目前管理的伯克希尔 – 哈撒韦，是一家总部位于奥马哈的跨国公司，总部员工只有 25 人。人们可能会想象，伯克希尔市值高达 7540 亿美元，其经济影响力超过很多中等规模的国家，那公司总部看起来应该就是世界级金融帝国的总部。但事实上，这家跨国公司仍然坐落在巴菲特 1962 年搬进的基威特大厦里，距离他家只有五分钟车程。

伯克希尔的办公室只占据了基威特大厦的一层楼。正如英国《金融时报》对这个充满魔力的投资圣地的描述："它简朴的吊顶、狭窄的走廊和破旧的地毯，看起来更像是社区中学的行政区，而不是一家庞大的金融帝国。"25 名总部员工穿着都很随意。每张办公桌上都摆满了家庭照片、贺卡和各种小玩意儿（小礼品或纪念品）。接待室的门上挂着一块牌子："像冠军一样投资！"[3]

巴菲特的企业管理哲学一直是雇用最优秀的员工，并给他们超越自我的自由。顶级人才不希望受到事无巨细的管理，巴菲特明白这一点。他也明白，自由是培养企业家精神的巨大动力。虽然外人可能认为伯克希尔－哈撒韦只是一家投资公司，而不是提供创业的温床，但巴菲特总是以企业家精神对待他的工作。这意味着重视创业和创新，允许员工自由地做他们最擅长的事情。

当然，这一方小小的公司办公室并不能反映伯克希尔在全球的足迹。算上旗下的 62 家企业，伯克希尔－哈撒韦拥有约 36 万名员工。2021 年第三季度，这些企业的销售总额为 2687 亿美元，净利润为 859 亿美元。伯克希尔的股票投资组合价值约为 3300 亿美元。伯克希尔还持有约 1500 亿美元的现金和短期投资。巴菲特拥有伯克希尔 30.7% 的投票权。

关于估值：2018 年，美国财务会计准则委员会（FASB）起草了一项新的美国通用会计准则（GAAP），要求所有公司根据出售资产或减轻债务时获得的金额对其证券进行估值，这就是所谓的"公允市场价值核算"。以前的会计准则允许公司按历史成本列出资产和负债，很多人批评其扭曲了公司报告的资产和负债。

然而，巴菲特认为，新的会计方法扭曲了伯克希尔作为一家公司的整体经济状况，主要是因为公司现在被要求每个季度调整其证券的报告价值。这种实时更新市值的记账原则与巴菲特的长期主义理念格格不入。此外，所谓的"按市值计价"的会计方法违背了巴菲特的一个重要观点：了解一家企业的经济状况，远比了解它在任何一个季度的交易情况要重要得多。[4]

表 8-1 列出了伯克希尔 - 哈撒韦持仓最多的上市公司，它们的价值、所在行业以及伯克希尔的持股比例。

多年来，伯克希尔 - 哈撒韦不断发展，其投资版图可分为四类：

1. 保险。
2. 能源及公用事业。

3. 制造业、服务业和零售业。

4. 金融及金融产品。

表 8-1 伯克希尔十大股票持仓（2022 年 6 月 17 日）

序号	代码	公司	行业	持股比例（%）	持仓数量（股）	市值（10 亿美元）
1	AAPL	Apple Inc.	消费电子	5.6	911 347 617	131.6
2	BAC	Bank of America Corporation	银行—全球性	12.8	1 032 852 006	33
3	KO	Coca-Cola Co.	软饮料	9.2	400 000 000	23.8
4	CVX	Chevron Corporation	石油和天然气	8.1	159 178 117	23.6
5	AXP	American Express Co.	信用服务	20.1	151 610 700	21.9
6	KHC	The Kraft Heinz Co.	包装食品	26.6	325 634 818	11.6
7	OXY	Occidental Petroleum Corp.	石油和天然气勘探与开采	16.3	152 713 846	8.8
8	BYDDF	BYD Co. Ltd.	电动汽车	7.7	225 000 000	8.4
9	USB	US Bancorp	银行—区域性—美国	9.7	144 046 330	6.5
10	MCO	Moody's Corporation	资本市场	13.4	24 669 778	6.3

资料来源：CNBC Berkshire Hathaway Portfolio Tracker (data from Securities and Exchange Commission filings).

伯克希尔的增长方式包括并购企业、买进普通股和优先股以及其他投资。有时巴菲特在开展这些交易时，会表现出了极致的企业家精神。以下是一些亮点。

伯克希尔 – 哈撒韦：1967～2006 年

正如第二章所述，1956 年，25 岁的巴菲特开设了自己的投资公司。巴菲特将这家公司命名为巴菲特合伙公司，资金来源于他的六位朋友及家人。第七位合伙人是来自佛蒙特州的物理学教授霍默·道奇，他只因为听说巴菲特很有才华，便一路开车到奥马哈，将家里毕生的积蓄都投给了巴菲特。1957～1961 年，巴菲特合伙公司获利 251%，而道琼斯指数只上涨了 75%。[5] 在金融圈，接下来发生的事情将成为传奇。

1967 年：国民赔偿保险公司和国民火灾及海上保险公司

1967 年 3 月，伯克希尔以 860 万美元收购了国民赔偿保险公司及其附属的国民火灾及海上保险公司。直到今天，国民赔偿保险公司仍然是伯克希尔大家庭中的一员。2004 年，巴菲特告诉他的股东们，这家保险公司为他的成功奠定了基础："如果我没有收购国民赔偿保险公司，伯克希尔的价值将只有今天的一半，我觉得非常幸运。"[6]

在巴菲特买下国民赔偿保险公司时，其有形净资产（总资产－负债－无形资产）为 670 万美元。巴菲特坚持他对保险业长期主义的信念，愿意多支付 190 万美元的溢价，因为保险业通常能稳赚承保利润。[7]

如今，伯克希尔 – 哈撒韦通过国内外 70 多家公司涉足保险和再保险业务。

巴菲特的高光时刻：1970～1998 年

1970～1998 年，伯克希尔 – 哈撒韦经历了非凡的成长，主要是靠收购实现的，其收购的代表性公司包括喜诗糖果、内布拉斯加家具城、波仙珠宝和华盛顿邮报。

1970～1983 年：蓝筹印花公司

蓝筹印花公司的商业模式，类似于今天的信用卡和航空里程奖励计划。顾客消费一定金额的钱就可以获得印花。这些印花可以根据参与商家的不同，兑换成餐厨用品、园艺工具等奖品。1970 年，伯克希尔 – 哈撒韦开始投资蓝筹印花公司。伯克希尔对其持股比例从 1977 年的 36.5% 增加到 1979 年的 60%。1983 年，蓝筹印花公司最终通过股票互换合并进了伯克希尔。[8] 在收购蓝筹印花公司的同时，伯克希尔还获得了喜诗糖果和韦斯科金融公司的股份。

1972 年：喜诗糖果

1972 年 1 月 3 日，蓝筹印花公司获得了喜诗糖果的控股权。后来，蓝筹印花公司以 2500 万美元的总价收购了喜

诗糖果 100% 的股权。当时，喜诗糖果的税前利润为 400 万
美元。如前所述，喜诗糖果是巴菲特最钟爱的投资项目之
一，因为它有强大的品牌和现金流，不需要过多的资本投
入，而且有能力随着通货膨胀而提高产品的价格。这些特质
为喜诗糖果构建出了护城河，而这正是巴菲特所看重的。喜
诗糖果生产高品质的产品，有自己的专卖店，因此产品售价
很高。在商业领域，这被称为"差异化战略"。

巴菲特和芒格一直称赞喜诗糖果是他们有史以来最好的
收购之一。在 2019 年伯克希尔 – 哈撒韦年度股东大会上，
巴菲特表示："我们投入了 2500 万美元，而它给我们带来了
超过 20 亿美元的税前利润，远超投入。"[9]

在每年的伯克希尔股东大会上，巴菲特和芒格都会吃喜
诗糖果生产的花生脆。喜诗糖果已经成为伯克希尔非官方的
吉祥物品牌，它是巴菲特健康形象的象征，也是狂热粉丝们
追逐的焦点。

1973 年：华盛顿邮报

巴菲特一度很喜欢报纸行业。正如第一章所述，巴菲特
的父母是在内布拉斯加大学林肯分校的学生报社工作时认识
的，他的外祖父母开了一家印刷厂。在巴菲特还是个孩子的
时候，他就挨家挨户地送报纸。

成年后，巴菲特想进军出版业。因此，在 1973 年，巴菲特开始买入华盛顿邮报的股票。截至 1985 年底，巴菲特最初持有的 1060 万美元的股份已经增值至 2.21 亿美元，[10]年复合回报率为 16.8%。

1977 年，巴菲特还收购了布法罗新闻报。在 2012 年之前，报业在伯克希尔的事业版图中所占的比重很小。2012年，巴菲特收购了 63 家地方性报纸，[11]并将它们集中到一家新成立的公司中，即伯克希尔–哈撒韦媒体集团（BH Media Group）。

但巴菲特很快发现，传媒行业正在经历严重的商业衰退，甚至连他儿时热爱的新闻和资讯都难以幸免，至少从经济上来讲是这样的。2014 年，巴菲特出售了伯克希尔–哈撒韦持有的 28% 的在华盛顿邮报公司的股份（当时该公司已经更名为格雷厄姆控股公司）。[12]2019 年，巴菲特略带伤感地谈到了这一点："在有强烈社区意识的城镇，没有比当地报纸更重要的机构了。但资产负债表不会说谎，报业是一个衰落的行业，那不是我们能真正赚到钱的地方。"[13,14]

与此同时，杰夫·贝佐斯以 2.5 亿美元现金收购了华盛顿邮报，[15]如今这家公司似乎比以往任何时候都更强大。难怪巴菲特声称，亚马逊创始人是有史以来最出色的企业家。

2020 年，由于缺乏广告收入，巴菲特以 1.4 亿美元将其在报业的全部资产出售给了媒体公司李氏企业（Lee Enterprises）。

1976 年：盖可保险

正如第六章所述，在职业生涯早期，巴菲特就认识到盖可保险是一家伟大的公司，但他犯了一个错误，那就是过早地出售了它。巴菲特又等了 25 年，才找到合适的时机重新买入。

20 世纪 70 年代中期，盖可保险濒临破产。1976 年，盖可保险聘请了一位充满活力的新任 CEO 约翰·伯恩。伯恩当时 43 岁，此前是旅行者集团的营销总监，换帅的这一举动引起了巴菲特的注意。巴菲特要求与伯恩会面，会面后的第二天早上，他就以每股 2.125 美元的价格购买了 50 万股盖可保险的股票。巴菲特在盖可保险的总投资达到 1900 万美元。

之后，巴菲特继续收购盖可保险的股票。截至 1980 年，伯克希尔拥有盖可保险 33% 的股份。[16] 5 年之后，这些股份增值至 5.96 亿美元。又过了 10 年，也就是 1995 年 8 月，巴菲特斥资 23 亿美元将盖可保险的剩余股份全部收购，[17] 盖可保险成了伯克希尔 – 哈撒韦的全资子公司。

1979 年：大都会 /ABC

巴菲特经常强调，要跟比自己聪明的人在一起。大都

会 /ABC 前董事会主席兼 CEO 汤姆·墨菲和他的长期商业
伙伴丹·伯克是巴菲特列入"比我聪明"名单的两个人。看
看墨菲和伯克提出的管理见解，你会注意到他们对巴菲特的
明显影响：

- 保持决策去中心化。
- 尽可能雇用最优秀的人才，并给予他们自主权。
- 实施严格的成本控制。
- 远离公众视线。
- 花时间与潜在客户建立关系。
- 不用股权融资。用内部产生的现金融资或举债融资，
  这些债务必须能在 3 年内还清。
- 直接与卖家接触，不参与任何恶意收购，不通过拍卖
  进行收购。
- 回报要求：10 年以上两位数的税后回报率，无杠杆。
- 先让卖家给出他们理想的价格，然后迅速还价，如果
  不能很快达成协议，那就应该罢手。[18]

1979 年，伯克希尔-哈撒韦开始买入美国广播公司
（ABC）的股票。1985 年，巴菲特向大都会提供了收购 ABC 所
需的 32 亿美元中的 5.5 亿美元。[19] 1996 年，伯克退休后，在
巴菲特的建议下，墨菲将大都会卖给了迪士尼。同时伯克希尔
出售了其在大都会的股份，这是一笔 25 亿美元的交易。[20]

2022 年，时年 96 岁的墨菲从伯克希尔 – 哈撒韦董事会辞职。[21]

1983 年：韦斯科金融公司

韦斯科金融公司是一家多元化的金融机构，总部设在加利福尼亚州的帕萨迪纳，蓝筹印花公司是其大股东。1983 年，伯克希尔并购了蓝筹印花，因此也将韦斯科金融收入囊中。1984 ～ 2011 年，芒格担任韦斯科金融的董事长兼 CEO。如今，韦斯科金融仍是伯克希尔大家庭中的一员。

1983 年：内布拉斯加家具城

1983 年，伯克希尔的股价已经超过了每股 1000 美元。那一年，伯克希尔通过一次握手和不到两页的合同，收购了美国最大的私人家具商店——内布拉斯加家具城 80% 的股份，价格是 5500 万美元。[22] 46 年前（1937 年），罗斯·布鲁姆金（B 夫人）在奥马哈创立了这家公司。

内布拉斯加家具城的交易，体现了巴菲特财务策略的一些关键支柱：了解你所投资的行业（这里是指零售业）；只有在你对公司高管的诚信有信心的情况下才进行投资。B 夫人从未上过学，她从 6 岁起，就在她母亲位于白俄罗斯明斯克的杂货店里工作。10 年后，16 岁的 B 夫人管理着 6 个大男人。

B 夫人在 23 岁时移居美国。在没有护照和车票的情况下，她设法登上了西伯利亚大铁路的火车。B 夫人告诉边防人员，她回来时会给他带白兰地，但她再也没有回来。B 夫人先到达艾奥瓦州，与丈夫会合，后来夫妻俩搬到了内布拉斯加州。在那里，她做起了服装生意，养育了 4 个孩子。[23]

1937 年，43 岁的 B 夫人以 500 美元的现金和 2000 美元的商品起家，在丈夫当铺的地下室里开了一家二手家具店。除了每周工作 70 个小时之外，B 夫人的主要策略是以低于竞争对手的价格赢得市场。这引发了同行的抵制和诉讼，他们指控 B 夫人违反了公平贸易法。在一次庭审中，B 夫人解释说，她以高于成本 10% 的价格出售所有商品，从而实现了盈利。法官不仅宣判她无罪，而且第二天就去内布拉斯加家具城购买了价值 1400 美元的地毯。[24]

1987 年: 所罗门兄弟公司

1986 年，巴菲特的个人净资产已达 14 亿美元。1987 年，伯克希尔－哈撒韦斥资 7 亿美元买下了纽约投行所罗门兄弟公司 12% 的股份。巴菲特和芒格都担任该公司董事。[25]

1990 年，巴菲特接到了一个电话，反映所罗门兄弟公司存在非法交易。一名交易员提交的美国国债报单超过了美国财政部规定允许的数量，而当时的 CEO 约翰·古特弗罗因德没有采取任何措施约束交易员的不当行为。[26]

美国政府威胁要禁止所罗门兄弟公司直接参与美国国

债的拍卖，这将使公司陷入困境。巴菲特与财政部进行了商谈，财政部同意撤销禁令（不过要对所罗门兄弟公司处以2.9 亿美元的罚款）。即使有这样一笔罚款，伯克希尔 – 哈撒韦在 1997 年将所罗门兄弟公司的股票出售给旅行者集团时，其市值也翻了一番多。

"所罗门兄弟公司国债违规事件"对巴菲特产生了重大影响，他曾短暂介入了这家投行的管理，并迫使古特弗罗因德辞职。巴菲特曾对所罗门公司的员工说过一句著名的话："如果你们让公司赔钱，我尚可谅解；如果你们让公司名誉受损，我会毫不留情。"[27]

出席国会听证会时，巴菲特也说了同样的一番话。每年在伯克希尔 – 哈撒韦股东大会上都会播放这段视频，每一次股东们都会报以热烈的掌声。

1988 年：可口可乐

1987 年 10 月 9 日，星期一，道琼斯指数在一天内下跌了 22.6%，创下了美股历史上最大的单日跌幅。这一天被称为"黑色星期一"。

巴菲特迅速行动起来。他一直信奉这样的观点："别人贪婪我恐惧，别人恐惧我贪婪。"[28] 现在他要把这句话付诸实践。1988 ～ 1989 年，伯克希尔购买了 2300 万股可口可乐的股票。[29] 截至 1994 年，伯克希尔已经拥有了这家国际饮料巨头 1 亿股的股票。如今，伯克希尔持有 4 亿股可口可乐的股票（经拆股调整后），占其股份的 9.4%。巴菲特从未出售过一股可口可乐。[30]

巴菲特摒弃了本杰明·格雷厄姆"以低廉的价格买入平庸的公司"的策略。[31] 巴菲特的新策略旨在"以合理的价格买入伟大的公司"。[32]

1989 年：波仙珠宝

1870 年，路易斯·波仙在奥马哈市中心创立了波仙珠宝。波仙珠宝是美国最大的私人珠宝店，拥有超过 10 万只手表和珠宝，销售面积近 6000 平方米。[33]

1989 年，伯克希尔收购了波仙珠宝 80% 的股份。为了激励员工，伯克希尔留下了其余 20% 的股份。

2009 年，我的学生们来到奥马哈拜访巴菲特，凯伦·戈拉克（2013 年成为波仙珠宝的董事长兼 CEO）为他们做了一次演讲。[34] 她把自己的成功，归功于自愿在公司里做不熟悉的工作。这拓宽了她的视野，丰富了她的专业知识，也符合巴菲特关于实践有益的经营哲学。

1991 年：比尔·盖茨

尽管多年以来，巴菲特和比尔·盖茨一直是世界上最富有的人，但直到 1991 年两人才在一次晚宴上首次见面。长期以来一直回避科技股的巴菲特，立刻被盖茨的智慧和幽默所吸引。但巴菲特仍然对科技行业保持警惕，不愿意投资微软，尽管微软取得了巨大的成功。

对巴菲特来说，原因很简单：

▪ 他只在能力圈的范围之内行事。
▪ 他不希望因为自己与盖茨的友谊，让人误以为他有内幕消息。

后来巴菲特承认，没有投资微软是他职业生涯中最大的错误之一。但在 20 世纪 90 年代初，这一点并不明显。

1992 年 11 月，伯克希尔的股价已经超过了每股 1 万美元，市值达到 149 亿美元。

1996 年：伯克希尔 B 类股票

1996 年，巴菲特通过伯克希 - 尔哈撒韦的投资积累了大量财富，他的个人净资产达到 150 亿美元。同年 2 月，巴菲特允许股东按照 1∶30 的比例，将其持有的 A 类股票转换为新发行的 B 类普通股（人们亲切地称之为 "Baby Berkshires"）。

在 1996 年致股东的信中，巴菲特写道："正如我之前告诉过你们的，我们这次发行 B 类股票是为了应对单位信托基金的威胁，这些信托基金将以 "100% 复制伯克希尔" 为噱头推销自己。它们会利用我们过去绝对不可复制的投资记录来吸引天真的小投资者，并向这些无辜的人收取高额的费用和佣金。"[35,36]

信托基金可以代投资者购买伯克希尔的股票，然后向他们收取高额费用。巴菲特担心这些信托基金的持有人会感到不满，并最终损害伯克希尔的声誉。

1996 年 5 月，伯克希尔 B 类股票开始以每股 1100 美元的价格交易。1998 年 1 月，伯克希尔 A 类股票价格首次突破 5 万美元，市值达到 764 亿美元。

1998 年：DQ

1940 年，DQ 在位于伊利诺伊州的乔利埃特宣告成立，这是巴菲特最喜欢的甜品店之一，他经常带孙子们去那里。DQ 是第一家销售软冰淇淋的公司，如今它在全球拥有超过 7000 家门店。[37]

与麦当劳一样，DQ 采用特许经营模式，可以向加盟商收取特许经营权使用费。这种模式能提供稳定的收入，而所需的资本投入较低。

1998 年，伯克希尔以 5.85 亿美元收购了 DQ。现在，DQ 还拥有鲜果露（Orange Julius）和咔咔妙（Karmelkorn）等子品牌。[38]

1998 年：利捷航空

1964 年，利捷航空的前身——行政喷气航空公司成立，这是一家出售私人商务飞机所有权（租赁飞机上的空间，也就是部分所有权）的美国公司。[39] 1987 年，利捷航空计划正式宣布，开启了历史上最早的飞机部分所有权租赁形式。1995 年，伯克希尔－哈撒韦成为首批四分之一所有权的试水者之一。[40] 巴菲特很快就看到了私人飞机部分所有权的潜力，1998 年，伯克希尔－哈撒韦以 7.25 亿美元收购了利捷航空。[41]

2020 年 6 月，利捷航空（包括利捷航空欧洲分公司和行政喷气航空公司）已拥有超过 750 架飞机。这一数字几乎占全球所有现役私人飞机总数的 3.5%。[42] 在新冠疫情期间，私人飞机的表现非常好，因为乘客可以避开拥挤的飞机和机场，降低了感染新冠病毒的风险。

1998 年：通用再保险公司

就在收购利捷航空和 DQ 的同一年，伯克希尔还以 235 亿美元的股票收购了通用再保险公司。[43] 通用再保险提供人寿险、意外险和健康保险，以及国际财产和意外再保险。对伯克希尔来说，这次收购的好处之一是，它极大地增加了伯克希尔可以运用的浮存金。浮存金的概念在第六章中讨论过。

如今，通用再保险公司是一系列全球再保险及相关业务的控股公司。此外，通用再保险集团的保险、再保险和投资管理公司还包括：通用再保险中介、通用再保险新英格兰资产管理公司、通用之星、创世纪、美国黄金公司（更广为人知的是 USAU）和法拉第公司。[44] 本次收购的细节将在第十章中进一步分析。

1999 年：伯克希尔－哈撒韦能源公司

伯克希尔－哈撒韦能源公司（2014 年之前称为中美能源控股公司，简称中美能源）是一家控股公司，由伯克希尔－哈撒韦持有 90% 的股份，由格雷格·阿贝尔运营。1999 年，在中美能源股价下跌 21% 后，伯克希尔－哈撒韦与中美能源董事长兼 CEO 大卫·索科尔及其最大股东沃尔特·斯科特合作收购了这家公司。[45] 当时巴菲特评论道："我们以合理的价格购买管理出色、增长潜力良好的优质公司，我们愿意比一些投资者等待更长的时间，来让这种潜力变成现实。"[46]

在这种情况下，伯克希尔耐心地等待着投资的回报。这一举措足以让伯克希尔在能源领域站稳脚跟。伯克希尔－哈撒韦能源公司目前持有中美能源公司、太平洋公司、北方电网、加州能源发电公司、美国家庭服务公司、比亚迪公司和 NV 能源公司。

2001 年: 肖氏工业集团

一直以来，巴菲特都对零售业和制造业很感兴趣，这从他对波仙珠宝、内布拉斯加家具城和喜诗糖果的收购就可以看出来。2001 年 1 月 4 日，伯克希尔 – 哈撒韦以 21 亿美元收购了地毯制造商肖氏工业集团。[47] 如今，肖氏工业集团已成为全球最大的地毯制造商之一，年销售额超过 60 亿美元，在全球约有 22 300 名员工。[48]

2002 年: 鲜果布衣

有时候，如果一家公司的品牌实力足够强大，哪怕资产负债表出了问题，也能够力挽狂澜。2002 年，鲜果布衣的股价暴跌了 97%。伯克希尔仅花了 8.35 亿美元现金，就将处于破产保护中的鲜果布衣收购下来。[49]

巴菲特说，收购鲜果布衣有两个主要原因："品牌的实力和 CEO 约翰·霍兰德的管理才能。"[50] 事实证明，巴菲特的直觉很准。如今，鲜果布衣拥有 3.24 万名员工，它还负责罗素运动和斯伯丁等品牌的运营和销售。

2003 年: 克莱顿房屋公司

克莱顿房屋公司的总部设在田纳西州的玛丽维尔，它是全美最大的模块化住宅建造商。[51] 本来，巴菲特对这家公司知之甚少。后来，一群来自诺克斯维尔的田纳西大学金融专业的学生送给巴菲特一本书——克莱顿房屋公司创始人、田纳西大学校友吉姆·克莱顿的自传。自此以后，巴菲特对这家公司的兴趣大增。

巴菲特告诉他的股东们，在读了克莱顿的书并与他的儿子凯文（克莱顿房屋公司 CEO）交谈后，巴菲特审查了克莱顿房屋公司的财务状况，并以 17 亿美元收购了这家公司。[52] 2003 年，也就是这次收购完成的时候，克莱顿房屋之前 5 年的平均税前利润率为 19.2%，远高于伯克希尔的 11.2%。

2015 年，克莱顿房屋公司被指控向少数族裔客户提供掠夺性贷款，并在其企业文化中容忍种族主义。克莱顿房屋公司发表了一份声明，"断然且坚定地"否认了这些指控。[53] 在 2015 年伯克希尔股东大会上，巴菲特对克莱顿房屋公司表示支持，称他不会为其贷款行为"做任何道歉"。[54] 后来，克莱顿房屋公司支付了 3.8 万美元的罚款和退款 70 万美元。尽管如此，克莱顿房屋公司仍然很强大。2018 年，克莱顿房屋公司的收入约为 36 亿美元。[55]

2006 年：布鲁克斯体育公司

布鲁克斯体育公司，也被称为布鲁克斯跑鞋公司，它是一家总部位于西雅图的美国公司，其主营业务是设计和销售高性能的男女跑鞋，以及服装和配件。布鲁克斯的产品畅销全球 60 个国家和地区。[56]

1914 年，布鲁克斯体育公司成立，最初主要生产各种运动鞋。在 20 世纪 70 年代，布鲁克斯一直很成功。但随后的生产和质量控制问题，导致布鲁克斯在 1981 年申请破产保护。[57,58]

2001 年，新 CEO 吉姆·韦伯上任，扭转了公司的命运。韦伯将产品线削减了 50% 以上，几乎完全专注于改进布鲁克斯的品牌跑鞋，强调致力于提升运动性能的设计创新。

2004 年，布鲁克斯被罗素运动收购（如前所述，2006 年鲜果布衣收购了罗素运动）。因此，布鲁克斯成了伯克希尔 – 哈撒韦（也是鲜果布衣的母公司）的子公司。2011 年，布鲁克斯成为专业跑鞋市场上最畅销的品牌。[59,60]

2012 年，沃伦·巴菲特……认识到布鲁克斯的潜力，当时布鲁克斯是伯克希尔 – 哈撒韦旗下的鲜果布衣的子公司，巴菲特亲自将布鲁克斯提为一家独立的子公司。现在，韦伯直接向巴菲特汇报……他从未从自己的上司那里感受到如此多的信任，也从未感受到如此多的责任。[61]

我采访了吉姆·韦伯，询问他与巴菲特的关系。韦伯说："当你与巴菲特私下交谈时，他会认真倾听……没有电话、电视、电脑，没有任何干扰。上次我们在他的办公室聊了三个小时，然后我们在奥马哈一起吃了个午饭。他热情、慷慨、好奇心强、充满活力。"[62]

自 2001 年韦伯接手以来，布鲁克斯体育公司每年都在增长。巴菲特管理布鲁克斯和其他企业的方式，与他的成功有很大关系。巴菲特给予企业自主权，但也要求它们承担责任。伯克希尔很久以前创建的去中心化结构，非常具有企业家精神。去中心化赋予了高管更多的自由，让他们更有创造力。

韦伯是这样评价巴菲特的：

> 在达特茅斯学院读 MBA 期间，我开始阅读巴菲特致股东的信。我开始明白如何成为一名领导者，并进而明白我想成为什么样的领导者。巴菲特教会我，任何人都可以降低价格，出售廉价产品，真正的挑战是建立一家持久的企业，一家不仅拥有强大的品牌实力和忠诚的客户，还有高资本回报的企业。我经常告诉别人，我的工作是全西雅图最好的，也是全行业里最好的。我做得很开心。[63]

2006 年：伊斯卡金属加工公司

韦特海默是一名来自德国的难民，[64] 1952 年，他在以色列纳哈里亚的自家后院创办了伊斯卡金属加工公司（即 IMC 集团，简称伊斯卡公司）。这家公司最初以制造喷气式发动机的精密叶片而闻名。如今，伊斯卡公司为全球主要行业的工程和制造部门提供广泛的"精密硬质合金金属加工工具"系列产品。[65]

2006 年 5 月，伯克希尔 – 哈撒韦以 40 亿美元收购了伊斯卡公司 80% 的股份。[66] 2013 年，巴菲特以 20.5 亿美元收购了其余 20% 的股份。截至 2021 年，韦特海默是以色列排名第二的富豪，净资产为 62 亿美元，他的公司是汽车、航空航天和模具行业的全球领导者，在 65 个国家拥有超过 1.3 万名员工。[67]

2007 年：玛蒙控股公司

2007 年，伯克希尔 – 哈撒韦斥资 45 亿美元收购了玛蒙控股公司 60% 的股份。玛蒙控股公司是由杰伊·普里茨克和罗伯特·普里茨克两兄弟于 1953 年创立的全球产业集团（简称玛蒙集团）。[68] 玛蒙集团有 13 个业务部门，包括食品服务、水处理技术、多式联运集装箱和电气产品。玛蒙集团还拥有 100 多项自主制造和服务业务，在全球拥有 1.9 万名员工。[69]

2011 ~ 2013 年，伯克希尔收购了玛蒙集团剩余 40% 的股份。[70] 2021 年，玛蒙集团创造了超过 100 亿美元的营业收入。

伯克希尔－哈撒韦和大衰退

巴菲特的企业家精神

巴菲特的企业家精神，在经济大衰退期间凸显了出来。当大多数人什么都不敢做的时候，巴菲特却看到了机会，这是企业家的关键特征之一。以下是巴菲特如何在危机期间为伯克希尔创造机会的一些案例。

大衰退

根据美国国家经济研究局（NBER）的数据，大衰退从2007 年 12 月持续到 2009 年 6 月。[71,72] 在美国，这段时间代表了自大萧条以来最严重的经济衰退。衍生品金融交易的滥用，是引起金融危机的重要原因之一。这种金融交易允许买家和卖家押注房屋贷款违约的程度。2007 年，美国住房市场价值超过 20 万亿美元，其中近一半是由抵押贷款融资支撑的。然而，超过 25 家次级贷款机构因为向信用风险较高的人提供高息贷款而走向破产。很多次级抵押贷款违约。结果，标普 500 指数下跌了 57%，美国家庭的平均净资产损失了 40%，失业率达到了 10%。

伯克希尔－哈撒韦的股价从 2007 年 12 月 10 日每股149 200 美元的高点下跌，跌到金融危机的最低谷，伯克希尔的市值下跌了 51%。[73] 2009 年 3 月 9 日，伯克希尔的股价跌至每股 73 195 美元的最低点。当时，伯克希尔旗下公司雇用了超过 22.3 万名员工。

伯克希尔在危机时的投资

尽管面临危机，巴菲特还是找到了赚钱的方法。这并不奇怪，因为"别人恐惧我贪婪"是巴菲特的主要投资策略之一。2008 年 10 月 15 日，他在《纽约时报》发表专栏文章时写道："买入美国正当时。"当时标普 500 指数从年初已经下跌了 38%：

> 我的购买行为遵循一个简单的原则：别人贪婪我恐惧，别人恐惧我贪婪。而且可以肯定的是，现在恐慌情绪普遍存在，连经验丰富的投资者也不例外。很显然，投资者对高杠杆或竞争力较弱的企业保持警惕是正确的。不过，担忧美国很多稳健经营企业的长期繁荣是没有道理的。这些企业确实会遭遇盈利下滑的问题，这本来也是常态。但是今后 5 年、10 年和 20 年，大多数大公司将创造新的盈利记录。[74]

巴菲特说，虽然无法预测一个月或一年后股市的走势，但他确信，在经济整体好转之前，股价将大幅回升。有鉴于此，巴菲特补充说，如果美股继续下跌，他之前投资于政府债券的个人账户很快就会 100% 投资于股票。事实证明，巴菲特的行动比市场底部的到来早了好几个月，股市最终在 2009 年 3 月触底。巴菲特的声明虽然简短，但确实对市场情绪产生了积极影响。

巴菲特的投资策略再次被证明是正确的。在金融危机期间，巴菲特充分彰显出企业家精神，他通过投资高盛、通用电气、箭牌 / 玛氏、瑞士再保险和陶氏化学等公司，让伯克希尔赚到了上百亿美元。

以下简述了巴菲特在大衰退期间的主要投资举措。伯克希尔的现金储备，加上公司良好的声誉，使其在开展投资并购时处于有利地位。

2008 年：高盛

雷曼兄弟倒闭后，巴菲特向高盛投资了 50 亿美元。这一大规模的投资表明了巴菲特对高盛的信心，高盛的股价随之上涨。伯克希尔购买了 50 亿美元的永久优先股，高盛每年向伯克希尔支付 10% 的股息。伯克希尔还"获得认股权证，有权以每股 115 美元的执行价格再购买 50 亿美元的普通股"，[75] 认股权证的行使期限为 5 年。[76]

2011 年 3 月，高盛赎回了伯克希尔的优先股，并向其支付了 56.5 亿美元。[77] 2013 年，高盛的股价已经超过了 160 美元 / 股，巴菲特想要行使他的认股权证。但在巴菲特扣动扳机之前，高盛重新谈判，给了伯克希尔 1310 万股股票和 20 亿美元现金。[78] 由于伯克希尔投资组合里的银行股已经超配，巴菲特同意了这一安排，没有全部以高盛股票交易。最终，巴菲特通过这笔投资为伯克希尔赚取了超过 30 亿美元的利润：优先股溢价 5 亿美元，加上 12 亿美元的股息，巴菲特在 2020 年出售大部分股票时，至少可以获利 14 亿美元。[79]

2008 年：通用电气

通用电气股价下跌 42% 后，伯克希尔计划向新发行的通用电气永久优先股投资 30 亿美元。这种优先股有 10% 的股息，3 年后能以 10% 的溢价赎回。伯克希尔还获得了以每股 22.25 美元的执行价格购买 30 亿美元普通股的认股权证，可在 5 年内的任何时间执行。巴菲特坚持要求，在优先股赎回之前，或在伯克希尔投资满 3 年之前，通用电气高管不得出售手中超过 10% 的普通股。2008 年 10 月 16 日，交易达成，当时通用电气的股价为每股 19.29 美元。[80]

在伯克希尔投资后的 5 个月里，通用电气的普通股价格下跌。2009 年 3 月 5 日，通用电气跌至 6.66 美元 / 股的低点。但巴菲特最终还是大赚了一笔。这笔交易让伯克希尔拿回了 33 亿美元，加上 3 亿美元的年度股息，以及五年期的认股权证，允许巴菲特以每股 22.25 美元的价格购买 30 亿美元的通用电气股票。

2011 年，通用电气向伯克希尔支付了 33 亿美元，赎回了其持有的优先股。通用电气已经支付了整整 3 年的股息，每年 3 亿美元，一共为伯克希尔带来了约 12 亿美元的利润。

2013 年，由于巴菲特购买的通用电气的认股权证即将到期，通用电气与伯克希尔达成协议。伯克希尔不必支付 30 亿美元购买通用电气的股票，当时通用电气的交易价格高于每股 22.25 美元的行权价。相反，通用电气给了伯克希尔 1070 万股股票，相当于巴菲特花 30 亿美元以每股 22.25 美元的价格行权获得的股票总额。[⊖]2017 年第二季度，巴菲特出售了伯克希尔在通用电气的所有股份。据估计，这些股票价值 3.15 亿美元。

最终，由于伯克希尔在 3 年内向通用电气投资 30 亿美元，伯克希尔赚得了约 15.45 亿美元的现金。[81] 这其中包括巴菲特持有通用电气股票期间，通用电气向其支付的约 3000 万美元的定期股息，加上 2011 年以来的 12 亿美元利润。这样算下来，与通用电气的交易确实是一笔有利可图的投资。2021 年，通用电气按照 8∶1 的比例进行了合股；2022 年 3 月，通用电气的股价为 89 美元 / 股。

⊖ 由于当时通用电气股票市场价仅仅略高于行权价，巴菲特花 30 亿美元行权不太划算，于是双方商定，按照巴菲特行权应获得的利润总额，通用电气直接折算成相应的股票给伯克希尔。——译者注

2008 年：箭牌 / 玛氏

伯克希尔出资 230 亿美元，协助玛氏公司收购了全球最大的口香糖制造商——箭牌公司。[82] 玛氏公司利用自有资金支付了 110 亿美元，从高盛获得了 57 亿美元贷款，并请求伯克希尔提供其余的资金。[83]

伯克希尔购买了箭牌公司 21 亿美元的优先股，每年有 5% 的股息。这使伯克希尔获得了箭牌公司 10% 的股份。[84] 伯克希尔还购买了箭牌公司 44 亿美元的公司债券，利率为 11.45%，到期日为 2018 年。[85] 算上债券和股票的收益，以及支付的利息和股息，投资箭牌让巴菲特获利约 65 亿美元。[86]

2009 年：瑞士再保险

瑞士再保险是一家总部位于苏黎世的保险巨头，它在大衰退期间亏损了 60 亿瑞士法郎，其中包括因持有结构性信用违约掉期而造成的 20 亿瑞士法郎的损失（按市价计算）。[87] 这些损失令瑞士再保险公司面临失去 AA 评级的风险。[88] 瑞士再保险转而向巴菲特寻求融资。

伯克希尔已经与瑞士再保险建立了重要的业务关系。2008 年 1 月，伯克希尔与瑞士再保险达成了一项股权协议，获得了瑞士再保险 20% 新投保及续保的财产和意外险业务，同时获得了瑞士再保险 3% 的股份。[89] 2009 年 3 月 23 日，伯克希尔投资了 26 亿美元（约合 30 亿瑞士法郎），瑞士再保险考虑在市场能够承受的情况下再融资 20 亿瑞士法郎。

根据投资研究网站"理性漫步"的说法：

> 虽然这项投资的年利率为 12%，但瑞士再保险有权推迟支付利息，并可以选择用股票而不是现金支付利息。这笔投资为伯克希尔提供了转股权，但转股价高于瑞士再保险交易时的股价，瑞士再保险保留了以溢价赎回融资工具的权利，以防未来股权被稀释。[90]

对伯克希尔来说，这是一次成功的投资。根据"理性漫步"网站提供的数据，这笔 30 亿瑞士法郎的投资"通过利息支付、赎回溢价和原始本金偿还等，共赚回了 44.2 亿瑞士法郎"。[91] 以瑞士法郎计算的年化内部回报率约为 25.8%，若以美元计算，年化内部回报率约为 37%。[92]

2009 年：陶氏化学

伯克希尔–哈撒韦对陶氏化学进行了重大投资，使得陶氏化学得以收购罗门哈斯公司。2009 年 4 月 1 日，伯克希尔以 30 亿美元购买了 300 万股陶氏化学的优先股，每年可获得 8.5% 的股息。[93] 陶氏化学每年向巴菲特支付 2.55 亿美元的股息，2009～2015 年，伯克希尔投资陶氏化学累计获得的收益超过 18 亿美元。[94]

2009 年：伯灵顿北方圣达菲铁路公司

2009 年 11 月 3 日，伯克希尔宣布以每股 100 美元的价格收购伯灵顿北方圣达菲铁路公司（BNSF）。如今，伯克希尔全资拥有 BNSF。

2010 年 2 月，伯克希尔完成了收购，以 265 亿美元的现金和股票买下了伯克希尔尚未拥有的 BNSF 的所有流通股。[95] 总对价包括 159 亿美元现金和 106 亿美元新发行的伯克希尔普通股。[96] 伯克希尔在公司层面筹集了大约 80 亿美元，加上公司持有的相当数量的现金，为交易的现金部分提供资金。[97]

巴菲特购买 BNSF 的理由是，美国经济将在未来持续增长，因此对商品和运输的需求只会上升。对巴菲特来说，这笔交易的额外好处在于，BNSF 拥有持久的竞争优势，其他公司进入这个市场的成本都很高。

2009 年底，伯克希尔收购 BNSF 时，其销售额和净利润分别为 140 亿美元和 17 亿美元。2021 年，这一数字已升至 233 亿美元和 59.9 亿美元。

近距离观察巴菲特

我与巴菲特的第一次会面发生在他收购 BNSF 之后。我写了一篇关于伯克希尔的案例研究，并寄到了巴菲特的办

公室，希望我和我的学生们能有机会获得与巴菲特会面的
邀请。令我感到高兴的是，梦想居然成真！巴菲特邀请我
带 27 名学生前往奥马哈，我们和他一起度过了美好的一天。
正好是在 2009 年 11 月，巴菲特宣布了收购 BNSF 交易的那
一天。记者们追着巴菲特采访，但巴菲特的注意力始终集中
在我们这群人身上。巴菲特做着自己热爱的事情，那就是教
书，以及和年轻人在一起。在我们的问答环节，巴菲特说他
一直想拥有一家火车公司，因为他小时候有一个玩具火车。
我将在第十二章进一步讲述我们拜访巴菲特的细节。

第九章

新的十年拥抱科技股：
2010 ～ 2020 年

> 在商业世界，最成功的人是那些做着自己所爱事业
> 的人。永远不要放弃寻找你真正热爱的工作。[1]
>
> ——沃伦·巴菲特

伯克希尔的新 10 年

长期以来，遵循菲利普·费雪的管理哲学，让巴菲特
受益良多。费雪的总体策略是找到最优秀的投资人才，并让
他们自由发挥。2010 年，80 岁的巴菲特和 86 岁的芒格开
始为伯克希尔的未来做准备，也就是他们退休后的安排。在
这方面，他们最重要的举措是聘请了两位新的联合首席投资
官——托德·库姆斯和泰德·韦斯勒。两人都比巴芒年轻几
十岁，都是随着科技的崛起而成长的一代人，这种经历无

疑影响了伯克希尔的投资。也就是说，在库姆斯和韦斯勒之前，伯克希尔几乎完全避开了科技股。在他们进入伯克希尔之后，巴菲特投资了亚马逊，并表示自己没有早点入局，真是太傻了。巴菲特还买入了苹果公司的股票，使其成为伯克希尔投资组合中最大的股票持仓。2020 年，伯克希尔投资了一家名为雪花的云数据公司，延续了这一轨迹。在 IPO 时，巴菲特拥有约 7.3 亿美元的雪花股票。[2] 在第一个交易日结束时，伯克希尔已经赚了超过 8 亿美元。[3]

我很好奇，这些投资决策是不是巴菲特独立做出的。在未来的数十年里，我预计伯克希尔将继续在其投资组合中增加科技股的持仓。

2010 年，巴菲特聘用了 39 岁的库姆斯。库姆斯出生于佛罗里达州的萨拉索塔，他在佛罗里达州立大学获得了金融和国际商务学士学位，之后就读于巴菲特的母校——哥伦比亚大学，在那里他进入了著名的价值投资项目，也就是多年前巴菲特在格雷厄姆门下学习的那个项目。[4] 2002 年，库姆斯获得工商管理硕士学位。

在加入伯克希尔之前，库姆斯创立了一家名为城堡视点的对冲基金，如果他继续经营的话，可能会赚更多的钱。[5] 巴菲特说："库姆斯适合伯克希尔，不仅因为他的能力和才智，还因为他是我们'波澜不惊'的企业文化的完美代表。我们想要一种根深蒂固的文化，就算创始人不在了，它也不会动摇。库姆斯是这方面的理想人选。"[6]

泰德·韦斯勒在两年后的 2012 年加入伯克希尔，他和库姆斯一样，也是一家对冲基金的创始人。时年 50 岁的韦斯勒出生于纽约州的布法罗，现居于弗吉尼亚州的夏洛茨维尔。韦斯勒非常崇拜巴菲特，在 2010 年的一次私人拍卖会上，韦斯勒曾出价 2 626 311 美元与巴菲特共进午餐。（这笔钱被捐给了慈善机构。）第二年，韦斯勒再次参加了巴菲特午餐拍卖会，尽管其他竞争者的出价都比前一年低，[7] 韦斯勒还是把自己的出价提高了 100 美元，达到 2 626 411 美元，赢得了他与未来导师第二次共进午餐的机会。[8]

1989 年，韦斯勒毕业于宾夕法尼亚大学沃顿商学院，获得经济学学位，10 年后创立了一家名为半岛资本顾问的对冲基金。[9] 在巴菲特聘请韦斯勒之后，他关闭了基金。在此之前，该基金拥有 20 亿美元的规模，累计回报率为 1236%。[10]

一开始，巴菲特给韦斯勒和库姆斯每人 10 亿美元的投资组合，由两人分别管理。随着巴菲特对他们的能力越来越有信心，他逐渐增加了投资组合规模。韦斯勒和库姆斯在投资前都无须征询任何人的意见，但巴菲特会关注他们的表现，每个月都会检查一次。2020 年，两人管理着约 150 亿美元的股票投资组合。两人的绩效薪酬中，80% 来自自己的业绩，20% 来自对方的业绩。这是巴菲特鼓励团队合作和共同承担责任的一种方式。

2016 年，巴菲特在谈到他的投资经理时说："他们拥有优秀的'商业头脑'，能够把握可能决定未来各种业务的经济力量。他们知道什么是可预测的，什么是不可知的，这有助于他们思考。"[11]

巴菲特后来说，他和芒格做过的最好的决定之一，就是把这两人拉进伯克希尔的管理团队。他半开玩笑地打趣道："这是我们唯一能找到的，读书和我们一样多的两个人。"[12]

接下来，我将介绍伯克希尔 – 哈撒韦在过去 10 年最重要的几笔收购。

2011 年：路博润公司

2011 年 3 月，伯克希尔以 97 亿美元的现金收购了路博润公司。[13] 路博润于 1928 年在俄亥俄州的克利夫兰成立，现在总部设在附近的威克利夫。路博润专业生产化工产品，如工程聚合物、涂料、工业润滑油、发动机油添加剂、特种化工产品和管道系统。

对巴菲特来说，这次收购吸引他的原因，对读到此处的读者来说都不陌生：

- 净资产收益率达到 34%。
- 有宽广的护城河，公司拥有 1600 项专利。

- 有定价权，巴菲特说，评估业务最重要的因素是定价权。
- 股息稳步增加，从 2005 年的 1.04 美元 / 股增长至 2010 年的 1.39 美元 / 股。
- 三分之二的营业收入来自美国海外。
- 工会组织相对弱势。
- 股价合理（买进时巴菲特为每股支付 135 美元，是收益的 13 倍，是第二年预测收益的 12 倍）。
- 有优秀、稳定的管理团队。[14]

2011 年：美国银行

2011 年，在大衰退的经济影响下，美国银行仍是步履蹒跚。在这次危机中，美国银行因通过美林证券出售估值过高的住房抵押贷款支持证券，而被美国国际集团（AIG）提起了 100 亿美元的诉讼。[15] 那一年，尽管美国银行遭遇挫折，巴菲特还是投资了 50 亿美元买入其优先股，每年可以获得 6% 的股息。巴菲特还获得了 7 亿股的认股权证，伯克希尔可以在 2021 年以前，以每股 7.14 美元的固定价格行权。美国银行则拥有选择权，可以随时以 5% 的溢价回购优先股。[16]

2017 年，伯克希尔通过行权，购买了这 7 亿股股票。每股 7.14 美元的买入价，与当天每股 23.58 美元的收盘价相比，巴菲特赚到了大幅差价。从 2011 年开始，伯克希尔逐渐将其持有的美国银行优先股换成了超过 160 亿美元的普通股。[17] 如今，美国银行已成为伯克希尔持股第二多的公司，仅次于苹果。2022 年 6 月，伯克希尔持有美国银行超过 10 亿股的股票，价值约 343 亿美元。

2011 年：IBM

IBM 的商用机器具有稳定的营业收入和领先的市场地位，这是它最初吸引巴菲特的原因。但事实证明，这家老牌科技公司是巴菲特为数不多的亏损投资之一。

2011 年，伯克希尔以平均每股 170 美元的价格购买了 6400 万股 IBM 的股票（总计 107 亿美元）。[18] 6 年后的 2017 年，巴菲特开始对 IBM 的未来表示担忧，尤其是跟苹果一比，IBM 相形见绌。不到半年，巴菲特就开始抛售 IBM 的股票，在其股价超过每股 180 美元时抛售了"相当数量的股票"。[19] 到巴菲特在 2018 年清仓时，IBM 的股价已跌至每股 140 美元左右。[20]

巴菲特的投资哲学很保守，他只投资他理解的公司，这一哲学曾无数次地让巴菲特受益，但这一次可能对他不利。尽管 IBM 是比较容易理解的科技公司，但在其企业生命周期中，它可能已处于衰退期。（关于这笔失败的投资以及它对巴菲特的影响，详见第十章）。

2012 年：东方贸易公司

东方贸易公司主要生产和销售物美价廉的派对用品，此外还有工艺品、小玩具、小礼品和学习用品。[21] 东方贸易公司成立于 1932 年，是美国最早的批发商之一，总部位于奥马哈。

2010 年 8 月 24 日，母公司东方贸易控股公司（OTC Holdings Corp.）宣布破产保护。[22] 然而，CEO 萨姆·泰勒最终使公司摆脱了破产，并说服巴菲特收购它。2012 年 11 月 2 日，伯克希尔宣布将以 5 亿美元的价格收购东方贸易公司。[23] 2017 年，泰勒因脑癌去世，享年 56 岁。如今，东方贸易公司由现任董事长兼 CEO 史蒂夫·门德利克经营。

2013 年：亨氏公司

2013 年 2 月 14 日，伯克希尔与 3G 资本以 280 亿美元收购了亨氏公司。亨氏符合巴菲特的投资标准。亨氏的全球品牌认知度可以与可口可乐和 IBM 相媲美。2013 年，伯克希尔持有可口可乐和 IBM 的大量股份。此外，亨氏的财务表现良好。巴菲特对 CNBC 说："这是我们喜欢的那种公司。"[24] 巴菲特表示，他把这家食品公司视为核心资产，就像鲜果布衣或伯灵顿北方铁路公司一样。[25]

巴菲特在收购亨氏时支付了溢价，据报道，"根据交易条款，他们的交易对价是每股 72.50 美元，比亨氏股票的收盘价高出 20%，比其历史高点高出 19%。"[26]

为了收购亨氏，伯克希尔和 3G 资本还支付了约 40 亿美元的现金，但伯克希尔另外支付了 80 亿美元购买优先股，亨氏向伯克希尔每年支付约 9% 的股息。[27]

关于本次收购的细节，详见第十章。

2014 年：汽车经销商范图尔集团

2014 年，伯克希尔收购了范图尔集团。范图尔是全美最大的私有汽车经销集团，在美国 10 个州拥有 78 家独立经销商和 100 家特许经销商，年销售额高达 80 亿美元。[28] 巴菲特将其更名为伯克希尔 – 哈撒韦汽车公司。对于伯克希尔来说，这次收购有点儿不寻常，因为巴菲特通常都会避开汽车行业。伯克希尔为这笔交易支付了 41 亿美元。

范图尔集团的总部最初位于菲尼克斯，后来迁至达拉斯，但现任 CEO 拉里·范图尔保留了他的领导角色，成为伯克希尔 – 哈撒韦汽车公司的董事长。留住深耕行业多年的管理层，这是巴菲特的一贯做法。巴菲特在接受 CNBC 采访时表示："我们认为，拉里的业务可以在现有基础上大幅扩展。"[29]

2014 ～ 2016 年：金霸王电池

1989 年，伯克希尔购买了吉列公司 6 亿美元的可转换优先股。2005 年，宝洁公司同意以 540 亿美元收购吉列公司，伯克希尔持有的吉列股票换成了宝洁股票。2014年，伯克希尔以持有的47亿美元的宝洁股票为对价，从宝洁公司手中收购了金霸王。[30]

巴菲特说："作为宝洁和吉列的长期投资者和消费者，金霸王给我留下了深刻的印象。金霸王拥有全球领先的品牌及质量过硬的产品，它非常适合伯克希尔 – 哈撒韦。"[31]这笔交易非常契合伯克希尔的投资组合，尤其是因为巴菲特用股票买下了金霸王，大幅减少了税负。因为巴菲特用宝洁公司的股票置换了金霸王，他避免了资本利得税。如果巴菲特当时选择先卖出宝洁公司的股票，再买进金霸王，他将不得不支付高昂的资本利得税。[32]

2015年：卡夫食品和亨氏公司

2015年，3G资本和伯克希尔 – 哈撒韦各投资100亿美元，促成卡夫食品与亨氏公司合并。基于其股价，卡夫食品的估值约为460亿美元（扣除债务前）。[33]这笔交易使亨氏获得了卡夫51%的股份，而原股东则持有卡夫49%的股份。[34]合并之后的公司共拥有13个品牌，每个品牌的价值都超过5亿美元。[35]

2014年，这家新成立的巨无霸公司的营业收入约为280亿美元，不过行业领头羊百事可乐的营业收入超过它的两倍。[36]然而，2019年2月，卡夫 – 亨氏食品公司公布了令人失望的消息：公司对其无形资产进行了 150 亿美元的减记，实质上是承认奥斯卡·梅耶和卡夫等著名品牌的商标价值被高估。[37]

公司也因会计违规行为受到监管当局调查。其股价在一天内下跌了 30%，自 2015 年合并以来，股票的价格已下跌了超过一半，伯克希尔损失了 40 亿美元。巴菲特声称，自有品牌的竞争，如开市客的科克兰，是引起卡夫－亨氏食品公司销售额下降的主要原因。[38]

巴菲特现在承认，他为卡夫－亨氏食品公司支付了过高的价格，并且可能对某些形势产生了误判。巴菲特说："它仍然是一家很棒的企业，因为它使用大约 70 亿美元的有形资产，就获得了 60 亿美元的税前利润……但是……我们为它的有形资产支付了 1000 亿美元。所以，对我们来说，它必须赚 1070 亿美元，而不仅仅是公司账面上的 70 亿美元。"[39]

2016 年：精密铸件公司

2016 年，伯克希尔－哈撒韦以 321 亿美元收购了精密铸件公司，这是伯克希尔迄今为止最大的一笔交易。[40] 一开始，库姆斯购买精密铸件的股票，这是一家总部位于俄勒冈州的飞机和航空零部件制造商，库姆斯很快报告了巴菲特。随后，伯克希尔收购了整家公司。[41]

精密铸件公司是全球重要的航空航天部件供应商，例如大型飞机的紧固零件和涡轮叶片，以及发电站和石油天然气行业使用的管道。公司的这些部件大多是原装设计的，但备件也是公司商业模式的重要组成部分。公司的产品要提前几年签订合同然后定制，这样就形成了某种护城河。[42,43]

2016 年：苹果公司

如第六章所述，2016 年 5 月，伯克希尔购买了苹果公司价值 10 亿美元的股票。此后不到一年，也就是 2017 年 2 月，伯克希尔宣布，苹果公司是其第二大持股公司，伯克希尔持有其 1.33 亿股的股票，价值 170 亿美元（占苹果公司股份的 2.5%）。[44]

伯克希尔对这家高科技公司的兴趣日渐浓厚。截至 2019 年 10 月，伯克希尔司拥有 249 589 329 股苹果公司的股票，价值超过 589.6 亿美元。截至 2021 年底，苹果公司已是伯克希尔的第一大持仓，伯克希尔持有 907 559 761 股，价值 1575 亿美元。[45]

2016～2020 年：航空公司

2016 年 11 月，伯克希尔投资了美国四家主要的航空公司：美国航空、美国联合航空、达美航空和西南航空。这一举动让很多人感到惊讶，因为这似乎与巴菲特之前投资航空业的教训背道而驰。

1989 ～ 1996 年，几乎在每一封致股东的信里，巴菲特都承认自己投资美国航空公司是个错误。2007 年，巴菲特再次提出了反对投资航空公司的理由："最糟糕的生意是那些需要大量资本才能实现增长，但却赚不到多少钱或根本赚不到钱的生意。我们来看航空公司。自莱特兄弟发明飞机以来，它就一直很难拥有持久的竞争优势。事实上，假如有个有远见的资本家在莱特兄弟首次试飞时出现在基蒂霍克，击落了奥维尔·莱特驾驶的飞机，那他会给后来的资本家们节省一大笔钱。"[46]

在 2002 年的一次采访中，巴菲特发表了类似的言论：

如果 20 世纪初有位资本家亲临基蒂霍克，他应该把奥维尔·莱特打下来，这样就可以为后继者剩下一大笔钱了。但说真的，航空业一直很"出色"。在过去的一个世纪里，它消耗的资本几乎比所有其他行业都多，因为人们似乎要不断给它投入新的资金。航空业有巨大的固定成本、强大的工会，产品价格却像大宗商品一样波动。这些可不是成功的特质。如果我想买航空公司的股票，我会拨打 800 开头的免费电话。我会在凌晨两点对着电话说："我是巴菲特，我是一个航空股爱好者。"然后对方就会劝我保持冷静。[47]

尽管巴菲特曾信誓旦旦坚决不碰航空股，情况后来却发生了转变。巴菲特、库姆斯和韦斯勒从 2019 年 10 月开始，他们购买了数十亿美元的航空公司股票，具体情况如下：

- 西南航空 53 649 213 股，价值 2 892 765 565 美元。
- 达美航空 70 910 456 股，价值 3 754 708 645 美元。
- 美国航空 4370 万股，价值 1 195 632 000 美元。
- 美国联合航空 21 938 642 股，价值 1 911 952 650 美元。

总计下来，伯克希尔投资航空公司累计达到 9 755 058 860 美元，占其投资组合总额 216 621 148 782 美元的 4.5%。

是什么改变了巴菲特的看法？也许是受库姆斯和韦斯勒的影响，又或许是行业整合可能意味着企业盈利能力的提高。不管巴菲特的理由是什么，他的乐观情绪都受到了新冠疫情的冲击，疫情严重打击了航空股。2020 年 3 月，伯克希尔开始抛售航空股。伯克希尔此前持有达美航空 11.1% 的股份，现在已抛售了其中 18% 的股份（价值 3.14 亿美元）。伯克希尔还曾持有西南航空 10.4% 的股权，但现在它已出售了其中 4% 的股份（价值 7400 万美元）。[48]

在 2020 年伯克希尔股东大会上，巴菲特宣布，受新冠疫情影响，伯克希尔已决定出售其持有的所有航空公司的全部股票（总计 61 亿美元）。巴菲特解释说，航空旅行持续的不确定性将导致航空公司空座、票价下降和盈利能力下降。

美国航空公司前 CEO 罗伯特·克兰德尔曾表示，他喜欢在航空公司工作，但他也称这是一个"糟糕的、腐朽的行业"。克兰德尔告诉他的员工，不要买自己公司的股票，因为航空公司不赚钱。[49] 阻碍美国航空业发展的因素有很多：高昂的资本开支、强大的工会组织、波动的燃料价格和其他不可预测的因素。

2018 年：海文公司

2018 年 1 月，巴菲特与亚马逊 CEO 杰夫·贝佐斯和摩根大通 CEO 杰米·戴蒙共同宣布，他们将合伙组建一家名为海文的医疗保健公司，专注于降低美国医疗保健的成本。

巴菲特把无限膨胀的美国医疗保健成本称为"美国企业及其竞争力的寄生虫"。[50] 巴菲特说，他想与他钦佩和信任的两位商业领袖合作，看看他们三人是否有办法创造出一种具有成本效益的医疗保健服务新模式。

巴菲特向投资者保证，他们不会创办一家新的医疗保险公司。巴菲特补充说，他和亚马逊、摩根大通合作的动机"主要不是为了盈利"。[51] 除此之外，巴菲特含糊其词，只说人均医疗支出从 1960 年的每年 170 美元飙升到如今的每年上万美元，这太离谱了。[52] 巴菲特说："我希望我们的员工以更低的成本获得更好的医疗服务。我们提供的服务肯定不会比他们现在得到的服务差。"[53]

这三家机构（伯克希尔、亚马逊、摩根大通）加起来拥有超过 100 万名员工，它们或许能够为医疗保健服务设想出某种新的、节省成本的模式。尽管没有提到细节，巴菲特还是明确表示，海文公司将以节约医疗成本为目标，希望他们的模式能被更广泛地采用。巴菲特说："我们将会遇到令人难以置信的阻力，但哪怕失败了，至少我们尝试过。"[54] 这句话很有先见之明。

他们的终极目标是，建立一种新的、全国适用的医疗成本模式。巴菲特承认，这是一个艰巨的任务。巴菲特非常谨慎，他不轻易做出承诺，三人甚至没有签署正式的合伙协议。不过，巴菲特丝毫没有掩饰他对这家合伙企业的希望和雄心，他说："我们有机会可以做一些大事。至于有多大希望，没人能量化。我们比大多数人有更好的条件去尝试。当然，我们还有合适的合作伙伴。所以，我们会试一试，看看会发生什么。"[55]

2021 年 2 月，海文公司宣布解散。美国医疗保健行业的系统过于复杂和根深蒂固，在社会没有重大变革的情况下，无法对医疗保健体系进行彻底改革。

2019 年：亚马逊

2019 年 5 月 2 日，在伯克希尔－哈撒韦年度股东大会召开的前一天，巴菲特告诉 CNBC，伯克希尔的一位投资经理，要么是库姆斯，要么是韦斯勒，一直在购买亚马逊的股票。巴菲特承认："我一直是亚马逊的粉丝，我以前没买它的股票可真傻啊！"不过，巴菲特向全国的电视观众保证，他长期以来回避科技股的投资风格并没有发生重大变化。[56]

巴菲特漫不经心的态度，或许使他对亚马逊重视不够。同一天，伯克希尔－哈撒韦在提交给美国证券交易委员会的一份文件中披露，截至上一季度末，伯克希尔持有亚马逊 48.33 万股的股票。截至 2021 年底，伯克希尔的持仓市值近 20 亿美元，占亚马逊已发行股本的 0.1%。

2019 年：阿纳达科石油公司

近年来，巴菲特对石油股没有表现出多大兴趣。不过，当伯克希尔－哈撒韦承诺斥资 100 亿美元帮助西方石油公司收购阿纳达科石油公司（简称阿纳达科）时，情况发生了变化。阿纳达科在二叠纪盆地拥有遥遥领先的石油资源，二叠纪盆地位于得克萨斯州和新墨西哥州交界处，是世界上产量最高的油田之一。伯克希尔总共花了 100 亿美元购买了 10 万股西方石油的优先股，年股息率为 8%。[57] 伯克希尔还获得了以每股 62.50 美元的价格购买 8000 万股西方石油股票的认股权证。[58] 根据两家公司的合并协议，西方石油公司收购了"阿纳达科的所有流通股，阿纳达科每 1 股普通股的对价为 59 美元的现金，加上 0.2934 股西方石油公司的普通股。"[59]

近年来，巴菲特似乎正在将他的电力资产转向风能和水力发电等可再生能源。[60] 巴菲特对西方石油公司的投资向观察家们表明，他对石油行业充满信心。而且，巴菲特认为市场没有充分认识到西方石油公司和阿纳达科合并后的资产基础和生产能力。

2020年：克罗格公司

2020年，伯克希尔以5.49亿美元买下了美国最大的杂货零售公司——克罗格的1900万股股票（2.3%的所有权）。[61] 虽然这并没有使伯克希尔成为大股东，但它进入了前十大股东之列。[62] 巴菲特从小在祖父的杂货店打工，这对他来说，也有点儿情怀的意味。2022年，伯克希尔拥有6180万股克罗格股票，价值28.7亿美元。

2020年：日本五大商社

2020年，巴菲特宣布伯克希尔斥资60亿美元，购买了日本五大商社（住友、三菱、伊藤忠、三井和丸红）5%的股份。[63] 巴菲特投资日本的原因包括：这是伯克希尔国际化和多元化战略的一部分；美国资产价格普遍较高；日本五大商社具有低股价、高股息等特点；日元贬值有利于减轻日元债券还本付息的压力。截至2021年底，巴菲特的收益超过30%。

2020 年第三季度的投资

2020 年第三季度，伯克希尔投资了一家名为雪花的云数据公司。在 IPO 时，伯克希尔持有雪花公司约 7.3 亿美元的股票。雪花以每股 120 美元的价格上市。截至上市首日收盘，雪花股价高达 253.93 美元（涨幅为 111%），伯克希尔已赚得超过 8 亿美元。[64] 截至 2022 年 3 月，雪花股价为每股 197.42 美元。

2020 年第三季度，可能是由于预期疫苗和其他与疫情防治相关的企业利润激增，伯克希尔向四家制药公司投资了 57 亿美元：艾伯维（2130 万股）、百时美施贵宝（3000 万股）、默克制药（2240 万股）和辉瑞制药（370 万股）。伯克希尔还出售了其在开市客的全部股份，以及巴里克黄金公司 44% 的股份，以及 40 亿美元的苹果公司股票。[65]

2020 年第四季度的投资

2020 年第四季度，伯克希尔斥资 41 亿美元买入了雪佛龙，斥资 86 亿美元买入了威瑞森。伯克希尔出售了在摩根大通、PNC 金融、M&T 银行、辉瑞制药和巴里克黄金的所有头寸，还减持了其持仓中 6% 的苹果、59% 的富国银行、28% 的森科能源和 9% 的通用汽车。[66]

| 第十章 |

巴菲特也有失误：
失败案例解析与反思

根据对企业未来一两年的预测来决定买入时机，我认为这是投资者犯的最大错误，因为未来总是不确定的。人们都说，这是一个充满不确定性的时代。2001 年 9 月 10 日同样是不确定的，当时人们根本不知道第二天会发生什么。事实是每一天都是不确定的。所以，我们要把不确定性视为投资的一部分。话说回来，不确定性也可以成为你的朋友。我是说，当人们感到害怕的时候，他们会为股票支付更低的价格。我们只看估值，根本不做择时。[1]

——沃伦·巴菲特

回顾巴菲特的那些投资失误

每个人都会犯错，沃伦·巴菲特也不例外，但他并不为此烦恼。有些人拒绝承认自己犯错，或因为自己判断失误而患得患失，巴菲特愿意仔细检视自己的决策，并从那些结果不及预期的决策中吸取教训。正如 2009 年我拜访巴菲特时他所说的那样，在美国职业棒球大联盟的历史上，只有一位击球手的打击率超过了 0.400（泰德·威廉姆斯在 1941 年的打击率为 0.406）。即便如此，威廉姆斯也有近 60% 的失败率。在巴菲特看来，比挥棒失误更糟糕的，是没有意识到机会降临。

巴菲特说："最重要的错误是错过，它们不会在报表中显示出来，但却是我们错失的机会。那些我应当做，也可以做，但却没有做的事情，是我一生中最大的错误。"

在这一章中，我将对巴菲特的那些投资失误展开分析，包括他不明智的收购决定，以及他曾经错过的机会。

1942：城市服务公司

11 岁时，巴菲特购买了人生中的第一只股票——城市服务公司（这是一家天然气公司）优先股[2]，每股 38 美元（他自己买了 3 股，妹妹多丽丝买了 3 股）。[3] 不幸的是，股价很快就跌到了 27 美元，巴菲特开始汗流浃背，因为他不想让妹妹损失一分钱。幸运的是，这只股票又涨回到了 40 美元。巴菲特赶紧把它卖了，却眼睁睁地看着它涨到了 200 美元。[4] 这就是巴菲特投资股市的第一课：要有耐心，不要让"市场先生"影响你的行为。

1952 年：辛克莱加油站

巴菲特最早的投资失误之一是，他在 21 岁时购买了一个辛克莱加油站。巴菲特和奥马哈的一位朋友，以 2000 美元的价格买下了它，相当于他当时净资产的 20%。巴菲特很快了解到，街对面的德士古⊖加油站规模更大，营业收入也一直超过他的加油站。这要归功于德士古的知名品牌以及它拥有的忠实客户群。巴菲特这笔交易的机会成本，按今天的价格计算是 60 亿美元。

对巴菲特来说，这段经历是他早期的重要一课。从此以后，巴菲特认识到了品牌知名度的威力。[5] 除此之外，这段经历还让巴菲特明白了，在投资之前，研究一家公司的财务报表具有重要价值。巴菲特不断强调品牌的重要性，并确保他的所有员工也理解品牌的重要性。

1952：盖可保险

1951 年，巴菲特将超过 50% 的净资产投于盖可保险。（当时巴菲特以 29.375 美元 / 股的价格，总计买入 350 股，总成本为 10 281.25 美元。）到 1951 年底，巴菲特在盖可保险上的回报率为 28%，占到其净资产的 65%。然而，这种唾手可得的成功，却促使巴菲特犯下一个严重的错误。1952 年，巴

⊖ 德士古是财富 500 强公司之一，总部在美国，主要经营炼油。——译者注

菲特卖掉了在盖可保险上的全部头寸，所得资金全部拿来投资西部保险证券公司。西部保险看起来像是一只"烟蒂股"，而巴菲特从本杰明·格雷厄姆那里学会了捡"烟蒂"的方法。但在接下来的 20 年里，巴菲特眼睁睁看着他卖出的盖可保险股票价值飙升到远远超过 100 万美元，他过早地扣动了扳机。这给巴菲特上了生动的一课，对他的投资行为也产生了深远影响。巴菲特认识到，他应当长期持有伟大的企业。

1964 年：美国运通

1963 年，美国运通卷入了一起诈骗案，造成 1.8 亿美元的损失，相当于今天的 15.2 亿美元。[6] 这导致美国运通的股票价格下跌了超过 50%。

巴菲特用菲利普·费雪的"四处打探法"来考察这一事件对公司的影响。巴菲特意识到，人们仍然在就餐、购物、银行转账和旅游时使用美国运通卡和支票。此外，巴菲特还评估了公司的财务状况。后来，在 1964 年，巴菲特将 25% 的合伙资产投于美国运通。两年后，当巴菲特出售美国运通时，股票的市值翻了一番。这笔交易为巴菲特及其合伙人赚了 2000 万美元。

毫无疑问，这是一笔出色的投资。然而，如果巴菲特一直持有那笔投资，今天它的价值将达到数十亿美元。所以，巴菲特再次认识到，他需要长期持有伟大的企业。

1962 ～ 1964 年：伯克希尔 - 哈撒韦

正如我在第二章中提到的，20 世纪 60 年代，巴菲特起初提出以 11.50 美元 / 股的价格，出售他在一家名为伯克希尔 - 哈撒韦的纺织企业的股份。但在收到 11.375 美元 / 股的收购要约后，巴菲特勃然大怒，转而买下了整间公司，并解雇了其原来的所有者。随后，伯克希尔的纺织业务陷入了持续亏损的泥淖之中，巴菲特勉力维持了这项业务长达 20 年之久。

这里的教训显而易见：投资的时候，不要意气用事。巴菲特称，收购伯克希尔 - 哈撒韦是他一生中最大的投资错误，这一错误让他损失了相当于今天数十亿美元的财富。巴菲特一直认为，投资最重要的能力就是控制自己的情绪，伯克希尔就是绝佳的例证。我甚至怀疑，巴菲特之所以保留这家失败公司的名字作为自己开展投资业务的平台，其中的原因之一就是时时警醒自己不要再意气用事。巴菲特估算过，如果他把同样的资金投给一家保险公司，伯克希尔的价值将比现在高出 2000 亿美元。正如巴菲特所言："当一位以精明著称的经理人，遇到一家以糟糕的经济特征著称的企业时，保持完好无损的往往是这家企业的声誉。"[7]

1966 年：霍克希尔德 - 科恩公司

巴菲特第一次直接收购的一家公司，是巴尔的摩的一家私人百货公司——霍克希尔德 - 科恩公司。1966 年，巴菲特和他的两位合伙人查理·芒格和桑迪·戈特斯曼买下了这家百货公司的全部股票。[8] 通过收购霍克希尔德－科恩公司，他们得到了：①以低于账面价值出售的企业；②优秀的管理团队；③未被记录的房地产价值（第一层安全垫）；④大量按照"后进先出"法（LIFO）记录的库存（第二层安全垫）。[9] 由于只有过去几年的低成本存货才会被留存下来，"后进先出"法实际上低估了存货的账面价值。

所有这些都是潜在的价值属性。但霍克希尔德－科恩公司首先是一家零售商，而零售业是一个出了名的具有挑战性的行业。[10] 问题在于，消费者的偏好和销售渠道都在不断变化，再加上实体零售店的低准入门槛，使得这一行业的任何竞争优势都难以维持。

很多投资者都是通过痛苦的经历，才认识到这一事实的。想想看，老牌零售巨头西尔斯和杰西潘尼如今基本上已经消亡。在我写这章的时候，新冠疫情导致的停产影响，正在让其他全国性的零售连锁企业陷入破产。此外，技术的影响也加剧了这一趋势。我们的购物方式正在发生根本而迅速的变化。没有人会想到，以亚马逊为代表的电子商务会以怎样的方式摧毁传统实体企业，甚至杰夫·贝佐斯也想不到。在经济停摆期间，电商吞噬实体的现象进一步加剧了。这给零售业本来就存在的产能过剩带来了额外的成本压力，也挤压了传统销售渠道的利润空间。[11]

　　不断变化的消费者偏好、较低的进入门槛、次优选址以及其他趋势变化，让霍克希尔德－科恩公司陷入困境。三年后，当巴菲特卖掉他在这家零售商的股份时，他仅仅是收回了最初的投资成本而已。他的结论是："以合理的价格买入一家优秀的公司，胜过以优惠的价格买入一家平庸的公司。"[12] 当芒格加入伯克希尔－哈撒韦时，他又强调了这一观点。很快地，这就成了巴菲特的核心投资原则。

1966 年与 1995 年：华特·迪士尼公司

　　1966 年，伯克希尔将合伙企业 5% 的资金投入华特·迪士尼公司，总计 400 万美元。[13] 不到一年，巴菲特就以 620 万美元的价格卖掉了这笔持仓，赚了 220 万美元。不幸的是，这最终成了巴菲特职业生涯中最大的失误之一。卖掉迪士尼的股票让巴菲特合伙公司错失了大约 170 亿美元的未来升值，外加 10 亿美元的股息。[14] 想想机会成本，巴菲特可以用这些损失的钱做些什么。在 1998 年伯克希尔股东大会上，巴菲特说："卖掉迪士尼显然是一个巨大的错误，我本应该继续买进的。"[15]

　　1995 年，巴菲特又犯了类似的错误。伯克希尔原本拥有大都会/ABC 的股份，那一年，当迪士尼宣布收购大都会/ABC 时，伯克希尔以换股的方式，拥有了 2100 万股迪士尼的股票。2000 年底，伯克希尔将这些股票全部卖出。如果当年巴菲特继续持有，现在这些股票的价值将达到 139 亿美元。[16]

1968 年：英特尔公司

1968 年，半导体专家罗伯特·诺伊斯和戈登·摩尔创立英特尔公司。[17] 英特尔后来成为世界顶级科技公司之一。1968 年，巴菲特本来有机会投资这家公司，因为当时他和诺伊斯都是艾奥瓦州格林内尔学院的受托人。诺伊斯说服了巴菲特的好朋友乔·罗森菲尔德和格林内尔学院投资基金投资这家公司（各出 10 万美元），但巴菲特拒绝了，因为他觉得没有安全边际。这后来也成了巴菲特最大的投资失误之一。不过话说回来，这符合巴菲特的风格，他一向不投资科技公司，也不投资缺乏安全边际的企业。

1975 年：瓦姆贝克纺织公司

尽管巴菲特后悔买入了濒临破产的伯克希尔－哈撒韦纺织公司，但他在 13 年后重蹈覆辙，收购了另一家新英格兰纺织公司——瓦姆贝克－米尔斯。显然，此前巴菲特只学到了一部分必要的教训，那就是在投资的时候要避免意气用事。但巴菲特还要领会更深刻的教训，那就是不要仅仅因为便宜就入手。

在 2014 年致伯克希尔股东的信里，巴菲特写道："你能相信吗？1975 年，我收购了另一家新英格兰纺织公司——瓦姆贝克－米尔斯。当然，基于我们获得的资产以及它与伯克希尔现有纺织业务的预期协同效应，收购价格是'划算'的。然而，出人意料的是，收购瓦姆贝克简直就是一场灾难，没过几年，公司就不得不关门大吉了。"[18]

2017 年，巴菲特告诉 CNBC，他终于明白了"如果你从一开始就不成功，那就应当转向新的战略"。[19]巴菲特还认识到，如果一家公司的产品或服务的利润率受限，那么拥有这家公司就有诸多不利之处。

1980 年至 20 世纪 90 年代：微软

众所周知，巴菲特错过了投资微软的机会。正如我们所看到的那样，只有在投资自己了解的公司或行业时，巴菲特才会感到舒服。巴菲特的"能力圈"原则，让他在微软成立之初就将其排除在外。后来，当巴菲特与微软联合创始人比尔·盖茨建立起友谊时，他又担心投资盖茨的公司会让他们的关系面临风险。还有一点，如果巴菲特投资微软，在监管机构看来会有失妥当，监管机构可能会怀疑两人是否分享过内幕信息。为此，巴菲特付出的机会成本高达数十亿美元。

2010 年和 2012 年，巴菲特聘请托德·库姆斯和泰德·韦斯勒担任投资经理。巴菲特显然是意识到了，他对科技的无知会让伯克希尔付出代价，这将是无可承受之重。

我从中得到的启发是：不要害怕学习自己"能力圈"以外的知识，或者准备好把工作交给在这方面知识更丰富的人。

1989 年：美国航空公司

巴菲特对航空公司的投资一直表现平平，然而他却"屡败屡战"，以至于他在 2002 年开玩笑说，自己是一个"航空股爱好者"。[20]

1989 年，巴菲特第一次涉足航空公司。当时，美国航空公司 CEO 埃德·科洛德尼说服巴菲特入股，以保护美国航空公司免受对冲基金的恶意收购。巴菲特购买了 3.58 亿美元的可转换优先股，年股息率为 9.25%。[21] 约定的转股价为 60 美元 / 股，当时的市价为 52 美元 / 股。但巴菲特始终无法将他的优先股转化为普通股，因为这只股票从未达到过 60 美元 / 股。科洛德尼回忆说，巴菲特一有机会就套现了，不过只拿回了本金，仅此而已。[22]

在 2002 年的一次采访中，巴菲特承认他在航空股上吃了大亏，他观察到，"在过去的一个世纪里，几乎没有其他行业像航空业那样吞噬资本，因为人们似乎不断地回到这个行业，并投入新的资金"。[23]

巴菲特说，巨额的固定成本、强大的工会组织，加上没有定价权，这些不利因素叠加在一起，让航空公司的成功显

得异常困难。然而，巴菲特并没有吸取教训。2016 ～ 2020
年，巴菲特又陆续买进了另外四家航空公司的股票。

巴菲特开玩笑说："现在如果我有购买航空公司股票的
冲动，我就会拨打 800 开头的免费电话。我会在凌晨两点对
着电话说'我是巴菲特，我是一个航空股爱好者。'然后他
们就会劝我保持冷静。"[24]

巴菲特对航空公司的投资决定，似乎是受到了他对盈
利预期的影响，他认为航空业的整合将导致头部公司的盈
利能力增强。还有一种可能，巴菲特过高估计了航空业高准
入门槛的好处，认为这是一条为股东创造诱人回报的可持续
之路。

1991 年：所罗门兄弟公司

所罗门兄弟公司是巴菲特最糟糕的投资之一。20 世纪
90 年代初发生的一系列丑闻，让所罗门兄弟公司濒临破产，
这也是促使巴菲特接管这家公司的诱因之一。当时巴菲特已
经拥有所罗门兄弟公司 7 亿美元的优先股（巴菲特在 1987
年买下了所罗门兄弟公司 12% 的股份）。[25]

其中一桩丑闻涉及一名交易员，他在 1990 年底对政府
债券提出了非法报价。在一次美国国债的竞拍中，这名交易
员违规投标了超过单个竞标者可以提交的 35% 的份额上限，

并试图以此来操纵市场。[26] 银行的内部调查人员核查后发现，这名交易员总共涉及两笔价值 60 亿美元的五年期美国国债的非法出价。[27] 当这一行为被曝光后，该交易员并没有被解雇。第二年，也就是 1991 年 5 月，所罗门兄弟公司故技重施，再次袭扰了美国国债市场，但这一次被美国证券交易委员会抓了个正着。所罗门兄弟公司被罚款 2.9 亿美元，其 CEO 约翰·古特弗罗因德也被解雇。[28] 这两起事件的始作俑者，也就是这名交易员，因向监管机构撒谎，被判处在低度设防监狱服刑 4 个月。[29]

这一事件迫使巴菲特在国会听证会上做证。巴菲特首先为这些非法行为道歉，然后强调所罗门兄弟公司的大多数员工都是守法之人，并承诺公司将全力配合任何联邦调查。巴菲特说："归根结底，合规意识与合规稳健同样重要，甚至更重要。"他继续说：

> "我想要正确的合规制度，也想要全面的内部控制。但我也要求所罗门兄弟公司的每一位员工，都要成为自己的合规负责人。首先，他们必须遵守所有的规定；然后，我希望员工们扪心自问，他们是否愿意让自己的任何行为被一名见多识广、吹毛求疵的记者报道，出现在当地报纸第二天的头版上，并被他们的配偶、子女和朋友们看到。如果他们能够通过这一测试，他们就不必担心我给他们传达的另一条信息——如果

你们让公司赔钱，我尚可理解；如果你们让公司的声誉受损，我就会毫不留情。"[30]

1997 年，旅行者集团以 90 亿美元收购所罗门兄弟公司以后，巴菲特全身而退。巴菲特拿走了 17 亿美元，所以他赚了 10 亿美元。[31] 单纯从财务角度来看，投资所罗门兄弟公司算不上是一个错误，但它让巴菲特咽下了很多苦果。长期以来，对于任何品牌，巴菲特都非常看重诚实和正直的重要性，"所罗门事件"让巴菲特进一步强化了这一观念。

1993 年：德克斯特鞋业公司

1993 年，巴菲特以 4.33 亿美元的伯克希尔股票作价，收购了德克斯特鞋业公司。[32] 当时，德克斯特是全球最负盛名的制鞋公司之一。我的感觉是，巴菲特可能有过度自信的偏误，没有考虑到来自海外廉价劳动力的影响，也没有想到它们会如何损害德克斯特基于品牌的竞争优势。

在 2015 年致股东的信里，巴菲特说："我们曾经盛极一时的德克斯特鞋业陷入了困境，导致缅因州一个小镇里的 1600 名员工失业。许多工人都已经过了学习另一门手艺的年龄。我们的全部投资打了水漂，但总算是能承受得起，但许多工人失去了他们赖以生存的平台。"[33] 用以换股的伯克希尔股票，今天的价值大约是 90 亿美元。[34] 不过，更重要的是机会成本，也就是说这 90 亿美元原本可以用来做些别的投资。

1998 年：通用再保险

1998 年，伯克希尔发行了 27.22 万股股票，用来收购通用再保险公司，这一举动使伯克希尔的股票数量增加了 21.8%。[35]

这笔交易出了两个问题。第一，通用再保险金融衍生品的风险敞口太大；第二，通用再保险名声不好。在 2009 年伯克希尔年会上，巴菲特说："1998 年，当我买下通用再保险的时候，我简直是大错特错。我当时以为它是 15 年前的那个在保险界享有盛誉的通用再保险，没想到根本不是这样。"[36]

因为拥有丰富的商业经验，巴菲特最终与灾难擦肩而过。在衍生品方面，巴菲特指示通用再保险的业务团队，尽可能多地、尽可能快地平仓公司的衍生品。巴菲特迅速采取行动以减少潜在灾难的影响，而不是坐等情况好转，就像他在 2020 年初对航空股所做的那样。[37] 巴菲特还更换了通用再保险的高层管理团队。巴菲特承认："由于我的失误，导致伯克希尔股东付出的代价，远远超过他们得到的回报。"[38]

简单地说，巴菲特在 2001 年的投资失误，让伯克希尔股东损失了 8 亿美元。这里的教训是什么呢？永远要做最坏的打算，并评估什么样的行为会让你付出代价。[39] 此外，如果出了什么问题，明智的做法是及时止损并尽快脱身。还有一点，优秀的管理层是企业成功的关键。[40]

1998 年至今：谷歌

有时候机会就在你的眼皮底下。[41] 在 20 世纪末期，谷歌的创始人谢尔盖·布林和拉里·佩奇曾找到巴菲特，希望巴菲特能投资他们的公司，但巴菲特拒绝了，因为他错误地认为谷歌只是另一个搜索引擎，而不是一个强大的广告工具。巴菲特本应该想到的，因为伯克希尔－哈撒韦已经很熟悉谷歌的商业模式，还在谷歌上为盖可保险做过广告。巴菲特和芒格又一次错过了一笔本可以让他们净赚数十亿美元的科技股投资。

2003 年：沃尔玛

21 世纪 90 年代，巴菲特曾买入过沃尔玛的股票。巴菲特的目标是以 23 美元 / 股的价格购买 1 亿股。然而，就在巴菲特买进的时候，沃尔玛的股价比他的理想买入价格高了几美分，所以在 2003 年巴菲特停止了买入。[42] 在 2004 年伯克希尔股东大会上，巴菲特说：

我让大家损失了大约 100 亿美元。芒格说，这似乎不像是我想出来的最糟糕的主意。这话从他嘴里说出来，可不算夸奖。然后，你知道，我们买了一点儿沃尔玛的股票，结果股价又涨了一点儿。我想着"也许股价还会下来点儿"之类的，谁知道我在想什么呢？我是说，只有我的心理医生能告诉我。而这种犹豫不决不愿多付出一点儿的做法，目前的机会成本在 100 亿美元左右。[43]

截至 2019 年，这 1 亿股股票的价值约为 120 亿美元，这还不包括过去 20 年的股息。算总回报的话，还要高得多。自 2004 年初以来，沃尔玛给股东创造的年化总回报率为 7.5%。[44]

投资沃尔玛的主要教训是，如果你相信自己的想法，最好学会为好公司买单。没有完美的价格。如果你认为一只股票被低估了，多花 5% 的钱也不会要了你的命。[45]

2006 ～ 2014 年：特易购

2006 年，巴菲特第一次买入英国最大的杂货连锁店——特易购的股票。但公司管理层开始发生变化，其结果是公司盈利能力不断下降。巴菲特没有注意到这些迹象。2012 年，尽管特易购出现盈利预警，巴菲特仍将其股份增持至 5% 以上。第二年，巴菲特终于对公司管理层表示"不满"，他从持仓的 4.15 亿股股票中卖出了 1.14 亿股。

巴菲特的失误在于，当他理应完全撤资的时候，也许是出于"损失厌恶"的心理，他还在坚守。特易购的情况并没有得到改善。相反，它的市场份额还在继续萎缩，利润率持续受到挤压，财务问题也开始浮出水面。

2014 年，巴菲特继续出售特易购的股票，最终他的税后损失总计 4.44 亿美元，相当于伯克希尔净资产的 0.2%。[46] 教训则是，一有管理不善的迹象就应撤资，否则就换掉管理层。

巴菲特后来承认："事实证明，我为卖股时的犹豫不决付出了高昂的代价。芒格称这种行为为'吮拇指'。（考虑到我的拖延让大家付出的代价，芒格的评价已经很宽容了。）在商界，坏消息经常接踵而至。假如你在厨房里看见一只蟑螂，随着时间的推移，你会遇到越来越多的蟑螂。"[47]

2008 年：康菲石油公司

正如我在第七章关于"从众心理"的讨论中所述，巴菲特忘了自己一贯遵循的可靠法则，即在市场大跌时买入。相反，他让自己的情绪占据了上风，在油价接近高点时买入了康菲石油公司，此举最终让伯克希尔损失了数十亿美元。

2011 年：路博润公司

2011 年 1 月初，伯克希尔的高管大卫·索科尔购买了路博润公司的大量股票，然后将这家公司的情况告诉了巴菲特。索科尔说，这将是一笔有吸引力的收购。巴菲特采纳了这一建议。2011 年 3 月，伯克希尔以约 90 亿美元的价格收购了路博润。这笔交易让索科尔个人持有的股票增值了 300 万美元，媒体发现并曝光了这一事实。

最终，索科尔被迫辞职。[48] 巴菲特这才意识到，他在收购路博润时没有做足够的尽职调查，不过为时已晚。巴菲特从中得到的教训是：声誉是你最宝贵的资产。有些问题哪怕并非必要，也要多提问。总之，要尽一切可能，去捍卫自己的声誉。[49]

2011 ~ 2018 年：IBM

2011 年，伯克希尔 – 哈撒韦以 107 亿美元购买了 6400 万股 IBM 的股票（均价为 170 美元 / 股）。[50] 当时，巴菲特对 IBM 的辅助办公服务业务更感兴趣，而不是电脑硬件。由于 IBM 在外包信息技术方面占主导地位，商业服务业务似乎可以稳步增长。但没过多少年，云计算开始崛起，大大削弱了 IBM 的地位。

2017 年，巴菲特对苹果的未来更加乐观，而不是 IBM，他对"蓝色巨人"的信心持续下滑。形势越来越明显，在重塑行业的变革中，IBM 站在了错误的一边。巴菲特当时说："当 IBM 的股价超过 180 美元时，实际上我们卖出了相当数量的股票。"[51] 2018 年 5 月，巴菲特以 140 美元左右的价格出清了所有的 IBM 持仓。[52]

2013 年：未来能源控股公司

未来能源控股公司（EFH）成立于 2007 年，拥有 80 亿美元的股权资产以及大量债务，它曾意图购买得克萨斯州的电力公用事业资产。在没有和芒格商量的情况下，巴菲特投资了大约 20 亿美元的 EFH 债券。在 2013 年致股东的信里，巴菲特承认了这一失误。这凸显了一条核心原则的重要性：你身边要有一个人，你有任何想法都可以向他征求意见，并且他不怕与你有不同意见。以前巴菲特曾利用这一原则获得极大收益，但此番他没有与芒格协商，大概使伯克希尔损失了 8.73 亿美元。巴菲特告诉股东："这是一个巨大的错误，下次我一定会先给芒格打电话。"[53,54]

2015 年：卡夫 - 亨氏食品公司

2013 年 2 月 14 日，伯克希尔和 3G 资本以 280 亿美元收购了亨氏公司。2015 年，他们又投资了 100 亿美元，将卡夫食品与亨氏公司合并。此举让卡夫 - 亨氏食品公司的估值增至 460 亿美元。[55]

不过，卡夫 - 亨氏的大部分食品组合都是商店的传统产品，而消费者的口味正迅速转向周边产品和有机产品。这种转变的主要表现之一，是自有品牌的竞争加剧，比如来自开市客的柯克兰。沃尔玛、塔吉特、克罗格等食品零售商也一直在扩张自有品牌。例如，克罗格旗下的"简真"（Simple

Truth）有机食品系列现在已发展成一个价值 30 亿美元的独立品牌。[56]

巴菲特没能预料到消费者偏好的转变，也没能预料到其他食品零售商正在适应这种变化。竞争加剧、销量减少和利润下降，导致卡夫 – 亨氏食品公司在 2019 年减记了 154 亿美元，股息减少了 36%，从每年 2.50 美元 / 股降至 1.60 美元 / 股。[57]

自有品牌的市场份额持续增加。在 2020 年新冠疫情暴发之前，自有品牌的销售额占市场的 16%，自 2014 年以来上升了 2 个百分点。传统产品的销售额增长了 24%，而自有品牌的销售额增长了 29%，后者的增速远超前者。[58]

巴菲特对 CNBC 表示："它仍是一家很棒的企业，因为它使用大约 70 亿美元的有形资产，就获得了 60 亿美元的税前利润。"不过，巴菲特事后承认，他为卡夫 – 亨氏食品公司支付了过高的价格："我们为它的有形资产支付了 1000 亿美元。所以，对我们来说，它必须赚到 1070 亿美元，而不仅仅是公司账面上的 70 亿美元。"[59]

2015 ～ 2016 年：精密铸件公司

2016 年，伯克希尔 – 哈撒韦以 321 亿美元收购了精密铸件公司。[60] 该公司是全球主要的航空航天零部件供应商，其业务包括制造大型飞机的紧固零件和涡轮叶片，以及发电站和石油天然气的运输管道。

精密铸件旗下有一家子公司——德国舒尔茨控股。2017年，精密铸件以 8.7 亿美元的价格收购了舒尔茨控股。但在交易完成后，精密铸件发现，舒尔茨控股通过欺诈性会计操作，严重夸大了其价值。

最终双方达成了仲裁协议。2020 年，精密铸件赢得了6.96 亿美元的赔偿。巴菲特承认他对会计账目的判断出现了失误："我错判了未来平均收益，导致我在计算精密铸件的合理收购价时出错了。这绝不是我第一次犯这种错误，但这次犯的错真不小……可以肯定的是，以后我还会犯更多的错。"[61]

2019 年：亚马逊

直到 2019 年，巴菲特才投资贝佐斯领导的这家革命性的公司。巴菲特告诉 CNBC："我没买亚马逊可太傻了！"巴菲特这么说，其实是宣告这种情况即将改变。[62]

从 2019 年开始，伯克希尔逐步买入亚马逊的股票。截至 2022 年 3 月，伯克希尔持有亚马逊 53.33 万股，按 2910美元 / 股计算，市值为 15.5 亿美元。亚马逊最近宣布，按照20：1 的比例分拆股票（有待股东批准）。这意味着，每拥有 1 股亚马逊，就会再分得 19 股。金额是不变的，只是你会持有更多股更便宜的股票，这为更多投资者购买亚马逊提供了机会。截至 2022 年 6 月底，伯克希尔持有 1066.6 万股亚马逊股票。截至 2022 年 8 月，其市值为 14.3 亿美元。

2016～2020 年：航空公司

正如本章以及第九章所述，2016 年 11 月，伯克希尔投资了美国航空公司、美国联合航空公司、达美航空公司和西南航空公司。在 2020 年伯克希尔股东大会上，巴菲特宣布，由于新冠疫情暴发，伯克希尔已经出售了 61 亿美元的航空公司股票头寸。这导致伯克希尔在 2020 年一季度亏损了 500 亿美元，这是公司历史上最大的单季亏损。

有人可能不同意我把投资航空股归为巴菲特的错误之一，因为是新冠疫情，而不是任何商业洞察力的判断失误，导致了航空公司的严重亏损。但我对上述观点持有异议。巴菲特之前的投资经验告诉他，航空公司是一门糟糕的生意，他却忽视了自己来之不易的教训。不管有没有新冠疫情，航空业都对经济周期高度敏感。巴菲特知道这一点，并抱怨过其高昂的固定成本和强势的工会。尽管如此，巴菲特还是买进了 9 755 058 860 美元航空股，占伯克希尔全部投资组合的 4.5%。

巴菲特为什么没有吸取过去的经验教训？我认为，航空业的整合减少了航空公司之间的"价格战"，这让巴菲特确信，此一时，彼一时，航空公司有可能会给股东带来诱人的回报。巴菲特的判断可能没错，但新冠疫情的到来，再次证明了航空业是多么变幻无常。

小结

巴菲特在《聪明的投资者》序言里写道："成功的投资并不需要超高的智商，超乎寻常的商业洞察力，或者内幕消息。我们需要的是一个健全的知识架构以便做出决策，以及控制情绪的能力，以避免其侵蚀了知识架构。"[63]

巴菲特的大多数投资失误，都源于他未能坚守自己的决策原则。尽管犯下了一些代价高昂的错误，伯克希尔 - 哈撒韦的业绩仍然是有史以来最高的投资回报记录之一。巴菲特认为，投资中的错误是不可避免的。关键是要从中吸取教训，避免重蹈覆辙。

对投资者来说，要想做到这一点，最可靠的方法是意识到决策过程中存在的各种偏误。人人都有偏误，巴菲特也不例外。但是，如果你能忠实地复盘自己的错误，就有可能发现盲点并改正错误。

第四部分

走近巴菲特

| 第十一章 |

巴菲特与他的嘉年华

我衡量成功的标准是有多少人爱我。被爱的最好方式就是先学会爱人。[1]

——沃伦·巴菲特

巴菲特曾说，他现在和只有 1 万美元时一样快乐。他认为，个人对生活的满足感不是来自金钱，而是来自你用手上的资源做了什么。有鉴于此，巴菲特建议学生们永远不要只是为了钱而工作；主要的驱动力必须是你的热爱。巴菲特有足够的钱去任何想去的地方，做任何想做的事情，他却说幸福的引擎是与家人、爱人的人际关系，以及一份他认为"每天都在度假"的工作。2019 年，巴菲特对《金融时报》的一位撰稿人说："我买不到时间，也买不到爱情，但我可以用金钱做其他任何事情。为什么我每天早上从床上跳起来都很兴奋？这是因为我喜欢我所做的事情，也喜欢和我一起共事的那些人。"[2]

金钱与幸福

我在前文中提过，巴菲特是出了名的节俭，他不屑于把公司装修得富丽堂皇。巴菲特不喜欢各种各样的会议、时间表、公司礼仪以及庞杂的管理人员。六十多年来，巴菲特的办公室一直位于简朴的基威特大厦。这位亿万美元身家的投资家对目前企业 CEO 流行的天价薪酬没有任何兴趣。

2009 年，当我带着一群学生去拜访巴菲特时，他把给高管发高薪的做法与给运动员支付薪酬做类比。他说，给一名 0.400 的击球手支付高薪是可以理解的，但给一名 0.240 的击球手高薪就有点儿匪夷所思，现在有太多 0.240 的击球手拿着一流击球手的薪水。

自 1980 年以来，巴菲特每年从伯克希尔 – 哈撒韦领取 10 万美元的年薪，外加 28.9 万美元的其他津贴。巴菲特认为，这一数字虽然不到 2018 年伯克希尔薪酬中位数的两倍[3]，但已经足够他生活了。巴菲特经常公开反对不断膨胀的高管薪酬，这会导致美国贫富差距不断扩大。巴菲特也从未将伯克希尔的股票套现以供个人使用。

2009 年我们拜访巴菲特时，他对我的学生们说："如果你认为拥有的是现在的 2 倍会更快乐，那你可能就犯了一个大错；如果你认为赚 10 倍或 20 倍就能让你快乐，那么你就会陷入麻烦。因为你可能会做一些不该做的事情，比如偷工减料。"他强调，人们做自己喜欢的工作才能做得最好："如果要我和一个令我反胃的人一起赚 1 亿美元，我会拒绝。"[4]

如今，巴菲特仍住在他 1957 年以 31 500 美元在奥马哈买下的房子里。[5] 1971 年，巴菲特和第一任妻子苏珊以 15 万美元在加利福尼亚州拉古纳海滩购买了第二套房子，那里可以俯瞰大海。苏珊去世后，巴菲特以 750 万美元的价格将其出售。

多年以来，在女儿苏茜成家独立之前，巴菲特一直开着一辆林肯城市轿车，从牌照都能看得出他的节俭。[6] 如今，巴菲特开的是 2014 年款的凯迪拉克 XTS。除了这点儿奢侈之外，巴菲特的核心价值观一直是崇尚简朴。他对拥有很多房子、汽车、游艇或其他物质享受不感兴趣，这只会让他的生活变得更复杂。巴菲特说："我的西装是旧的，钱包是旧的，车也是旧的。我从 1957 年起就住在这栋房子里，我还会继续住在这里。"[7]

伯克希尔股东大会

尽管巴菲特非常节俭，但伯克希尔 – 哈撒韦的年度股东大会历来是一场豪华派对。我参加过 12 次股东大会。

1965 年，伯克希尔 – 哈撒韦的第一次股东大会在一家自助餐厅举行，当时只有十几个人参加。如今，股东大会通常会吸引 4 万多人参加。酒店房间要提前一年预订。奥马哈机场到处都是私人飞机。大家认为通宵排队没什么大不了的，这样他们就可以在 CHI 健康中心大楼早上 7 点开放时抢到最好的座位。因此，巴菲特把每年的聚会称为"投资界的伍德斯托克音乐节"。每年的年会都会吸引来自世界各地的股东们，他们为伯克希尔的成功而欢呼雀跃，并聆听伯克希尔的两位灵魂人物（巴菲特和芒格）讨论他们对商业和生活的看法。

2020 年，伯克希尔股东大会采取了线上直播的方式，虽然这让更多人有机会参会，但它必然剥夺了我最喜欢的体验之一：与来自全球各地的金融老手交谈。多年来，在等候入场时，我都会与投资者、老奶奶、股票经纪人、律师和学生交谈。事实上，参加巴菲特股东大会最棒的地方，就是与参会者交流并向他们学习。

疯狂冲刺

早上 7 点，当会场的门打开时，平克·弗洛伊德的歌曲《财富》在我周围响起，我全速冲向前方。伯克希尔董事会成员将出席会议，其中包括微软联合创始人比尔·盖茨。在开始当天的议程之前，我们与会者可以品尝一顿免费的欧式早餐，也可以参观展览大厅，里面有大约 20 家伯克希尔旗下的子公司，如喜诗糖果、布鲁克斯、鲜果布衣、波仙珠宝和宠厨，它们都在销售自家产品。所有参会者购物均可享受八折优惠。

在股东购物节的书展上，一些作家会在他们的书上签名，并与大家交谈。2010 年，微软联合创始人盖茨的父亲——老比尔·盖茨就现身书展，在他的著作《盖茨是这样培养的》上签名。

为了纪念巴菲特童年送报纸的经历，现场还会举办一场投报纸比赛，比赛让会场嘉年华般的气氛更热烈。谁能把报纸投到离克莱顿活动房屋门口最近的地方，谁就能获得奖励，不过他们必须先打败巴菲特。

开场电影

大会通常以一小时长的半商务半喜剧的电影开场，巴菲特会谈到他头脑中所有的人生经验。芒格总会上镜，并经常与阿诺德·施瓦辛格、吉米·巴菲特（美国歌手，不是巴菲特的亲戚）、苏珊·卢奇（美国演员）和厄尼·班克斯（美国职业棒球明星）等名人一起露面。有一年，勒布朗·詹姆斯（篮球明星）上镜了。其他令人惊喜的人物还包括鲍勃·艾格（迪士尼 CEO）、苏珊·德克尔（雅虎 CEO）和凯西·爱尔兰（作家、企业家）等商界人士。

最后，常常会有来自内布拉斯加大学的啦啦队现身会场，挥舞着他们的彩球，让人群兴奋起来。

问答环节

接下来是最重要的环节：巴菲特、芒格会与股东进行长达 5 个小时的问答。芒格和巴菲特在桌前居中而坐，面对着他们的董事会成员，回答 CNBC 记者、保险和铁路及能源专家、伯克希尔股东们的问题。股东们会在 13 个麦克风前排队，看看他们是否能从著名的"奥马哈先知"那里得到一些智慧。

在整场会议期间，巴菲特和芒格都会展现出他们惯常的幽默，回答问题时互相打趣，狼吞虎咽地吃下产自喜诗糖果的巧克力和花生脆，再配上几瓶可口可乐。

尽管会场里有成千上万的观众，但当巴菲特和芒格讲话时，全场一片寂静，与会者都在努力听清每一个字。2016年，还有 3000 名从中国飞来的观众，他们和口译员坐在另外单独的会议室里。

有人提问："如果人生重来一遍，你会为了追求幸福有什么不同的做法？"

巴菲特回答说："很早以前，我就意识到，我最喜欢的雇主就是我自己。所以，没什么不同。"通过这个简单、直白的回答，巴菲特透露出自己从心底里就是一个企业家。

巴菲特的人生建议

长久以来，巴菲特一直将自己成功的很大部分归功于他的第一任妻子苏珊·汤普森·巴菲特。巴菲特坦言，是苏珊使他成为一个完整的人。

不过，1950年两人初次见面时，苏珊认为巴菲特是个混混。父亲让苏珊坐下来，向她解释说，这位有着惊人才智的年轻金融家与众不同。她可能很难和巴菲特谈论某些话题，但他有一颗金子般的心。苏珊听从了父亲的话，1952年在奥马哈的邓迪长老会教堂和巴菲特举行了婚礼，那里离巴菲特长大的地方不远。

尽管在1977年巴菲特和苏珊分道扬镳，但在2004年苏珊因口腔癌去世之前，两人一直保持着法律上的婚姻关系。2006年，巴菲特与第二任妻子阿斯特丽德·门克斯结婚，她曾是苏珊的好朋友。巴菲特总是强调苏珊对他的积极影响，说她填补了他内心的空虚。

父亲的价值观

价值观既是巴菲特信仰体系的重要组成部分，也是他整体人格魅力，也可以说是他的品牌的关键。起初，巴菲特效仿父亲霍华德的为人处世标准，霍华德用两张记分卡来衡量自己。第一张是内部记分卡，监测内心活动。霍华德不断地问自己："我是个好人吗？我做得对吗？我待人接物得体吗？我诚实吗？"

第二张是外部记分卡，衡量标准是诸如此类的问题："我的房子有多大？我的汽车和衣服有多好？我能赚多少钱？人们怎么看我？"[8]

对于霍华德·巴菲特来说，内部记分卡总是更为重要。

家族财富

巴菲特的三个孩子都就读于奥马哈的公立学校。随着孩子们的成长，巴菲特越来越重视一个问题：家族的巨大财富不能妨碍孩子们的发展。

巴菲特说，留给孩子们的遗产，最完美的是"足够多的钱，让他们觉得自己可以做任何事，但又不至于多到让他们觉得可以什么都不做"。[9]巴菲特认为，有必要向孩子们灌输取得成功的动力。

例如，1977 年，巴菲特的小儿子彼得还在斯坦福大学上大一。巴菲特给了 19 岁的彼得 9 万美元的伯克希尔股票，并规定这将是彼得能得到的唯一财产。这 9 万美元（不计算股票升值的话，相当于今天的 421 360 美元）来自出售祖父的农场所得，巴菲特将其转换为伯克希尔－哈撒韦的股票。[10]

彼得一直想成为一名音乐家和音乐制作人。经过深思熟虑，他从斯坦福大学退学，然后买来一些音乐设备，致力于追求他的艺术梦想。彼得本来可以为他的父亲工作，变得非常富有，但他说从来没有后悔过自己的选择："我用我的积蓄买了比钱更有价值的东西，我用它买了时间。"[11]

从父亲那里，彼得学到了追求自己所爱的重要性。他明白，自己有得选已经是一种不同寻常的特权，正如他在回忆录《父亲巴菲特教我的事》中所说的，"那份礼物不是我自己赚到的"。[12]他写道："很多人享有特权，要么是金钱、情感支持，要么是某种独特的天赋或机会。但他们不明白时间的价值。如果没有那无数个没有报酬的日子来摆弄我的音乐设备，我肯定无法创作出自己的音乐。"[13]

尽管彼得有足够的钱为他的音乐生涯打下基础，但那些钱还不至于能让他永远不用工作。他说："在那些艰难的日子里，我对自己和自己的适应能力有了更多的了解，这比我拥有一大笔钱、轻松度过一生的收获要多得多。老实说，我觉得父亲拒绝让我走捷径是一种爱的表现，就好像在说，我相信你，你不需要我的帮助。"[14]

尽管巴菲特很关心他的孩子们，但在孩子们的记忆中，他似乎有点儿疏远。他总是专注于他的思考，或者阅读，孩子们很难吸引他的注意。人们经常对彼得说："你是沃伦·巴菲特的儿子？但你看起来很正常！"彼得写道："我一直认为，这是一种赞美。不是对我的赞美，而是对我家人的赞美……为什么这么说呢？因为我们所说的'正常'，实际上可以归结为，一个人可以有效率地工作，并被其他人认可。换句话说，这意味着一个人得到了能够充分实现自己人生价值的最佳机会。"[15]

彼得·巴菲特认为，他在家里耳濡目染的价值观，对他成为一个"正常"的人至关重要。在这些价值观中，最重要的是一种信念，那就是相信这个世界很美好，人也很美好，值得为之奋斗。正如他所说的那样："人们想当然地认为我过着有钱有势的轻松生活。但这种支持，这种特权，实际上源于我的父母，他们相信我可以做任何事情。这种支持不是简单地给我一张支票。这种支持来自爱、培养和尊重，让我们找到自己的路，哪怕跌倒了也能自己爬起来。"[16]

巴菲特的另外两个孩子——霍华德和苏茜，其人生道路与父亲更为相似。下文将详细介绍。

诚信与品格

巴菲特说，在伯克希尔－哈撒韦招聘新员工时，他最看重的是人品。巴菲特本人一直践行着正直的价值观，从不参与对任何公司的恶意收购。巴菲特坚信，与其以一种可能受到质疑的方式行事，不如诚实行事，哪怕利润少一点儿也没关系。巴菲特的这种品格，让他在面对一些关键的经济事务时，广受大众欢迎。

巴菲特疑人不用，用人不疑。他授权员工，可以在不征求他批准或允许的情况下做出决策。但如果有坏消息，巴菲特希望员工能立即告诉他，而不是试图隐瞒。

伯克希尔–哈撒韦旗下的 65 家子公司有超过 36 万名员工，巴菲特承认，人数如此之多，难免有人会在某时某地做出非法之事。他阻止不了这一切，但他有应对措施。

首先是伯克希尔长达五页的《行为与道德准则》，其中涉及内幕交易、保护和正确使用公司资产、利益冲突、保密、遵守法律法规、及时和真实的公开信息披露，以及会计违规行为，并强调公司声誉重于一切。

巴菲特说，如果有疑问，请记住这条经验："我希望员工们扪心自问，他们是否愿意让自己的任何行为被一名见多识广、吹毛求疵的记者报道，出现在当地报纸第二天的头版上，并被他们的配偶、子女和朋友们看到。"[17]

沟通和创造性思维的价值

巴菲特晚年曾被问及，他认为在商界取得成功最重要的特质是什么，他强调了毅力、创造力和"天马行空"的思维。[18] 巴菲特欣赏的其他特质还包括慷慨、与人分享功劳以及强大的领导能力。巴菲特还认为，如果你崇拜一个人，你就应该效仿他的行为。

一次我和学生们去拜访巴菲特时，他还强调了另一点："我建议你提高自身的口头和书面沟通能力，这能使你未来的薪水至少提高 50%。商学院不会教你这些。好的想法加上流畅的表达，能让你在生活中走得更远。"巴菲特补充说："在伯克希尔－哈撒韦招聘员工时，我遇到的 80% 的人，都需要提高他们解释自己想法的能力。"[19]

财富的不平等

和其他很多美国经济观察家一样，商界人士对美国日益扩大的贫富差距感到越来越担忧。巴菲特说，他对这一问题特别敏感，为此他愿意缴纳更多的税。

2011 年，当一名学生问巴菲特对"占领华尔街"运动的看法时，巴菲特暗示他可以理解愤怒来自哪里。他说："美国税法无疑是在向富人倾斜。1992 年，年收入排前 400 名的富人平均年收入为 4000 万美元。2011 年，他们的平均年收入为 2.2 亿美元，自 1992 年以来，富人的年收入增长了 5 倍。但从那时起，税率下降了 7%。我现在交的税税率比四五十年前还要低。"

不过，巴菲特认为，通过全民基本收入计划等方式给工人发钱，并不能解决他所认为的结构性问题。他认为富人应当承担更多责任，照顾那些缺乏自理能力的人。

巴菲特认为，除非采取措施，否则美国的贫富差距将继续扩大到不可持续的水平。虽然巴菲特认为工人再培训可以解决一些问题，这能使更多人参与到科技驱动的全球经济中，但他警告不要采取任何极端的做法。2019 年在接受 CNBC 采访时，巴菲特曾表示："问题是，那些缺乏市场技能的人该怎么办？我们可以解决这个问题。一个富裕的家庭如果有六个孩子，其中一个孩子在就业市场上不太好，只要其他孩子都很好，他们可以拉他一把。现在美国的人均 GDP 是 6 万美元，这是我出生时的六倍。所以，我们有能力照顾别人，也应该这样做。但我们不应该搞砸市场体系。"[20]

巴菲特如何赢得众人爱

慈善事业

巴菲特曾表示，他的子女不会继承他的大部分财富，他反对世袭式的财富传承。相反，他几乎将所有的钱都用于慈善事业。他是这样说的：

> 我赚的钱问心无愧。我的看法是，我的财富代表了对社会大量的支票索取权。我有这些小纸片，就可

以把它们变成消费。如果我愿意，我可以雇用一万人，什么都不做，只管在我的余生中每天为我画画。国民生产总值会上升。但这样做的社会效用是微乎其微的，而且我还会让这一万人无法从事艾滋病研究、教育或护理工作。所以我不会这么做。我不怎么用支票。我没有什么特别的物质需求。我和妻子去世后，我们几乎所有的支票都将捐给慈善机构。[21]

起初，巴菲特无意考虑捐赠他的净资产。他认为妻子苏珊会比他活得更久，她会用他留下来的钱从事慈善活动。但人生并非如设想的那样，苏珊比她的丈夫先去世，那时他们已经分居数十年了。

因此，在慈善捐赠领域，巴菲特被迫直面自己的价值观。他像往常一样谦逊。巴菲特不赞成在建筑物上为自己冠名。[22] 2009 年，他对我和我的学生们说："我更敬重那些在周日捐钱给慈善机构的清洁女工，而不是那些把自己的名字刻在大楼上的人。"

巴菲特决定捐出他所有的钱。2018 ～ 2019 年，巴菲特开始兑现这一重大承诺，他向五家慈善机构捐赠了总价为 70 亿美元的伯克希尔股票。比尔及梅琳达·盖茨基金会在 2006 年从巴菲特那里获得了 360 亿美元的捐赠，成为最大的受捐者。巴菲特还向由子女负责运营的慈善机构捐款，包括苏珊·汤普森·巴菲特基金会、舍伍德基金会、霍华德·巴菲特基金会和诺沃基金会。

当巴菲特解释他为何将 80% 的股票捐赠给比尔及梅琳达·盖茨基金会时，他告诉伯克希尔的股东们，他认为应该将多余的财富捐赠给聪明、勤奋和积极的人。[23] 从 2006 年起，巴菲特每年都向慈善机构捐款，并且以后还会继续捐款。截至 2022 年，巴菲特已向各种慈善机构捐赠了 461 亿美元。[24] 到巴菲特去世时，他将把 99% 以上的资产捐给慈善事业。[25]

比尔及梅琳达·盖茨基金会

2006 年，巴菲特向比尔及梅琳达·盖茨基金会捐赠了 360 亿美元，成为有史以来最大的个人单笔慈善捐赠。盖茨基金会致力于通过资助健康和教育计划，特别是针对女孩的计划，来消除全球贫困。

苏珊·汤普森·巴菲特基金会和舍伍德基金会

巴菲特的女儿苏茜管理着苏珊·汤普森·巴菲特基金会和舍伍德基金会，这两家基金会都位于奥马哈。苏珊·汤普森·巴菲特基金会成立于 1964 年，它专注于教育，每年会提供 4000 份大学奖学金，就读于内布拉斯加州任何一所公立高等教育机构的高中毕业生都可以申请。舍伍德基金会致力于通过在公共教育、人类服务和社会正义方面的社区投资来改善儿童和家庭福祉。苏茜也是伯克希尔－哈撒韦的董事。

在采访苏茜的时候，我特别感谢了她发放的奖学金，我的一位朋友拿到了奖学金。我告诉她，我的朋友有五个孩子，这对他是实打实的帮助。苏茜听说后非常高兴。她提到，人们总是找到她，并为此感谢她。看起来帮助他人给她的生活带来很多欣喜。

霍华德·巴菲特基金会

巴菲特的长子霍华德是霍华德·巴菲特基金会的主席，该基金会专注于农业、营养、环境保护和地区冲突的人道主义问题。霍华德也是伯克希尔－哈撒韦的董事。

诺沃基金会

彼得是巴菲特最小的孩子，曾上榜《巴伦周刊》2009年和2010年最具影响力慈善家排行榜。他领导着诺沃基金会，该基金会支持保护妇女的暴力行为预防、社会和情感学习、少女权益以及北美印第安人社区的维护。

格莱德基金会

巴菲特还会向其他慈善机构捐款，数额不大，其中包括格莱德基金会，该基金会主要帮助旧金山的无家可归者和其他需要帮助的人。巴菲特每年都会拍卖一次与自己共进午餐的机会，以支持格莱德基金会。2019 年，一名 28 岁的加密货币企业家以 460 万美元的价格中标。2022 年，巴菲特宣布这将是他最后一次举办私人午餐拍卖会。一位匿名人士以 19 000 100.26 美元的价格中标。[26]

捐赠承诺

巴菲特呼吁其他亿万富翁加入他和比尔·盖茨的行列，通过"捐赠承诺"将大部分财富捐给慈善事业。这项活动是由巴菲特和盖茨在 2010 年发起的，截至目前，它已经成功地吸引了来自全球各地的 231 位亿万富翁，他们承诺捐赠的总金额达到 6000 亿美元。一些比较著名的认捐者包括拉里·埃里森、迈克尔·布隆伯格、马克·扎克伯格和普莉希拉·陈、卡尔·伊坎、瑞·达利欧、埃隆·马斯克、约翰·多尔、利昂·库伯曼、小沃尔特·斯科特、大卫·洛克菲勒、巴伦·希尔顿、特德·特纳、谢丽尔·桑德伯格、塞思·卡拉曼、莎拉·布莱克利和布恩·皮肯斯。

奥马哈女童基金会

2015 年，巴菲特将一辆 2006 年产的凯迪拉克 DTS 捐给了一场慈善拍卖活动，这辆车的里程数为 20 310 英里，它以 12.25 万美元的价格成交，是专业二手车评估机构"凯利蓝皮书"估价的 1.2 万美元的十倍还多。拍卖所得收入都捐给了奥马哈女童基金会，这是巴菲特家族长期以来青睐的一家慈善机构。[27] 奥马哈女童基金会主要资助教育和健身项目，这些项目支持奥马哈地区的女孩提升诸如机器人、公共演讲、金融知识和瑜伽等技能。[28]

基金会的目标

巴菲特所有慈善事业背后的想法都很简单，但并不容易。他尽全力支持那些对社会非常重要但缺乏资金来源的项目。谈到他的受托人时他说："如果他们今天给这家医院 50 万美元，明天给那所大学 100 万美元，我绝不会放过他们。"[29]

巴菲特与幸福感

显然，运气在每个人的生活中都扮演着重要的角色，巴菲特也承认这一点。他承认自己很幸运，出生在一个重视教育、衣食无忧的家庭。同时，巴菲特也坚信：无论出身环境如何，任何人都可以通过坚持和努力而取得进步和成功。

以这样的信念为基础，巴菲特教诲人们，做自己热爱的工作是最重要的，不要仅仅为了追求财富而工作。巴菲特说，当他以捐赠、教育或以其他方式帮助他人时，他是最快乐的。我相信，这些价值观是巴菲特取得历史性成功的主要原因。

仅次于巴菲特巨额财富影响力的，是他关于如何过好充实人生的格言。以下我列出了一些。

和比你优秀的人在一起

巴菲特和芒格都强调，无论你在哪个领域努力，结交比你更加成功或更有技能的朋友是很重要的。为你仰慕的人工作，为一个既能挑战你又能教导你的人工作，为一个能激励你超越以往成就的人工作。找对了人，你每天早上一起床就会充满干劲儿。[30]

人生中最重要的决定

巴菲特曾多次说过，人生中最关键的决定不是上什么学校，也不是选什么职业。在 2009 年、2011 年和 2018 年与几所大学的学生们交谈时，他发表了同样有趣的言论："一生中最重要的决定，是你和谁结婚。"[31]

人生中最严重的错误之一

巴菲特认为，人生中最严重的错误之一，就是你不像想象中那样了解别人，反之亦然。巴菲特的这种观点源于自己的第一次婚姻，1977 年，他的妻子苏珊离开了他，去旧金山生活，追求自己的事业。然而，这并没有减少巴菲特对她的尊重。两人始终没有离婚，直到 2004 年苏珊去世之前，他们还会一起出现在公共场合。

当被问及幸福的秘诀时，巴菲特从来都不会说，任何一种财富或经历是可以花钱买到的。他只谈到了"与爱你的人在一起"的重要性。巴菲特声称，自己是世界上最幸运的人，因为他热爱自己的工作，身边都是爱他的人。他把这种无条件的爱视为生命中最强大的力量。

巴菲特如何赢得众人爱

- 无条件地爱自己和他人。
- 保持积极心态，学会同情和理解。
- 待人友善，做人正直。
- 保持微笑，真诚注视对方，善于倾听。
- 你希望有什么样的朋友，自己就要成为那样的人，乐于助人。
- 保持真实 / 内心柔软。
- 培养感恩之心。
- 接受自己的不完美，善于自嘲。
- 享受你的生活（快乐能感染他人）。
- 花时间和朋友在一起。
- 学会享受你的工作。[32]

简而言之，干一行，爱一行。尽管有钱更好，但幸福不仅仅在于赚钱。[33]

第十二章

与巴菲特共度一天

成功人士和真正的成功人士，其最大的区别在于，
真正的成功人士几乎对所有事情都会说"不"。[1]

——沃伦·巴菲特

在职业生涯的很多时间里，巴菲特会在全球各地旅行，
在大学里发表演讲，讲述他的商业理念、价值观和人生观。
但在2005年，巴菲特决定改变做法，将大学生们邀请到奥
马哈来，也许更为高效。

2009年、2011年和2018年，我有幸与我的学生们一起，
三次面见巴菲特。我从住在奥马哈的一个表弟那里听说了这
个机会，但2007年我第一次申请时被拒绝了。巴菲特的秘
书告诉我，排队名单太长了，我甚至连候补的机会都没有。

我没有灰心。我有一种强烈的愿望，想尽可能多地了解这位"奥马哈先知"，他是有史以来创造了最多财富的商业领袖之一。但是，在一群显然和我抱有同样想法的人当中，我如何才能引起他的注意呢？我需要一个项目、一个活动、一些能让我脱颖而出的作品。因此，2008 ～ 2009 年，我撰写了一篇案例研究论文，探讨巴菲特和伯克希尔－哈撒韦如何应对大衰退。这篇论文在一份权威学术期刊上获得发表，我给巴菲特的办公室寄了一份副本，并附上一张便条，请求他给予拜访的机会。

2009 年：与巴菲特共进午餐

十天之后，我收到了巴菲特亲笔回信。他通知我，我任教的阿克伦大学已进入他 2009 年 11 月讲座的首选名单，我可以带 27 名学生同去。大衰退刚刚过去不久，这一安排我感觉意义重大。我们有机会听巴菲特亲口讲述他对已经发生的事情以及未来的看法。我们是那天获批参访的六所学校之一。（巴菲特会在每学年安排六七天，每天会见 162 名学生。）

我们在一个周四的晚上飞往奥马哈。第二天一早，我们先参观了巴菲特钟爱的内布拉斯加家具城，陪同我们的是公司传奇创始人 B 夫人的孙子。接下来，我们来到最重要的环节——与巴菲特本人进行两小时的问答。这是我们第一次在伯克希尔的办公室与他会面。

与我们同行的还有来自伊利诺伊大学、得克萨斯基督大学、波士顿学院、多伦多大学和南达科他州大学的商学院师生们。他们问的问题主要聚焦于经济、巴菲特的投资方法和他的价值观。不过，他们也探究了巴菲特的内心，包括巴菲特邀请他们去奥马哈的原因。巴菲特告诉我们，他所见过的最成功的企业家，很少是那些上过常春藤大学的人[○]，而是那些最坚韧不拔、最有商业经验、具有颠覆式创新精神的人。

虽然现场不允许拍照或录音，但每个学生都做了详细的笔记并分享给我。以下是会见时的一些问答。（有关会见的详情，请参阅附录 D。）

在研究企业时，哪些会被视为危险信号？

如果你想买进一家公司的 100 股，那你就应该愿意买下整个公司。我只看我能理解的公司。我喜欢看过去 10 年的业绩记录，我想知道公司在未来 10 ～ 20 年的发展方向。我也喜欢专注于有限的几个领域。

我对待投资的方式，就像招募一支篮球队。我会找身高 2.1 米的球员。不仅如此，他们还必须很会控球。我喜欢持久的竞争优势（护城河）。例如，箭牌公

○ 常春藤联盟包括哈佛大学、宾夕法尼亚大学、耶鲁大学、普林斯顿大学、哥伦比亚大学、达特茅斯学院、布朗大学及康奈尔大学。——译者注

司成立于 1891 年，可口可乐成立于 1886 年。今天，可口可乐每天在全球销售 16 亿份 8 盎司[⊖]的可乐。如果单价上涨一美分，每天就能多赚 1600 万美元，一年就是 60 亿美元。

我想要的是不会有太大变化的企业。我还想要有激情、有道德、高质量的管理团队。最后，只有在股价合适的时候我才会买进。

伯克希尔的问题在于它的规模太大了。对于我们这样规模的公司来说，好点子并不多。

最近，我在亚马逊网站上买了一本 1951 年版的穆迪手册。你知道有多少人会像我这样做？我开始一页一页地翻，寻找我可能有兴趣购买或投资的公司。我开始投资时就是这么做的。我会看收益增长、每股价格和所处行业等，如果这些都通过了评估，我会拜访管理层，以判断他们是否诚实。

你有哪些耐心等待，一击即中的案例？

有个经典案例，就是 1988 年我购买了可口可乐 6% 的股份。不可能发生什么坏事。销售额每年都在增长。这家公司几乎不需要资本，只管生产糖浆就行。你无须有很多想法就能致富。你只需要 5 个好点子。

⊖ 1 盎司 =28.3495 克。

你为什么会邀请学生们来奥马哈？你期望从中获得什么？

1950 年，19 岁的我从内布拉斯加大学林肯分校毕业。随后，我申请了哈佛大学的 MBA 学位，但惨遭拒绝。这对哈佛大学和他们的项目办公室来说，也许是个错误。后来，我读到了本杰明·格雷厄姆的书《聪明的投资者》。我发现自己很想去哥伦比亚大学投身他的门下。于是，我给他写了一封信，并被哥伦比亚大学录取了。

格雷厄姆是我的人生榜样。他在哥伦比亚大学教书时，把薪水都捐给了学校。格雷厄姆自愿奉献自己的时间并回馈社会。他指引了我，所以我也选择像他那样。如果我能帮助 5%～10% 的学生，我会很乐意这样做。我喜欢做这件事。

问答环节结束后，巴菲特带我们去吃午餐，他挑选了四个年轻人，和他一起乘坐他那辆牌照上都仿佛写着"节俭"的老款凯迪拉克。我的一个学生运气很好（或者更可能是因为自信），竟然坐上了巴菲特旁边的副驾驶座位。午餐时，我抓住了一个类似的机会，坐在了巴菲特的正对面，我向他请教："您如何给一家公司估值？"

"现金流贴现法。"巴菲特说得很简单，似乎在暗示任何人都可以这么做。

巴菲特带我们去了他最喜欢的一家餐厅，一家位于奥马哈南部的名叫 Piccolo Pete's 的餐厅。他是出了名的节俭，在饮食方面和在其他领域一样明显。巴菲特典型的早餐是 3 美元一份的麦当劳三明治。（他会根据股市的表现来决定麦满分要不要加肉饼。）巴菲特是麦当劳的忠实粉丝，事实上，他每周至少要吃三次麦乐鸡块。[2] 所以我想，我们很幸运能在一家真正的餐厅吃饭，在那里我们吃的是帕尔马芝士鸡排。

我们共进午餐那天，恰好巴菲特宣布收购伯灵顿北方圣达菲铁路公司。记者和摄像师们到处追着他跑。令我惊讶的是，巴菲特似乎对媒体毫不在意。他的注意力完全集中在参访的学生们身上。下午快结束时，一名女服务员端出了甜点——漂浮沙士。我们上的是普通款，15 ～ 20 厘米高。接下来是巴菲特的，他上的是超大款，远远超过 30 厘米高！他咧着嘴，狼吞虎咽地吃了下去。之后，他花了几个小时与所有学生单独或集体合影留念。

我们相处了一整天，我的一位主修传播学的学生尽可能地记录下了这次访问，另一位学生采访了巴菲特。其他人则没有这么主动。这是典型的创业家行为，因为创业家不会等着别人告诉他们要做什么，他们自己就会去做。巴菲特显然对此印象深刻，以至于他要了采访者的简历。

2011 年：用创意赢得青睐

两年后，我在贡萨加大学找到了一份新工作。我在想，怎样才能再次受邀拜访巴菲特。巴菲特欣赏坚持和谦逊，但我已经赢得过他的一次青睐了。我知道，我需要做出一些真正有创意的事情，来赢得第二次邀请。要想和巴菲特在一起，你必须赢得他的关注。毕竟，有人刚刚在 2011 年 6 月，花了 260 万美元，只为和他共进午餐。而这次，为了我们学校能和巴菲特相处一整天，我知道我们需要一个可以展示我学生们创意和创业能力的项目。我告诉他们："设计一个新作品，你们认为巴菲特会喜欢的作品。我会把它推销给巴菲特。"

我对他们的创作没有任何限制，只要是合法的、合乎道德的，并能反映贡萨加大学的价值观就可以。除此之外，他们可以自由发挥。他们的项目可以是某种类型的视频（如电影、广告或纪录片），可以是论文（可能是对某家公司的分析或投资建议），可以是一首歌，甚至是一出戏。

从本质上讲，这项作业旨在鼓励学生们像创业家一样思考和行动，创造新事物并尝试推销出去。我想，这也许也会帮我们再次受邀到访奥马哈。

到学期末，有五个学生团队设计出了五个作品。我挑选了三个我认为最具创新性、最符合巴菲特口味的作品。

第一个作品——沃伦·巴菲特的投币机立刻把我给逗乐

了。我认为这是一个绝妙的主意，因为巴菲特在高中时就拥有了一家投币机公司。这一创意来自一个三人团队，他们分别就读于宗教研究系、电气工程系和商学系。

该团队计划购买一台二手投币机，重新设计并改装它，设置一系列游戏关卡和奖金，以模拟巴菲特的人生。他们想象着有一天能获得制造和销售这一创意的授权。

我建议他们像创业公司一样行动。也就是说，制作宣传材料，筹集资金，购买并设计他们的原型机。考虑到这是一个学期的课程，团队既没有时间也没有资源去做我建议的所有事情，最后他们只得用详细的图表来记录他们的设计。不过，构思这款产品是一项很有价值的实践。

我寄往奥马哈的第二个作品，是模仿游戏《线索》(Clue) 的桌游，其中的谋杀嫌疑人之一是巴菲特，而不是怀特夫人或马斯塔德上校，想象中的犯罪现场是贡萨加校园里的多个地点。我的学生制造了一个样品，一款真正可以玩的游戏，游戏板上有校园建筑的图片。

我寄给巴菲特的最后一个作品是一张 DVD，里面的视频突出了我们大学的各个方面，特别是贡萨加大学的文化和创业项目。这段视频是由来自全校各个院系的学生们集体创作的，因为我们的创业项目对学校所有学生开放。

我拿着给巴菲特的包裹在斯波坎邮局排队，想象着他打开包裹时的反应。根据我的直觉，我认为我们有大约 60% 的可能性赢得邀请。不到一周，我就收到了巴菲特秘书的回信。巴菲特喜欢这三款作品，希望我们能来奥马哈。

和以前一样，虽然我的学生们很享受参观伯克希尔－哈撒韦的一些旗舰业务，但与巴菲特的问答环节才是这次参访的亮点。其中有段关于教育价值的交流非常引人注目：

成本在大学教育里扮演的角色是什么？上大学值得吗？你能就巨额学生贷款债务发表评论吗？

我不想上大学。我认为通过阅读，可以得到和上大学一样好的教育。是我父亲让我去上大学的。我不知道我的学位有什么用，但当你找工作时，它们很重要。教育很有价值。99% 的公司重视教育。在伯克希尔－哈撒韦，我们给它的权重是 50%。

当你有更高要求时，大学对你的价值就会提升。我在上大学的时候，从几门课程中学到了很多。有一些人激励了我，让我对自己做的事充满热情。本杰明·格雷厄姆对我的影响很大。如果你有几位能对你产生影响的老师，你就是个幸运的人。

2018 年：聆听 88 岁巴菲特的教诲

2018 年受邀参访奥马哈，与 2009 年的方式非常相似。我写了两个关于巴菲特和伯克希尔－哈撒韦的案例研究，发表后寄给了他。作为回应，巴菲特邀请我和20名学生去奥马哈。这次我带了妻子和两位教授。

那时，"学生拜访巴菲特"在全球各地的大学校园里已经非常流行。这次巴菲特邀请了九所学校的学生，其中一所来自秘鲁，每天约有200名学生和教授能和巴菲特见面。除了贡萨加大学的师生们，巴菲特还邀请了宾夕法尼亚大学、美国西北大学、亚利桑那大学、明尼苏达大学、内布拉斯加大学林肯分校和内布拉斯加大学奥马哈分校，以及田纳西大学。

谈话的规模变得如此庞大，于是巴菲特把问答环节安排在了奥马哈市中心希尔顿酒店的宴会厅里。巴菲特当时已经88岁了，这是他最后一次邀请学生们前来参访。但每个人都看得出来，巴菲特仍然热心传道。

当天活动结束时，学生们参观了波仙珠宝（学生们购买任何商品均可享受8折优惠），以及主营玩具和礼品的东方贸易，这家公司在2012年濒临破产，后来被巴菲特收购。

三次面见巴菲特，为我的职业生涯带来了巨大的宣传效果，至今仍是我人生的高光时刻。《华尔街日报》的头版还刊登过关于我的一篇新闻报道和一些照片。我在克利夫兰接受了媒体WTAM 1100的采访，他们想知道我是如何获得三次与巴菲特会面的邀请的，还有我的学生们从中学到了什么。从那以后，每当我偶然看到以前参加过这种活动的学生在领英（LinkedIn）上的个人资料，我总会在"相关经历"一栏看到他们醒目的"与巴菲特的一天"。有一些学生还贴出了和巴菲特的合影。尽管他们在大学毕业后取得了无数的成功，但几乎每个人都说，他们从巴菲特那里得到的最重要的收获，就是他关于如何过上充实生活的建议。

我真诚地希望其他人也能效仿，把巴菲特的价值观融入成功的真正意义是：对工作充满激情，为人正直，尊重你遇到的每一个人，和无条件爱你的人在一起。

| 第十三章 |

后巴菲特时代

如果你不愿意持有一只股票 10 年，那就别考虑拥有它哪怕 10 分钟。[1]

——沃伦·巴菲特

伯克希尔和未来的金融世界

多年以来，巴菲特因一直不投资科技公司而受到批评。投资者嘲笑他关注的都是可口可乐和 DQ 等传统经济公司，这些公司的股票与 21 世纪初高速增长的科技股相比，显得毫无吸引力。当科技股泡沫破灭时，巴菲特笑到了最后。但从伯克希尔–哈撒韦最近的举动来看，很明显巴菲特已经承认经济正在变化，技术和未来的金融模式将变得越来越重要，他最好赶紧上车，或者授权给能掌控快速变化的新趋势的人，由他们代劳。

在过去的十年里，伯克希尔的股票投资组合逐渐从富国银行、IBM 和康菲石油等传统公司转向了苹果、达维塔（Davita）、特许通讯（Charter）和威瑞信等尖端科技公司。伯克希尔仍然持有美国运通、可口可乐和卡夫食品等老牌公司的股票，但它们的权重已大幅下降。仅苹果公司现在就占了伯克希尔股票投资组合的 45% 以上。[2] 如果算上在云计算公司雪花、巴西数字银行 Nubank 和电子商务巨头亚马逊等公司的零星持股，伯克希尔对科技 / 电子商务的投资目前占其持股的 50% 左右。简而言之，科技股重新定位了伯克希尔 50 年的传统。

这些投资肯定得益于托德·库姆斯和泰德·韦斯勒的影响，他们分别在 2010 年和 2012 年以投资组合经理的身份加入伯克希尔。就像 1978 年查理·芒格加入伯克希尔拓宽了巴菲特的投资思维一样，库姆斯和韦斯勒接过了接力棒，引领伯克希尔走向未来。但对巴菲特来说，过去的传统仍然很重要。请注意，伯克希尔最近的很多投资延续了公司长期以来对金融服务的关注，同时融入了科技日益增长的影响力。

金融科技

2017 年，学者们提出了"金融科技"（fintech）一词，用来指代金融服务和科技的融合，这是一个不断增长的领域。

现在看来，这是不可避免的。不晚于 2008 年，金融科技公司就已经出现了。如果你用智能手机登录网上银行，你就是在使用金融科技，在网上交易也一样。任何开发软件来处理交易或帮助人们管理资金的公司，都可以归为金融科技公司。[3] 这些公司使用包括人工智能在内的自动化，来准确和即时地处理交易和数据。[4] 从 2008～2020 年，全球对金融科技公司的投资飙升了 120 倍以上。2021 年，全球金融科技行业的融资规模为 1315 亿美元。[5]

加密货币和区块链

金融科技包括各种技术在传统银行和金融方面的应用。它还包括未来金融领域最具争议的话题之一：加密货币。"加密货币"是指通过密码学技术来保障安全的数字货币，伪造它几乎是不可能的。[6] 它只通过数字代币，以电子形式存在。它不可与单纯的在线支付相混淆（在线交易涉及金融科技，但通常不涉及加密货币）。正如投资百科（Investopedia）的杰克·弗兰肯菲尔德所说，所有的加密货币都是数字货币，但并不是所有的数字货币都是加密货币。[7]

数字货币与加密货币之间的主要区别，是它们的价值来源。法定货币可以是数字货币（如美元、欧元、日元），也可以实物形式存在。它们来源于中央经济，并由特定的银行或政府机构发行。[8] 加密货币，如比特币和以太坊，是去中心化数字货币系统的代表。[9] 它们分布在很多联网的计算机上，降低了单一黑客攻击，甚至政府干预造成货币流动性问题的可能性。[10]

加密货币使用加密和一种被称为"区块链"的技术，[11] 允许人们加入网络确认他们的交易，而不需要经过任何中央机构。[12] 区块链数据是永久且不可更改的。根据亚当·海耶斯的说法，"对于比特币来说，这意味着交易被永久记录，任何人都可以看到"。[13] 理论上，区块链技术也可以用于非加密交易，甚至用于非金融领域，如投票[14] 和智能合约。[15] 智能合约就像可以自动履行的合约，通过执行合约工作流的一部分（或另一部分）来发起支付。[16]

亿万富翁企业家马克·库班说，他对比特币等加密货币并不是特别感兴趣，直到他理解了智能合约的价值：

> 作为一个关注技术并试图找到它新的应用场景的人……真正让我兴奋的是，你可以在应用程序方面用智能合约做什么，因为这是导致游戏规则改变的原因。当你能改变游戏规则，这就会导致行业改变其经营方式。当各行各业改变其商业模式，整合智能合约和其他基于区块链的应用程序时，世界就会改变。[17]

来自硅谷的创业家埃文·康拉德承认，这一领域存在

"狂野西部"的味道。他告诉我,没有人真正知道加密金融在某个特定时刻会发生什么:"加密技术发展得如此之迅速,以至于当信息从构建者类型转移到编写者类型时,实际信息已经发生了变化。所以你读到的关于加密技术的几乎所有信息,都不是真正意义上的源代码,它们都已经过时了。"[18]

根据弗兰肯菲尔德的说法,"专家认为,区块链及其相关技术将颠覆包括金融和法律在内的很多行业。加密货币的优势包括成本更低、资金转移速度更快,以及拥有不会在单点故障时崩溃的去中心化系统。加密货币的缺点包括价格波动大、挖矿活动的高能耗以及可能助长犯罪活动"。[19] 在加密货币的语境下,"挖矿"不是指自然资源的物理提取,而是指复杂的计算机算法,个人使用昂贵的计算机"矿机"来解决,以产生新的加密货币。

巴芒对加密货币的看法

2018 年,巴菲特声称,他特别讨厌比特币,他把比特币比作"老鼠药 × 老鼠药"。[20] 2022 年,芒格用他一贯风趣的语言回应了这种感受:"我当然没有投资加密货币。我很自豪我没有这样做。"[21] 他还说,加密货币应当被彻底禁止,并赞扬了中国政府的做法。[22] 其他禁止加密货币的国家还包括卡塔尔、尼泊尔、突尼斯、土耳其、孟加拉国、埃及、摩洛哥和伊拉克。[23]

尽管巴芒二老对加密货币不屑一顾，但伯克希尔通过投资允许加密货币交易的银行 Nubank，在这一领域有了一定的敞口。[24,25] 芒格已经承认区块链技术的潜在用途。即使是伯克希尔传统的银行投资，也不得不面对金融科技的美丽新世界。

伯克希尔对金融科技的投资

2018 年 10 月，巴西电子商务公司 StoneCo（代码：STNE）在纳斯达克 IPO，伯克希尔以 24 美元 / 股的价格收购了其 11% 的股份。[26] 当时，这些股份的市值为 3.4 亿美元。[27] 同年，伯克希尔向 Paytm 的母公司 One97 投资了 3.56 亿美元，获得其 3% 的股份。[28] Paytm 是印度的一家电子商务和线上支付平台，2021 年 11 月在印度本土上市，这是托德·库姆斯纳入伯克希尔投资组合的又一家金融科技公司。Paytm 也是伯克希尔对印度公司的第一笔投资。此外，伯克希尔在 2020 年以 120 美元 / 股的 IPO 价格向数据仓储公司雪花投资了 2.5 亿美元。[29] 雪花公司的金融服务数据云被广泛运用于保险、银行、投资和金融科技本身。[30] 随后，伯克希尔又从雪花的另一位股东那买下了 404 万股。[31] 考虑到伯克希尔的市场规模，以美元计算的话，这些都算是迷你投资。

对未来金融的投入仍在继续。2021 年 6 月，伯克希尔向 Nubank 投资了 5 亿美元，并在当年第四季度增持了 10

亿美元。2021 年 12 月，Nubank 以 9 美元 / 股的价格在纽交所上市。[32]

　　数字银行在拉丁美洲快速崛起并非偶然。Nubank 联合创始人克里斯蒂娜·朱奎拉表示，拉美地区传统银行体系服务不足，使其成为金融科技发展的天然沃土。她指出："拉丁美洲机会多多。这里人口激增，传统银行业费用高昂，客户体验也很糟糕。在全球范围内，没有哪个地方比这里更适合金融科技公司抓住巨大的机遇。"[33]

中央银行数字货币

　　虽然比特币等全球加密货币越来越受欢迎，但各个国家都在寻求通过央行数字货币（CBDC）来保住其传统金融体系的关键位置。[34] 由一国的中央银行发行的数字货币，都是受监管的，但它们只存在于数字领域。[35] 央行数字货币可以补充或取代传统的法定货币。[36]

　　巴哈马是全球首个采用央行数字货币的国家。其他紧随其后的国家包括尼日利亚、东加勒比国家组织（成员国包括安提瓜和巴布达、多米尼加、格林纳达、蒙特塞拉特、圣基茨和尼维斯、圣卢西亚、圣文森特和格林纳丁斯，等等）。[37]

　　与加密货币相比，央行数字货币更稳定，它与传统货币一样，在全球范围内都能被接受。相比之下，加密货币波动性大，不受监管，容易出现欺诈。此外，它的数字代币也没有被广泛接受。[38] 然而，加密货币在去中心化的分类账上是公开可见的，而央行数字货币交易只有发送方、接收方和银行知道。[39]

中国是首个使用数字货币的大国。[40] 中国现在使用的是人民币，自 2014 年以来，在这一开创性工作中，数字人民币（e-CNY）成为人民币的一个子单位。这两种货币可以互换使用，数字人民币可能最终取代流通中的所有纸币和硬币。[41] 金融技术专家理查德·图林认为，这种可以在国内和国际上使用数字货币的举动，将使中国的货币在未来十年的国际贸易中给美元带来重大挑战。它还可能使其他国家减少对美元的依赖。[42] 2022 年，图林在接受 CNBC 采访时说："中国是全球最大的贸易国，当你从中国购买商品时，你会看到数字人民币逐渐取代美元。你将在未来看到一种趋势，风险管理实践也许会缓慢地、轻微地减少对美元的依赖，从 100% 下降到 80% 或 85%。"[43]

尽管中国的经济规模仍小于美国，但在运用金融科技方面，中国已经遥遥领先。图林说，美国至少还需要五年时间，才能完成对潜在的数字美元的规划和测试。[44]

美联储坚决拒绝就央行数字货币表明立场。但在 2022 年 3 月 9 日，拜登总统签署了一项行政命令，指示美国财政部、商务部和其他关键机构，评估创建央行数字美元以及其他加密货币发行的风险和收益。[45] 拜登指出，数字美元系统可能会使那些不会使用传统银行账户的美国人受益。通过数字美元，他们可以直接操作电子账户的资金进出。

但很显然，拜登这一被称为"汉密尔顿计划"的概念背后，其主要动机是评估这种转变所必需的基础设施。[46] 因此，麻省理工学院数字货币计划的研究人员[47]正在研究央行数字美元的速度、隐私性、安全性、可审计性、可编程性和互操作性。[48] 在总统的行政命令发布后不久，美国银行发布了一份报告，称美国的央行数字货币"不可避免"。[49]

当然，中美之间的文化差异，可能会影响两国公民接受数字货币的方式。中国正在推动其公民采用数字货币，但对于美国消费者来说，隐私问题肯定是一个主要的绊脚石。

伯克希尔的机遇与风险

考虑到全球货币从实体货币到数字货币的变革，伯克希尔－哈撒韦面临着什么样的机遇和风险？我预计伯克希尔将继续寻找专注于交易和支付的企业，这些企业拥有成熟的平台、占据市场主导地位和宽广的护城河，尤其是在美国以外的地区。在库姆斯和韦斯勒的影响下，我还预计伯克希尔将使用与区块链技术相关的智能合约。就连芒格也承认，区块链未来潜力巨大，考虑到伯克希尔在保险产品方面的核心竞争力，它在寻找加入数字货币潮流的路径时，很可能会考虑这一领域。

同时货币数字化可能会对传统银行业产生严重影响，进而对伯克希尔造成影响。例如，美国央行数字货币可以取消作为中介机构的商业银行。这可能就是为什么巴菲特最近抛售了伯克希尔在金融股中的许多头寸（例如高盛、摩根大通、富国银行、维萨和万事达）。伯克希尔仍然持有美国银行和美国运通的大量股份，其股票投资组合中有 25% 是金融股，但巴菲特抛售了这么多传统银行业的股票，其意义不容忽视。

如果人们选择直接把钱存入美联储，美联储就需要为消费者借贷提供便利（它可能没有能力做到这一点），或者找到注入信贷的新方法。出于这些原因，一些专家认为私人发行的数字货币比央行数字货币更可取。[50]

伯克希尔业绩表现不佳

在过去的 12 年里，伯克希尔的回报率并不总是能超越标普 500 指数。对于一家以卓越业绩著称的投资公司来说，这是一个显著的变化。上述情况让巴菲特饱受批评。例如，2019 ～ 2020 年，伯克希尔跑输标普 500 指数 15 ～ 20 个百分点。长期而言，与标普 500 指数相比，伯克希尔的表现也略逊一筹（见表 13-1）。

表 13-1　伯克希尔与标普 500 指数业绩对比（2010～2021 年）

年份	伯克希尔收益率（%）	标普 500 指数含股息收益率（%）
2010	21.4	15.1
2011	−4.7	2.1
2012	16.8	16
2013	32.7	32.4
2014	27	13.7
2015	−12.5	1.4
2016	23.4	12
2017	21.9	21.8
2018	2.8	−4.4
2019	11	31.5
2020	2.4	18.4
2021	29.6	28.7
年复合回报率	**14.3**	**15.7**

有很多原因来解释这种现象。投资者有时会抱怨，巴菲特一直持有巨额现金。

值得注意的是，伯克希尔的规模与其股价增长放缓有很大关系。简而言之，伯克希尔的规模越大，产生高回报率的可能性就越小。芒格坚称，无论何时，他仍会购买伯克希尔而非标普 500 指数基金。巴菲特就不那么乐观了，他甚至在最近的股东大会上暗示[⊖]，寻求快速高回报的投资者，也许最好另觅他处。

话说回来，伯克希尔最近的表现可圈可点。截至 2022 年 6 月，伯克希尔 A 类股票的价格为 417 202 美元 / 股。公

　　⊖　英文原书出版的 2022 年。——译者注

司总市值为 6141 亿美元，成为全球第七大最有价值的公司。2022 年初以来，伯克希尔在年内的股价下跌了 7.31%，而标普 500 指数则下跌了 17.93%。尽管巴菲特曾说过，通过回购股票来推高股价是不合适的，但这正是他近年来所做的。这确实有用。2020 ～ 2021 年，伯克希尔分别回购了价值 247 亿美元和 270 亿美元的股票。[51] 2022 年第一季度，伯克希尔保持了这一势头，又回购了 12 亿美元的股票。[52] 2021 年 3 月～ 2022 年 3 月，伯克希尔股票的回报率为 33.76%，而标普 500 指数的回报率为 13.99%，似乎就不足为奇了。

考虑到巴菲特和芒格都年事已高[⊖]，华尔街公开预测他们离开后伯克希尔的发展方向，也就不足为怪了。股东们很有可能推动伯克希尔新的掌门人多一点创新，少一点保守。与其将 1500 亿美元现金闲置，为什么不拿这些钱做点什么呢？

巴菲特已经开始为以上问题给出一些答案。例如，当 2022 年 2 月俄罗斯和乌克兰发生冲突时，巴菲特立即开始购买西方石油公司的股票。伯克希尔先是买入了 136 373 000 股，市值为 77 亿美元。[53] 随后，在 2022 年 6 月，伯克希尔又购买了 960 万股，总计拥有西方石油 16.3% 的股份，西方石油成为伯克希尔的第九大股票持仓。[54]

2022 年 3 月，伯克希尔宣布同意以 116 亿美元收购总

⊖ 芒格已于 2023 年逝世。——译者注

部位于纽约的阿勒格尼保险公司，比收盘价高出 25%。[55] 这是伯克希尔历史上的第五大收购。

2022 年第一季度，伯克希尔购买了 510 亿美元的股票。[56] 伯克希尔第一季度新的股票头寸为：42 亿美元的惠普（HP），29.5 亿美元的花旗集团（Citigroup），26.1 亿美元的派拉蒙全球（PARA），11.3 亿美元的塞拉尼斯（CE），8.95 亿美元的麦克森（McKesson），6.2 亿美元的马克尔（MKL），3.9 亿美元的联合汽车金融（ALLY）。伯克希尔还增持了现有的股票头寸，包括 5.57 亿美元的苹果（AAPL），2.03 亿美元的雪佛龙（CVX），38.6 亿美元的动视暴雪（ATVI），7820 万美元的通用汽车（GM），1.02 亿美元的复古家居（RH），4.71 亿美元的自由媒体（FWONK），以及 2.81 亿美元的建材公司（Floor & Décor Holdings）。

在巴菲特和芒格离开后，伯克希尔旗下的一些子公司是否会出现分拆？或许一切皆有可能。但在我看来，这种情况不太可能发生，因为伯克希尔的整体表现堪称卓越。

那分红呢？《伯克希尔财务全史》的作者亚当·米德，建议伯克希尔－哈撒韦提供高达营业利润 25% 的定期股息。巴菲特坚决拒绝这样做，他坚称自己仍然可以利用这笔钱，获得比股东们更高的回报率。但是，如果伯克希尔决定停止回购股票，或者找不到任何其他想要收购的业务，那么低频的特别股息可能是一种选择。[57]

巴菲特的人格魅力

人们很容易抨击一位亿万富翁，指责这样的人只不过是一个被贪婪驱使的资本家。然而，巴菲特承诺将 99% 以上的个人财富捐给慈善事业，而且他已经捐出了数十亿美元。他还立下遗嘱，要求他的继承人逐步捐赠而不是出售从他那里继承的伯克希尔股票。2020 年，巴菲特预测说："我估计需要 12 ～ 15 年的时间，我去世时持有的伯克希尔股票才能全部进入市场。"[58]

巴菲特的女儿苏茜认为，很多人忽视了她父亲对社会事业的重视，这方面最明显的体现，就是他参与了"捐赠承诺"计划。巴菲特与他的朋友比尔·盖茨一道构想了这一项目，旨在激励世界上最富有的人像他一样行事，并在他们有生之年或去世后将至少一半的净资产捐给慈善事业。[59] 巴菲特的努力大获成功，其他亿万富翁响应者众。

当然还有，巴菲特与大学生们的对话，也是他很喜欢做的事，详见第十二章。我很幸运，曾三次看到巴菲特扮演老师的角色，这段经历对我的生活方式产生了重大影响。每当面临艰难的决定时，我经常会问自己：巴菲特会怎么做？

巴菲特的接班人

2012 年，巴菲特宣布他患有一期前列腺癌。[60] 在随后的股东大会上，他似乎像往常一样兴高采烈，坚称病情没有恶化到危及生命的程度。2021 年，在线上举办的伯克希尔股东大会上，巴菲特回答了几个小时的问题。我认为他永远不会正式退休。

不过，巴菲特显然已经放缓了脚步。伯克希尔的接班人问题也迫在眉睫。大约 50 年以来，巴菲特在公司担任了三个重要职位，每个职位都需要接班人：董事会主席、CEO 和首席投资官。随着 2010 年托德·库姆斯和 2012 年泰德·韦斯勒的加入，首席投资官的继任问题已经得到解决。

至于董事会新的领导层，巴菲特已经明确表示，他的儿子霍华德（现任巴菲特农场和生物影像公司总裁）将接任董事长一职，其领导下的董事会成员包括：

- 查理·芒格（副董事长）。
- 格雷格·阿贝尔（分管非保险业务的副董事长）。
- 阿吉特·贾因（分管保险业务的副董事长）。
- 苏茜·巴菲特（巴菲特之女，苏珊·汤普森·巴菲特基金会和舍伍德基金会主席）。
- 肯尼斯·陈纳德（美国运通前董事长兼 CEO）。
- 克里斯托弗·戴维斯（戴维斯精选投资咨询公司董事长）。
- 苏珊·琳恩·德克尔（Raftr 公司 CEO、雅虎前总裁）。
- 罗纳德·奥尔森（芒格 – 托尔斯和奥尔森律师事务所合伙人）。

- 大卫·戈特斯曼⊖（第一曼哈顿投资公司创始人）。
- 斯蒂芬·伯克（曾在美国全国广播公司、康卡斯特等七家企业担任过高管）。
- 夏洛特·盖曼（微软公司前经理人、BoardReady 联合创始人）。
- 梅丽尔·维特默（小鹰资本公司普通合伙人）。

2021 年，苏茜·巴菲特和克里斯托弗·戴维斯加入了伯克希尔董事会。我相信，苏茜和克里斯托弗会捍卫伯克希尔的文化。他们都以股东权益为导向，也都有商业头脑。我简直无法想象，他们会允许未来的高管、董事或股东偏离巴菲特的创始原则。[61] 2022 年，奥马哈韦茨投资管理公司的创始人沃利·韦茨进入董事会，取代了汤姆·墨菲留下的席位。[62]

当我们考察梅丽尔·维特默、沃利·韦茨和克里斯托弗·戴维斯的背景时，会发现这三个人的情况非常相似，未来可能不会给伯克希尔董事会增添任何明显的独特之处。这可能会是公司治理的弱点。在我看来，伯克希尔需要年轻的、创新的、新鲜的头脑来挑战和激励巴菲特的接班人，而不是仅仅传承传统价值投资者的思维方式。

最后一块拼图，也是让人们猜测了多年的谜团，那就是伯克希尔的新任 CEO 会花落谁家。巴菲特透露了自己的想

⊖ 已于 2022 年去世。——译者注

法，他告诉股东们，在 2020 年伯克希尔股东大会上，伯克希尔的两位副董事长阿贝尔和贾因将在现场回答问题。这是第一次，大家注意到了这一变化。后来，巴菲特取消了线下活动，在雅虎上直播了这场股东大会。当摄像机打开时，面对股东侃侃而谈的那个人是阿贝尔。

此事出乎大众的意料。多年以来，巴菲特一直称赞贾因的贡献，很多股东认为这位麦肯锡前高管是巴菲特最有可能的接班人。贾因 20 多岁时从印度移民到美国，1978 年获得哈佛大学 MBA 学位，1986 年来到伯克希尔工作，表现优秀。巴菲特曾开玩笑说，如果他、芒格和贾因身处一艘即将沉没的船上，伯克希尔的股东们应先救贾因，这对他们来说是最好的选择。[63] 在 2016 年致股东的信里，巴菲特写道："阿吉特为伯克希尔的股东们创造了数百亿美元的价值，如果有另一个阿吉特，你可以用他把我换掉，别犹豫，快点换！"[64]

在 2021 年伯克希尔股东大会上，芒格回答了接班人的问题，明确表示阿贝尔将成为下一任 CEO。巴菲特对这一说法略感惊讶，但并没有否认，他说："董事们一致同意，如果今天晚上我出了什么事，明天早上就由格雷格接任。"[65]

格雷格·阿贝尔

阿贝尔 1962 年在加拿大出生并接受教育，目前担任伯克希尔 – 哈撒韦非保险业务副董事长。他在资本配置方面有着丰富的经验，并监理了伯克希尔最近的多起收购。[66] 阿贝尔和巴菲特一样，并不是出身于富人家庭。阿贝尔在埃德蒙顿的一个工人社区长大，从小就表现出了独立自强的创业精神。他的价值观与巴菲特相似。小时候，阿贝尔挨家挨户地发广告传单，收集空饮料瓶换钱。长大一点后，阿贝尔还在一家林业公司打过工。[67] 在高中和大学期间，阿贝尔在一家灭火器工厂做兼职，以此支付他在阿尔伯塔大学的学费。[68]

获得会计学位后，阿贝尔进入旧金山的普华永道工作。1992 年，阿贝尔被加州能源公司聘用，并最终晋升为 CEO。在此期间，伯克希尔收购了加州能源公司（此前已更名为中美能源控股公司）的控股权。2014 年，中美能源控股公司更名为伯克希尔 – 哈撒韦能源公司。公司目前拥有超过 900 亿美元的资产，并在美国、英国、加拿大和菲律宾拥有一众能源产业子公司。[69]

2018 年 1 月，时任伯克希尔 – 哈撒韦能源公司董事长的阿贝尔被任命为伯克希尔董事，并开始担任伯克希尔副董事长。[70]

谦逊、慷慨与乐观

全世界对巴菲特的着迷，源于他巨大的经济成功、美国中西部务实的观念、简朴的生活方式和善于自嘲的幽默感。

人们将他视为榜样，学习效仿。在巨额财富的映衬下，巴菲特的谦逊显得尤为突出，他坚持按照很高的道德标准行事和生活。我想不出还有多少亿万富翁会坚持认为，"众人爱"比"赚得多"更重要。[71]

巴菲特始终被视为金融知识的源泉。巴菲特的专业知识是如此宝贵，以至于 CNBC 创建了关于沃伦·巴菲特的专属栏目，里面有 122 个小时的录像，任何人都可以完整地观看伯克希尔历年股东大会，并附有文字记录。[72] 伯克希尔－哈撒韦也开始通过直播年度股东大会，来分享其奠基人的知识和见解。

巴菲特的导师本杰明·格雷厄姆曾说："投资人的对或错，不是因为别人同意或反对他的观点。他是对的，是因为他的事实和分析是正确的。"[73] 巴菲特一向关注基本面，他认为格雷厄姆这段话是有关投资最重要的一段话。[74] 多年以来，坚持按此行事使他成为全世界最富有的人。但在最近，巴菲特的排名有所下滑，可能是因为他一直在忙着捐钱。自 2006 年以来，巴菲特向各种慈善机构捐赠了超过 415 亿美元的伯克希尔股票。[75] 与其他富豪相比，巴菲特的个人财富一直在缩水。截至 2022 年 6 月 24 日，彭博亿万富翁指数排名如下：[76]

1. 埃隆·马斯克（2230 亿美元）。
2. 杰夫·贝佐斯（1400 亿美元）。

3. 伯纳德·阿尔诺（1310亿美元）。

4. 比尔·盖茨（1160亿美元）。

5. 拉里·佩奇（1070亿美元）。

6. 谢尔盖·布林（1020亿美元）。

7. 沃伦·巴菲特（968亿美元）。

8. 高塔姆·阿达尼（949亿美元）。

9. 史蒂夫·鲍尔默（945亿美元）。

10. 穆克什·安巴尼（904亿美元）。

尽管美国经济经历了所有的市场危机，伯克希尔也经历了所有的低迷时期，巴菲特仍然是一个终极的乐观主义者。他坚持认为，投资股市，你最终会获得回报，因为经济总是在向前发展，企业家们总能找到创造价值的新道路。

附录 A

伯克希尔－哈撒韦及其子公司合并资产负债表（2016～2021 年）

截至	2021 年 12 月 31 日	2020 年 12 月 31 日	2019 年 12 月 31 日	2018 年 12 月 31 日	2017 年 12 月 31 日	2016 年 12 月 31 日
资产						
保险及其他						
现金及现金等价物	85 319	44 714	61 151	27 749	28 673	24 109
美国短期国债	58 535	90 300	63 822	81 506	84 371	58 322
定息到期证券	16 434	20 410	18 685	19 898	21 353	23 432
权益证券投资	350 719	281 170	248 027	172 757	170 540	134 835
权益法投资	17 375	17 303	17 505	17 325	21 024	15 345（投资卡夫－亨氏）
贷款和融资应收款	20 751	19 201	17 527	16 280	13 748	40 397（均为应收账款）
其他应收款	35 388	32 310	32 418	31 564	29 392	—

（续）

截至	2021 年 12 月 31 日	2020 年 12 月 31 日	2019 年 12 月 31 日	2018 年 12 月 31 日	2017 年 12 月 31 日	2016 年 12 月 31 日
存货	20 954	19 208	19 852	19 069	17 366	15 727
房产、厂房和设备	20 834	21 200	21 438	20 628	19 868	19 325
租赁设备	14 918	14 601	15 065	14 298	10 167	9689（固定资产和租赁资产）
商誉	47 117	47 121	57 052	56 323	56 478	55 375
其他无形资产	28 486	29 462	31 051	31 499	32 518	33 481
递延费用－追溯再保险	10 639	12 441	13 747	14 104	15 278	8047
其他资产	15 854	14 580	13 232	9307	9391	12 954
保险及其他资产合计	**743 323**	**664 021**	**630 572**	**532 307**	**530 167**	**451 038**
铁路、公用事业和能源						
现金及现金等价物	2865	3276	3024	2612	2910	3939
应收账款	4177	3542	3417	3666	3531	—
房产、厂房和设备	155 530	151 216	137 838	131 780	128 184	123 759
商誉	26 758	26 613	24 830	24 702	24 780	24 111
管制资产	3963	3440	2881	3067	2950	4457
其他资产	22 168	21 621	15 167	9660	9573	13 550
铁路、公用事业和能源资产合计	**215 461**	**209 708**	**187 157**	**175 487**	**171 928**	**169 816**
总资产	**958 784**	**873 729**	**817 729**	**707 794**	**702 095**	**620 854**

负债和所有者权益

保险及其他负债

未付损失和损失调整费用	86 664	79 854	73 019	68 458	61 122	53 379
追溯再保险合同下的未付损失和损失调整费用	38 256	40 966	42 441	41 834	42 937	24 972
未赚保费	23 512	21 395	19 782	18 093	16 040	14 245
人寿、年金及健康保险给付	22 452	21 616	20 155	18 632	17 608	15 977
其他保单持有人负债	9330	8670	7723	7675	7654	6714
应付项目和计项目和其他负债	30 376	30 344	27 611	25 776	24 569	23 608
衍生品合约负债	—	1065	968	2452	2172	2890
飞机回购负债和预收租赁收入	5849	5856	5281	4593	—	—
应付票据和其他借款	39 272	41 522	37 590	34 975	40 409	42 559
保险及其他负债合计	**255 711**	**250 223**	**234 570**	**222 488**	**212 511**	**184 344**
铁路、公用事业和能源						
应付账款、应计项目和其他负债	15 696	15 224	14 708	11 410	11 334	11 434
管制负债	7214	7475	7311	7506	7511	3121
应付票据和其他借款	74 990	75 373	65 778	62 515	62 178	59 085
铁路、公用事业和能源负债合计	**97 900**	**98 072**	**87 797**	**81 431**	**81 023**	**73 640**
递延所得税负债	90 243	74 098	66 799	51 375	56 607	77 442
总负债	**443 854**	**422 393**	**389 166**	**355 294**	**350 141**	**335 426**

（续）

截至	2021 年 12 月 31 日	2020 年 12 月 31 日	2019 年 12 月 31 日	2018 年 12 月 31 日	2017 年 12 月 31 日	2016 年 12 月 31 日
所有者权益						
普通股	8	8	8	8	8	8
溢价收资本	35 592	35 626	35 658	35 707	35 694	35 681
累积其他综合收益	-4027	-4243	-5243	-5015	58 571	37 298
留存收益	534 421	444 626	402 493	321 112	255 786	210 846
库存股，以成本计价	-59 795	-32 853	-8125	-3109	-1763	-1763
伯克希尔股东权益	506 199	443 164	424 791	348 703	348 296	282 070
少数股东权益	8731	8172	3772	3797	3658	3358
净资产	**514 930**	**451 336**	**428 563**	**352 500**	**351 954**	**285 428**
负债和所有者权益合计	**958 784**	**873 729**	**817 729**	**707 794**	**702 095**	**620 854**

注：单位均为百万美元。

资料来源：Berkshire Hathaway, Inc., Annual Reports. Retrieved from https://www.berkshirehathaway.com/reports.html.

附录 B

伯克希尔－哈撒韦及其子公司合并利润表（2016～2021 年）

截至	2021 年 12 月 31 日	2020 年 12 月 31 日	2019 年 12 月 31 日	2018 年 12 月 31 日	2017 年 12 月 31 日	2016 年 12 月 31 日
营业收入及其他						
保险及其他						
已赚保费	69 478	63 401	61 078	57 418	60 597	45 881
销售及服务收入	145 043	127 044	134 989	133 336	130 343	123 053
租赁收入	5988	5209	5856	5732	2452	2553
利息、股息及其他投资收入	7465	8092	9240	7678	6536	6180
保险及其他收入合计	**227 974**	**203 746**	**211 163**	**204 164**	**199 928**	**177 667**
铁路、公用事业和能源						
货运铁路运输收入	23 177	20 750	23 357	23 703	21 080	19 683
能源运营收入	18 891	15 540	15 353	15 555	15 155	14 621
服务及其他收入	6052	5474	4743	4415	3770	3143

（续）

截至	2021 年 12 月 31 日	2020 年 12 月 31 日	2019 年 12 月 31 日	2018 年 12 月 31 日	2017 年 12 月 31 日	2016 年 12 月 31 日
铁路、公用事业和能源收入合计	48 120	41 764	43 453	43 673	40 005	37 447
营业总收入	276 094	245 510	254 616	247 837	239 933	215 114
投资和衍生品合约收益	78 542	40 746	72 607	(22 455)	2128	8304
成本和费用						
保险及其他						
承保损失和损失调整费用	49 964	43 951	44 456	39 906	48 891	30 906
人寿、年金及健康保险给付	6007	5812	4986	5699	5618	5131
保险核保费用	12 569	12 798	11 200	9793	9321	7713
销售及服务成本	114 138	101 091	107 041	106 083	104 343	97 867
租赁成本	4201	3520	4003	4061	1455	1335
销售费用、一般费用和管理费用	18 843	19 809	19 226	17 856	19 189	17 973
商誉和无形资产减值	–	10 671	96	382	–	–
利息费用	1086	1105	1056	1035	1132	1099
保险及其他成本和费用合计	206 808	198 757	192 064	184 815	189 949	162 024
铁路、公用事业和能源						
货运铁路运输费用	14 477	13 120	15 436	16 045	14 031	13 134

公用事业和能源销售成本及其他费用	13 959	11 638	11 296	11 641	10 772	10 471
其他费用	5615	4796	4002	3895	3231	2589
利息费用	3086	2978	2905	2818	3254	2642
铁路、公用事业和能源成本及费用合计	37 137	32 532	33 639	34 399	31 288	28 836
成本及费用合计	243 945	231 289	225 703	219 214	221 237	190 860
税前损益（权益法）	110 691	54 967	101 520	6168	20 824	32 558
损益（权益法）	995	726	1176	-2167	3014	1109
税前收益	111 686	55 693	102 696	4001	23 838	33 667
所得税费用/利益	20 879	12 440	20 904	-321	-21 515	9240
净利润	90 807	43 253	81 792	4322	45 353	24 427
少数股东应占盈利	1012	732	375	301	413	353
归属于伯克希尔股东的净利润	89 795	42 521	81 417	4021	44 940	24 074
折合 A 类股票每股收益（美元）	59 460	26 668	49 828	2446	27 326	14 645
折合 B 类股票每股收益（美元）	39.64	17.78	33.22	1.63	18.22	9.76
折合 A 类股票流通股（股）	1 510 180	1 594 469	1 633 946	1 643 795	1 644 615	1 643 826
折合 B 类股票流通股（股）	2 265 269 867	2 391 703 454	2 450 919 020	2 465 692 368	2 466 923 163	2 465 739 654
净利润	90 807	43 253	81 792	4322	45 353	24 427

（续）

截至	2021年 12月31日	2020年 12月31日	2019年 12月31日	2018年 12月31日	2017年 12月31日	2016年 12月31日
其他综合收益						
固定到期证券未实现增值	-217	74	142	-438	29 051	7038
适用所得税	50	-19	-31	84	-10 076	-2459
外币折算	-1011	1284	323	-1531	2364	-1541
适用所得税	-6	3	-28	62	-95	66
养老金固定收益计划	1775	-355	-711	-571	225	354
适用所得税	-457	74	155	143	-45	-187
其他净收益	100	-42	-48	-12	-9	-17
其他综合收益	234	1019	-198	-2263	21 415	3254
综合收益	91 041	44 272	81 594	2059	66 768	27 681
归属于少数股东的综合收益	1030	751	405	249	555	291
归属于伯克希尔股东的综合收益	90 011	43 521	81 189	1810	66 213	27 390

注：单位均为百万美元。

资料来源：Berkshire Hathaway, Inc., Annual Reports. Retrieved from https://www.berkshirehathaway.com/reports.html.

附录 C

伯克希尔－哈撒韦及其子公司合并现金流量表（2016～2021年）

截至	2021 年 12 月 31 日	2020 年 12 月 31 日	2019 年 12 月 31 日	2018 年 12 月 31 日	2017 年 12 月 31 日	2016 年 12 月 31 日
经营活动现金流量						
净利润	90 807	43 253	81 792	4322	45 353	24 427
将净利润调节为经营活动现金流量						
投资损益	−77 576	−40 905	−71 123	22 155	−1410	−7553
折旧及摊销	10 718	10 596	10 064	9779	9188	8901
其他，包括资产减值费用	−3397	11 263	−1254	2957	458	−161
经营资产和负债变动						
未付损失和损失调整费用	4595	4819	6087	3449	25 027	4372
递延费用－追溯再保险	1802	1307	357	1174	−7231	−360
未赚保费	2306	1587	1707	1794	1761	968
应收账款及已发放贷款	−5834	−1609	−2303	−3443	−1990	−3302
其他资产	−1686	−1109	−2011	−1832	−1665	−373

（续）

截至	2021年12月31日	2020年12月31日	2019年12月31日	2018年12月31日	2017年12月31日	2016年12月31日
其他负债	2389	3376	190	2002	1194	1684
所得税	15 297	7195	15 181	-4957	-24 957	4044
经营活动现金流量净额	39 421	39 773	38 687	37 400	45 728	32 647
投资活动现金流量						
权益证券买入	-8448	-30 161	-18 642	-43 210	-20 326	-16 508
权益证券售出	15 849	38 756	14 336	18 783	19 512	28 464
美国国债及固定到期证券买入	-152 637	-208 429	-136 123	-141 844	-158 492	-96 568
美国国债及固定到期证券售出	27 188	31 873	15 929	39 693	49 327	18 757
美国国债及固定到期证券到期和赎回	160 402	149 709	137 767	113 045	86 727	26 177
贷款和融资应收款买入	-88	-772	-75	-1771	-1435	-307
贷款和融资应收款收款	561	393	345	342	1702	490
企业收购，已收现金净额	-456	-2532	-1683	-3279	-2708	-31 399
购买房产、厂房和设备，以及租赁设备	-13 276	-13 012	-15 979	-14 537	-11 708	-12 954
其他	297	-3582	-1496	-71	-3608	-377
投资活动现金流量净额	29 392	-37 757	-5621	-32 849	-41 009	-84 225
融资活动及其他业务现金流量						
保险及其他业务借款收益	2961	5925	8144	2409	2645	14 172

保险及其他业务借款偿还	-3032	-2700	-5095	-7395	-5465	-2577
铁路、公用事业和能源借款收益	3959	8445	5400	7019	3013	3077
铁路、公用事业和能源借款偿还	-4016	-3761	-2638	-4213	-3549	-2123
短期借款变动净额	-624	-1118	266	-1943	2079	130
库存股收购	-27061	-24706	-4850	-1346	—	—
其他	-695	-429	-497	-343	-121	112
融资活动现金流量净额	-28508	-18344	730	-5812	-1398	12791
外汇汇率变动影响	5	92	25	-140	248	-172
现金、现金等价物、受限制的现金增加（减少）	40310	-16236	33821	-1401	3569	-38959
现金、现金等价物、受限制的现金年初余额	48396	64632	30811	32212	28643	67602
现金、现金等价物、受限制的现金年末余额	**88706**	**48396**	**64632**	**30811**	**32212**	**28643**
现金、现金等价物、受限制的现金年末金额						
保险及其他	85319	44714	61151	27749	28673	24109
铁路、公用事业和能源	2865	3276	3024	2612	2910	3939
其他资产所含的受限制的现金	522	406	457	450	629	595
	88706	**48396**	**64632**	**30811**	**32212**	**28643**

注：单位均为百万美元。

资料来源：Berkshire Hathaway, Inc., Annual Reports. Retrieved from https://www.berkshirehathaway.com/reports.html.

附录 D

2009 年和 2011 年与沃伦·巴菲特的问答

2009 年

还有其他五所大学的师生和我们一起参加了这次活动：伊利诺伊大学、得克萨斯克里斯汀大学、波士顿学院、多伦多大学和南达科他州大学。总共有 162 名学生和 6 名教授。问答环节不允许使用任何拍照或录音设备，不过有一些学生做了详细的笔记。

巴菲特谈经济

您认为 25 年后，美国和世界其他国家的经济状况如何？您认为美国仍将是世界经济的领头羊，还是新兴市场国家会发展并超过美国？如果是后者，您认为哪个（或哪些）国家会成为超级经济大国，为什么？

在未来 25 年里，美国仍将是全球领先的经济体，只是不像过去那么重要了。其他新兴市场国家会赶上我们，但这没有关系，因为世界不是零和博弈。别人过得好，自己也会过得好。美国人的生活水平在 20 世纪提高了 7 倍。

美国是全球最重要的市场，将很快迎来复苏，但复苏的力度不会像 10 年前那样强劲。中国转向有效的经济体制，考虑到中国庞大的人口数量，中国有着巨大的增长潜力。中国和其他新兴经济体，将助力我们解决世界性问题（如能源、生物等）。

让世界上更多的人过得更好，这应该有助于解决安全问题，因为世界上某些地区觊觎拥有财富的国家，这可能会导致对美国的核攻击和生物攻击。

美国有巨大的赤字，美元的命运会如何？政府将如何应对？

20 年前，美国没有这个问题。如今，美国有 1.4 万亿美元的赤字，其中 4000 亿美元是经常项目赤字。如何为我们的债务提供资金呢？①向美国公民出售国债；②向其他国家出售美国国债；③债务货币化，这将导致通货膨胀。

随着时间的推移，美元购买力将会缩水。我们不知道美元会跌到什么程度，因为我们以前从未经历过如此严重的情况。

持有现金是愚蠢的。随着时间的推移，现金不是一项好的资产。你需要的是资产。美国国会掌握着美元的命运。截至目前，国会所做的一切还算可以，但如果他们继续这样做，美元将持续贬值。

必须指出的是，巴菲特断言，随着时间的推移，由于通货膨胀的存在，现金不是一种优质资产。虽然巴菲特是这么认为的，但有时市场估值过高，他宁愿持有现金，而不是购买估值过高的资产。

美国小企业的增长有所下降。美国需要做些什么来促进小企业的增长？

巴菲特说，你必须真正热爱你的事业才能成功。如果一个人有良好的信用记录，他应当能够获得教育和资金援助来创办或发展小企业。美国小企业管理局就是这样做的，伯克希尔和高盛合作的一个新项目刚刚启动，这是一个 5 亿美元的项目，旨在助力小企业成长。或许巴菲特曾经说过的最有力的话语之一是：

有一篇研究论文讲的是智商、GPA、就读学校与商业成功之间的关系，但我不记得那项研究的名字了。研究结果表明，与成功相关度最高的是一个人开始创业的时间。经验是成功最重要的决定因素。

我的企业的成功，依赖于人际关系和伙伴关系。与你可以信任的、追求共同目标的人建立牢固的伙伴关系。

巴菲特谈投资

为什么您要从可口可乐和吉列这样的公司，转向 BNSF 和公用事业这样的现金消耗型公司？

我已经将我的注意力从以现金为导向的企业，转移到公用事业和受政府监管的企业。原因之一是我不想看华尔街的脸色行事。为什么要转向公用事业呢？因为这类企业几乎不需要现金资本，而且它们很强调以利润为导向，有增长潜力和价格弹性。

在所罗门兄弟公司出事之后，是什么促使您投资高盛？

高盛需要获得外界的肯定，证明自己能够生存下去。高盛担心的是挤兑。当时的美国联邦存款保险公司（FDIC）是为普通储户设立的，而不是为投资银行设立的。

在我看来，巴菲特相当于扮演了美国联邦存款保险公司的角色，恢复了民众对金融体系的信心，尽管高盛真的不需要这笔钱！这就像 J P 摩根在大萧条时期所做的那样，他在 1929 年为市场注入了流动性。

巴菲特继续谈论了他对华尔街高薪的愤怒。他说，给一名 0.400 的击球手支付高薪是可以理解的，但给一名 0.240

的击球手高薪就有点儿匪夷所思，现在有太多 0.240 的击球手拿着一流击球手的薪水。

您会鼓励我们买个股还是共同基金？

如果你愿意花时间选股，那就买个股。如果不是，那就定投低成本的共同基金。

巴菲特说，2008 年 9 月，他参加一个聚会，周围有一群女人，她们以前通常对他不屑一顾。但突然间，那时的巴菲特大受欢迎，她们都担心自己的钱会不安全。巴菲特摇了摇头说不会，但她们还是如众星拱月般围着他。

我投资最赚钱的一年是 1954 年，那一年经济出现了严重的衰退。你还在等待知更鸟，而春天早就结束了。

简而言之，巴菲特的意思是，应当在市场下跌时买入。不要等到其他所有人都在买的时候才入场。巴菲特还说：

当所有人都在抛售股票时，是买入股票的最佳时机……尤其是在金融危机期间。

全球慈善事业如何助力第三世界的公司和经济增长？

我有五个基金会，我把慈善工作外包给比我做得更好的人。我相信分工，你应该专注于你擅长的事情。

我相信盖茨基金会。这就是我给他捐那么多钱的原因。我相信盖茨基金会的原因是：①比尔·盖茨花了很多时间做这件事；②我们有共同的目标，那就是致力于挽救地球上每一个人的生命；③他的慈善事业做得很出色……他拿自己的钱在做慈善！

你需要回馈社会，因为社会成就了你。值得注意的是，每个人都是人格平等的，没有高低贵贱之分。

您犯过的最大的错误是什么？您从中学到了什么？

你一生中最重要的决定是你和谁结婚。

巴菲特开玩笑说，你应该找个期望值不高的对象。

谁都会在生活中犯错，但不要为这些错误而烦恼，因为有了这些经历，我们才能磨砺自己的性格。

巴菲特指出，人们在生活中失败的原因之一是他们在遇到挫折时犹豫不决，在遇到迫在眉睫的担忧时，拒绝进一步探索解决问题的可能性。

例如，巴菲特指出，他曾经花 30 亿美元收购了一家制鞋公司，但现在这家公司已经一文不值了。在巴菲特的职业生涯早期，他还买下了一家电视台 50% 的股份，后来这笔钱归零了。当时那笔钱是巴菲特身家的 20%，或者相当于今天 80 亿美元的机会成本。巴菲特强调：

　　不要为了好玩而犯错，如果形势是你能把控的，就要尽量避免犯错。在你的一生中，只要你不犯太多错误，只消做几件正确的事，你就会过得不错。

　　时刻做好把握机会的准备。不要嫉妒别人的成功；相反，要守好自己的能力圈。

　　微软创始人比尔·盖茨曾对巴菲特说："沃伦，你必须投资电脑行业。电脑会改变你做事的方式。"巴菲特回答说：

　　电脑会改变你嚼口香糖的方式吗？电脑会改变你嚼绿箭还是蓝箭吗？电脑会改变你喝可口可乐还是百事可乐吗？如果不是，那我就坚持我的投资，你也坚持你的投资。

　　巴菲特补充道："另一个错误是熬夜工作，这会导致你的决策变得糟糕、低效。"

　　一旦我们有了足够的收入来维持生活，那么如何在休闲、家庭和工作之间取得适当的平衡呢？

　　金钱无法带来满足感，珍惜你所拥有的和你正在做的。干一行爱一行，你就会得到满足。重要的是要认识到幸福不是赚钱，但赚钱是很美好的一件事。与你喜欢、欣赏的人和组织一起工作。如果你还没有做到这些，那就继续前进。

　　我不会因为我的工作/投资而改变我的生活方式：我不会错过一场电影、一次聚餐、一趟旅行或与妻子和孩子相处的活动。尽管我预计未来会很忙，但我已经下定决心，不会因为自己的野心而牺牲家庭或友情。

　　巴菲特仍然住在奥马哈，因为他的朋友和家人都在那里。巴菲特很高兴他的孙子和他上的是同一所学校。巴菲特曾说过，即使在洛杉矶或纽约拥有几套房产，他也不会比在奥马哈拥有自己的家更幸福。

您对以您的名义进行慈善捐赠有什么看法？

　　我不赞成捐钱在学校里建冠名的大楼。我更敬重周日捐钱给慈善机构的清洁女工，而不是把自己的名字刻在大楼上的人。美国社会需要慈善捐赠，有20%的美国家庭收入低于21 000美元。

　　我支持平等待人，也支持男女平等。

2011 年

巴菲特谈创业、创新和创造就业

　　在当今困难的经济环境中，美国如何鼓励更多的创业和创新，从而创造新的企业和更多的就业机会？谁应该监督这个计划？美国似乎正在失去很多具有创业精神的外国顶尖学生。我们怎样才能更好地吸引他们呢？

美国的移民政策需要改变，现行政策没有任何意义。自 1790 年以来，创新和创业精神一直在发挥作用。回到 1790 年，当时美国有 400 万人口，产出占全球的 25%。这个系统是有效的，它释放了个人的潜力。

我出生于 1930 年。自 1930 年以来，美国 GDP 增长了 6 倍。现在，世界其他地方也追上来了。中国已经找到了一条释放民众潜力的道路。释放民众潜力比任何政府行动或政策都重要。1995 年，比尔·盖茨写了一本名为《未来之路》的书。他在书中没有一处提到互联网。关键是，我们不知道下一个伟大的想法或行业会来自哪里。

美国的制造业比重一直在下降，已经下降到 GDP 的 10%。美国将走向何方？

有人从 1980 年就开始这么说了。1980 年之后的 20 年里，我们创造了 4000 万个新的工作岗位。谁能预料到微软的出现？ 100 年前，我们有 3200 万农民；今天我们只有六七百万农民。1970 年，我们出口占 GDP 的 5%；今天，我们出口占 GDP 的 12%。

我不能告诉你 10 ～ 12 年后会出现哪些工作。在美国，人均有 7 双鞋，也就是一共有超过 20 亿双鞋。现在美国本土生产的鞋子只占 2%，但让中国生产鞋子并没有对我们造成伤害。

您对通货膨胀有什么看法？

1930 年 1 美元的购买力只相当于今天的 6 美分，可是美国仍然发展得很好。长期来看，大多数货币贬值主要是由于通货膨胀。对我来说，这意味着要拥有优质企业。最好的应对方法，就是拥有企业或专业技能（无论你是医生，是律师，还是从事其他职业）。你拥有的专业技能就是你最重要的资产。我愿意支付 10 万美元，买下你未来收入的 10%。

未来 10 年，我们将会看到严重的通货膨胀。欧洲人放弃印钞。但这么做他们会陷入麻烦，不能用自己的货币举债。在美国，我们也印了很多钱。这会带来通货膨胀，但不会导致世界末日。

固定收益投资没什么价值。由于通货膨胀的存在，货币市场每天都在赔钱。风险最大的投资是货币。最好待在一个货币正在升值的国家。

您对市政债券违约的预测是什么？

问题是我们对雇员做出了太多的承诺。解决问题的能力是有的，然而，我们可能不得不改变承诺。我们每人负债 48 000 美元，每户负债 120 000 美元。调整总是需要的。不会发生大规模违约，但我们可能正处于危机的边缘。根据现在的情况，它有可能被推迟。

巴菲特谈政治

您对美国目前的政治进程有什么看法？您认为政府应该扮演什么角色？我们能做些什么来改变当前有缺陷的体系？

美国政客的所作所为，出发点都是有利于自己获得连任，而不是有利于国家。我不在乎谁执政，因为无论民主党还是共和党执政，我都会做同样的事情。我们仍然会以合理的价格收购优质的公司。我们不关注股市行情。我们会买那种连傻瓜都能经营好的公司，因为总有一天会有傻瓜来经营。

您对"占领华尔街"有什么看法？

过去 10 ～ 20 年，美国税法无疑是在向富人倾斜。1992 年，年收入排前 400 名的富人平均年收入为 4000 万美元。2011 年，他们的平均年收入为 2.2 亿美元，自 1992 年以来，富人的年收入增长了 5 倍。但从那时起，税率下降了 7%。我现在交的税税率比四五十年前还要低。

巴菲特谈教育

您对我们大学生有什么建议?

做一切让你感到兴奋的事情。做一切能激发你兴趣的事情。去为你仰慕的人或公司工作。

我建议你提高自身的口头和书面沟通能力,这能使你未来的薪水至少提高 50%。商学院不会教你这些。好的想法加上流畅的表达,能让你在生活中走得更远。投资你自己是最好的投资。

伯克希尔 - 哈撒韦今年净招聘了 5000 名员工,这项工作并不困难。我遇到的 80% 的求职者,都需要提高他们解释自己想法的能力。让自己成为你想要雇用的人。我们要找的人不一定是智商最高的,但一定要有良好的职业道德,并且忠诚、诚信、可靠。

您希望美国的教育体系是什么样的? 在不久的将来,您认为应当采取什么措施来改善美国的教育体系? 作为即将毕业的大学生,您认为我们可以 / 应该做些什么来最大限度地为社会 / 社区 / 经济做贡献?

如果没有一个好的公立学校体系,平等就是一个笑话。我所有的孩子上的都是公立学校。如今,我在纽约的所有朋友都把他们的孩子送到私立学校。学生的考试成绩与学校免费午餐的数量成反比。家庭的收入水平是衡量学生成就水平的最好指标。

我们在孩子们身上花费了 60 亿美元，却没有得到任何改善。一旦失去了良好的公立学校体系，我们就得把它找回来。

我们的教育和医疗体系很难改变。我们 GDP 的 4%用于教育，17% 用于医疗保健。世界上其他国家在医疗保健上的花费平均占 GDP 的 10%。这对美国很不利。

尽管美国在医疗保健上的支出占 GDP 的 17%，但美国的人均医生、护士等并不比其他国家多。我们的教育和医疗体系是美国最严重的两个问题，将来也会如此。美国是全球最富有的国家，拥有丰富的资源。20年后我们可能会改善。我们的竞争力问题始于美国的医疗保健问题。

巴菲特的价值观

您是否曾经有过消极的时候，或者不那么积极，想要放弃的时候？

我的目标一直是快乐。我父亲当选为国会议员后，我不想从奥马哈搬到华盛顿特区。成功是得到你想要的，快乐是想要的你已经拥有。

如今，全球人口已达 70 亿人。美国人口为 3.118亿人。如果你要抽一张人口彩票（分母是全世界所有的人），你抽到一个美国人的概率是 4.45%，你抽到美国男性的概率是 2.225%。

美国现在是全球最富有的国家。出生在美国的人比较幸运。爱笑的人，运气不会太差。

巴菲特谈伯克希尔－哈撒韦

伯克希尔－哈撒韦的哪些管理实践可以改进或改变？

我有幸创立了自己的公司。这就像自己创作一幅画。你可以定义你想要的公司是什么样的，以及如何经营公司。在薪酬和政策方面，没有制度障碍。伯克希尔－哈撒韦没有股票期权，但可以靠别的方式来激励员工。伯克希尔有很强的企业文化。如果你在巴黎圣母院工作，你一定会笃信他们的文化。你知道他们是做什么的，也相信他们所代表的价值主张。我们公司也是如此。

在数百名投资组合经理的申请人当中，您为什么选中了托德·库姆斯？

所有申请者的智商都很高。然而，我雇用员工不仅仅是看智商，我还看重以下方面：他们为人处事的方式如何？他们喜欢伯克希尔－哈撒韦吗？他们为什么对在其他公司上班不感兴趣。

自 1965 年以来，我想不出有谁离开了伯克希尔－

哈撒韦另谋高就。在投资和运营领域，有一个自我选择的过程。在伯克希尔工作，他们放弃了赚更多钱的机会。伯克希尔雇用的都是非凡人才！他们的品格是至关重要的，董事会和我必须对他们印象良好才会聘用。

巴菲特谈投资

您最重要的卖出原则是什么？

我没有卖出原则，我只有买入原则。我的哲学是以合理的价格收购优质的企业。我没有退出策略。你所要做的就是一个正确的决定，买进即使股市关门，你也可以持有五年的资产。

在投资科技公司时，价值投资的原则发生了怎样的变化？

我7岁开始涉足投资，在奥马哈公共图书馆阅读了所有关于投资的书籍。《聪明的投资者》第8章和第20章是关于投资最好的两章。从19岁第一次读到《聪明的投资者》起，我就一直在做同样的事情。我学到了我可以学习的，寻找安全边际，寻找那些被低估的股票。

您如何评价社会创投？

这些都是需要在一段时间内资助的风险投资。伯克希尔没有这种企业，因为这对股东来说没有经济意义。市场体系解决不了社会问题，这应当由政府来解决。也许通过股东回报的私人慈善事业，可以为社会创投的成功提供助力。

必须拥有 100% 的市场信息才能战胜市场吗?

股市是一个赚钱的好地方，而且流动性很好。我喜欢股价在一年内起起伏伏，这给投资者在低位买入创造了机会。

1950 年，我从大学毕业，买了一本穆迪手册，大概有 7000 ~ 8000 页，我读了两遍。当我翻到第 1433 页时，我找到了西部保险证券公司，并注意到它正在以 0.5 倍市盈率的低价出售。

当人们感到害怕的时候，正是投资的好时机。你必须和周围的人想法不一样。有些事情，你无须太多智慧也可以做出选择。君子不立于危墙之下。

1998 年，美国长期资本管理公司拥有超过 200 名智商在 150 以上的员工，其中不乏美国智商最高的人。他们每个人都有 15 ~ 20 年的工作经验，用自己的钱投资，而且都是好人。然而，他们几乎搞垮了整个金融体系。他们过于骄傲自满，他们的模型没有预测到东亚货币危机这样的小插曲。杠杆让他们陷入了麻烦。远离情绪，远离人群，远离杠杆。

巴芒投资学

分类	译者	书号	书名	定价
坎宁安作品	王冠亚	978-7-111-73935-7	超越巴菲特的伯克希尔：股神企业帝国的过去与未来	119元
	杨天南	978-7-111-59210-5	巴菲特致股东的信：投资者和公司高管教程（原书第4版）	128元
	王冠亚	978-7-111-67124-4	巴菲特的嘉年华：伯克希尔股东大会的故事	79元
哈格斯特朗作品	杨天南	978-7-111-74053-7	沃伦·巴菲特：终极金钱心智	79元
	杨天南	978-7-111-66880-0	巴菲特之道（原书第3版）	79元
	杨天南	978-7-111-66445-1	巴菲特的投资组合（典藏版）	59元
	郑磊	978-7-111-74897-7	查理·芒格的智慧：投资的格栅理论（原书第2版·纪念版）	79元
巴菲特投资案例集	杨天南	978-7-111-64043-1	巴菲特的第一桶金	79元
	杨天南	978-7-111-74154-1	巴菲特的伯克希尔崛起：从1亿到10亿美金的历程	79元